O LIVRO DEFINITIVO DA
felicidade

REFLEXÕES, CAMINHOS E PRÁTICAS
PARA VIVER BEM

Ricardo Castilho
Pós-Doutor pela USP e UFSC,
Educador e Filósofo

ALTA BOOKS
GRUPO EDITORIAL
Rio de Janeiro, 2023

O Livro Definitivo da Felicidade

Copyright © 2023 da Starlin Alta Editora e Consultoria Eireli.
ISBN: 978-85-508-2155-9

Impresso no Brasil – 1ª Edição, 2023 – Edição revisada conforme o Acordo Ortográfico da Língua Portuguesa de 2009.

Todos os direitos estão reservados e protegidos por Lei. Nenhuma parte deste livro, sem autorização prévia por escrito da editora, poderá ser reproduzida ou transmitida. A violação dos Direitos Autorais é crime estabelecido na Lei nº 9.610/98 e com punição de acordo com o artigo 184 do Código Penal.

A editora não se responsabiliza pelo conteúdo da obra, formulada exclusivamente pelo(s) autor(es).

Marcas Registradas: Todos os termos mencionados e reconhecidos como Marca Registrada e/ou Comercial são de responsabilidade de seus proprietários. A editora informa não estar associada a nenhum produto e/ou fornecedor apresentado no livro.

Erratas e arquivos de apoio: No site da editora relatamos, com a devida correção, qualquer erro encontrado em nossos livros, bem como disponibilizamos arquivos de apoio se aplicáveis à obra em questão.

Acesse o site **www.altabooks.com.br** e procure pelo título do livro desejado para ter acesso às erratas, aos arquivos de apoio e/ou a outros conteúdos aplicáveis à obra.

Suporte Técnico: A obra é comercializada na forma em que está, sem direito a suporte técnico ou orientação pessoal/exclusiva ao leitor.

A editora não se responsabiliza pela manutenção, atualização e idioma dos sites referidos pelos autores nesta obra.

Dados Internacionais de Catalogação na Publicação (CIP) de acordo com ISBD

C352a Castilho, Ricardo
O livro definitivo da felicidade: reflexões, caminhos e práticas para viver muito bem / Ricardo Castilho. - Rio de Janeiro : Alta Books, 2023.
288 p.; 15,7cm x 23cm.

Inclui índice.
ISBN: 978-85-508-2155-9

1. Autoajuda. 2. Felicidade. I. Título.

2023-1777
CDD 158.1
CDU 159.947

Elaborado por Odilio Hilario Moreira Junior - CRB-8/9949

Índice para catálogo sistemático:
1. Autoajuda 158.1
2. Autoajuda 159.947

Produção Editorial
Grupo Editorial Alta Books

Diretor Editorial
Anderson Vieira
anderson.vieira@altabooks.com.br

Editor
José Ruggeri
j.ruggeri@altabooks.com.br

Gerência Comercial
Claudio Lima
claudio@altabooks.com.br

Gerência Marketing
Andréa Guatiello
andrea@altabooks.com.br

Coordenação Comercial
Thiago Biaggi

Coordenação de Eventos
Viviane Paiva
comercial@altabooks.com.br

Coordenação ADM/Finc.
Solange Souza

Coordenação Logística
Waldir Rodrigues

Gestão de Pessoas
Jairo Araújo

Direitos Autorais
Raquel Porto
rights@altabooks.com.br

Assistentes da Obra
Ana Clara Tambasco
Erick Brandão

Produtores Editoriais
Illysabelle Trajano
Maria de Lourdes Borges
Paulo Gomes
Thales Silva
Thiê Alves

Equipe Comercial
Adenir Gomes
Ana Claudia Lima
Andrea Riccelli
Daiana Costa
Everson Sete
Kaique Luiz
Luana Santos
Maira Conceição
Nathasha Sales
Pablo Frazão

Equipe Editorial
Andreza Moraes
Beatriz de Assis
Beatriz Frohe
Betânia Santos
Brenda Rodrigues

Caroline David
Elton Manhães
Gabriela Paiva
Gabriela Nataly
Henrique Waldez
Isabella Gibara
Karolayne Alves
Kelry Oliveira
Lorrahn Candido
Luana Maura
Marcelli Ferreira
Mariana Portugal
Marlon Souza
Matheus Mello
Milena Soares
Patricia Silvestre
Viviane Corrêa
Yasmin Sayonara

Marketing Editorial
Amanda Mucci
Ana Paula Ferreira
Beatriz Martins
Ellen Nascimento
Livia Carvalho
Guilherme Nunes
Thiago Brito

Atuaram na edição desta obra:

Revisão Gramatical
Thamiris Leiroza
Hellen Suzuki

Diagramação
Rita Motta

Capa
Erick Brandão

Editora afiliada à:

ASSOCIADO

ALTA BOOKS
GRUPO EDITORIAL

Rua Viúva Cláudio, 291 – Bairro Industrial do Jacaré
CEP: 20.970-031 – Rio de Janeiro (RJ)
Tels.: (21) 3278-8069 / 3278-8419
www.altabooks.com.br — altabooks@altabooks.com.br
Ouvidoria: ouvidoria@altabooks.com.br

Para meus pais, Osvaldo Castilho (in memoriam) e
Terezinha Castilho (in memoriam),
minhas fontes de felicidade.

Sumário

	Apresentação	1
	Prefácio	5
	Introdução	7
	Inspirações para este trabalho	7
	A felicidade pelos seus antônimos	16
	A felicidade e a morte	17
	A felicidade no cotidiano	21
01.	A FELICIDADE E A LITERATURA	24
02.	A FELICIDADE NAS ARTES	45
03.	A FELICIDADE NA DIVERSIDADE	76
04.	A FELICIDADE COTIDIANA	98
05.	A FELICIDADE NA FILOSOFIA	126
	A felicidade conforme os filósofos da Antiguidade clássica	134
	A felicidade para alguns filósofos do cristianismo	138

A felicidade para alguns
filósofos modernos ... **140**

Pensadores contemporâneos ... **143**

A felicidade e a infelicidade ... **145**

06. A FELICIDADE NA ADOÇÃO ... **151**

07. A FELICIDADE NO DIREITO: CONCEITOS AO LONGO DO TEMPO ... **178**

A felicidade e o tempo de lazer ... **187**

A relação imediata entre o direito e a felicidade ... **190**

A felicidade individual e coletiva em alguns textos constitucionais ... **193**

08. A FELICIDADE NA SOCIOLOGIA ... **197**

A felicidade é uma obrigação ancestral ... **204**

09. A FELICIDADE NA MITOLOGIA ... **219**

A felicidade no folclore brasileiro ... **227**

Crendices brasileiras sobre a felicidade ... **229**

10. A MONETIZAÇÃO DA FELICIDADE ... **232**

O que realmente nos faz felizes na vida? ... **242**

Palavras finais ... **253**

APRESENTAÇÃO

O conteúdo deste livro reflete a comunhão que tenho com Ricardo Castilho acerca de praticamente todas as considerações que ele coloca, com o seu extraordinário senso de compreensão da humanidade e o seu fácil e agradável vocabulário.

Sempre fui um sujeito positivista, às vezes ingênuo e até tolo pela necessidade de enxergar a felicidade ainda que no horizonte das coisas, mas hoje, olhando tudo que Ricardo passou comigo — porque ninguém se perde nas searas da vida e sai vitorioso sem um ótimo amigo e um ótimo advogado (e que felicidade a minha em ter os dois em um) —, percebo que para ser positivista há de se buscar a felicidade em todos os momentos, e que agir assim depende de muita coragem. Tudo isso está neste bonito e valioso trabalho de considerar a felicidade como a mola que impulsiona os nossos anseios e expectativas. E já estava, tenho clareza, em todas as conversas que tivemos, ao longo de nossa caminhada.

A cada novo desafio, meu amigo-advogado-amigo me lembrava de que na vida real não podemos escolher a dificuldade de forma artificial, como num jogo. A dificuldade se escolhe de acordo com o caminho que se deseja percorrer, é inerente e demanda muita aceitação. Eu escolhi um caminho profissional de lidar com uma paixão, o que não é tão inteligente, mas é verdadeiro e puro, e por mais que meu amigo Ricardo houvesse me advertido, para minha felicidade, ele pulou no bote comigo e falou: "Rio acima, Paulo, rio acima... tens muito a fazer e terás muito a justificar, explicar, redimir das feridas que você irá expor nas pessoas que desejavam fazer o que você fará mas que procuraram margens plácidas — porque o leito do rio é para poucos."

Metáforas à parte, seguimos rio acima, confesso que a remo, sem motor nenhum, o que foi bom, pois nos trouxe músculos e calos que seriam necessários a toda essa jornada. É muito difícil saber qual deles foi mais forte: os calos que endurecem a pele ou os músculos que fortalecem as ações. Contudo, aprendi consistentemente que não há maior força do que um bom argumento.

Coisas de advogado.

E que felicidade ter bons argumentos...

Tínhamos grandes problemas (mencionei que Ricardo se colocou no barco comigo? Então o verbo está apropriado — tínhamos. Nós dois. Ele e eu). E sempre ele me mostrava os grandes argumentos, que vinham de altos conceitos morais, mas principalmente éticos, que eu às vezes me esqueço de exercitar porque acho que o óbvio não precisa ser discutido — ora, se há algo que aprendi nesses 23 anos de medicina é que principalmente o óbvio precisa ser discutido.

Tudo isso porque tivemos na medicina uma grande revolução: a moral. O conceito "moral" pertence a um grupo de pessoas em um determinado tempo. Contudo, com a revolução digital — à qual dou mesma importância ou mais que a revolução industrial, na medida em que esta mudou não só o mercado e o trabalho, mas também os costumes, os comportamentos, a política, as relações humanas, as expectativas e os sonhos das pessoas — a moral se tornou frágil devido aos grupos e grupos que surgiam um após o outro, fruto de quebras de gerações de interstícios cada vez menores devido ao alto fluxo de informações. Basta citar que em 1900 o conhecimento dobrava a cada 100 anos; ao entrar na faculdade, a quantidade de conhecimento médico que tínhamos dobrava a cada 4 anos; e hoje, em 2023, dobra a cada 73 dias... Logo, uma geração não tem mais 25 a 30 anos de interstício, esse número caiu para algo entre 10 e 7 anos... e se assim for, a moral também variou demais, distanciando muito os profissionais — e se não houvesse a ética para discutir a moral, estaríamos em barcos para 9 pessoas carregando 10, e cada um acharia uma razão

para jogar o próximo para fora. A grandeza da ética, apesar de valorizarmos tanto a moral, é justamente esta: discutir se relativizar, até porque pularmos todos do barco, afundarmos juntos ou revezar quem vai ficar para fora batendo os pés para empurrá-lo para frente são soluções possíveis somente pela ética. Não pela moral.

E é uma felicidade ter aprendido com o meu amigo que moral é a regra do jogo enquanto ética é como devemos segui-la.

É impossível falar sobre felicidade sem citar as garantias que exigimos da vida e dos outros, as que nos dão e as que nos pedem. E de tantas coisas que o meu amigo me ensinou ao longo desses anos de acusações impiedosas e de defesas que ele construiu mais impiedosas ainda, fui amadurecendo para mais uma importante lição: aos que te acusam levianamente, nada mais duro que a simples verdade bem redigida — mas precisa ser bem redigida para nas entrelinhas não ser esmagada, como gostaria Clarice Lispector, deixar claro que sabemos da leviandade, mas somos elegantes o suficiente para nos atermos a pura, e afiada, verdade. E hoje penso, seja para escrever um artigo médico, sem buracos na metodologia para me fortalecer como cientista, seja como amante inveterado da minha esposa, para que não existam dúvidas sobre minha devoção (que, uma vez traduzida no nosso córtex, exprime admiração, repetidamente mostra respeito e ao longo dos anos se transparece inevitavelmente o amor — e que felicidade maior que o amor?).

Ah, esse amor... felicidade dolorida, viu...

Quem ama sabe. Na minha vida, se tornou um verbo intransitivo. Ele fica comigo. E detalhe: impossível de se conjugar no passado, porque hoje, na minha paixão pela vida imperfeita e real, é razão de muita felicidade. Fato é que quem amou não amou. Quem ama, ama sempre, porque, se não amasse, o amor não doeria o tanto que dói — outro verbo que não flexiona para o passado... felizmente, porque quem nunca conheceu uma grande dor é incapaz de perceber a mais intensa felicidade.

Por isso, meu caro leitor, não vou me alongar nesta apresentação: ninguém fica feliz de ler uma apresentação. De fato, fica triste ao ver que ela tem mais de uma folha, e para mim é uma genuína felicidade que você tenha chegado até aqui, tão longe para palavras, mas tão curto para definir o que é o amor de irmão que sinto pelo autor deste livro.

Fato é que o convido para largar este texto e adentrar às palavras do meu amigo Ricardo, que pulou no barco comigo sabendo que o leito do rio não era calmo, mas que me ensinou que quem fica à margem da vida também fica à margem da felicidade.

Diante disso, eu tenho a ousadia de discutir com Vicente de Carvalho, porque a minha felicidade não foi onde a coloquei, e sim onde eu me coloquei para poder buscá-la em sua mais verdadeira forma: na paz da guerra das veredas da vida.

Feliz tem sido nossa busca. Incessante e brava, mas fundamentalmente serena para suportar sua ausência nos momentos em que buscamos a próxima felicidade, formando um verdadeiro paradoxo: o quanto não somos felizes simplesmente pelo direito de buscar pela nossa felicidade e compartilhá-la mesmo quando ela não existe? Será que não?

Meu conselho para você, leitor, é: se deseja melhorar sua vida, leia com muita atenção cada palavra deste livro, deixe-se ser conduzido por Ricardo e coloque em prática no seu dia a dia os aprendizados que tirar daqui.

por **Paulo Muzy**

Médico ortopedista e traumatologista e médico do esporte, com milhões de seguidores no Instagram, TikTok e YouTube sem fazer dancinha, postar foto nu ou prometer emagrecimento de 20kg em 7 dias — e boa parte disso possibilitado e encorajado pela amizade com o Ricardo e suas visões de vida sobre a felicidade.

PREFÁCIO

O livro de Ricardo Castilho, eminente jurista e fundador da Escola Paulista de Direito, aborda um tema que sempre foi preocupação de todos os filósofos conhecidos.

Will Durant, em *História da Civilização*, lembra que Sinuhe, no Egito, já no primeiro documento escrito conhecido da época, dizia que aquele que tinha bebido a água do Nilo, se tivesse que deixar sua pátria, só voltaria a ser feliz de novo quando voltasse a bebê-la. A figura histórica de Sinuhe foi romanceada no século passado, por Mika Waltari no romance *O Egípcio*.

A felicidade é o que todos os seres humanos procuram, muito embora os embates da vida terminem por gerar mais insatisfações que alegrias, no curso da existência.

Não temos escolas para gerar felicidade, mas sim para permitir que a criança se prepare para, na competitividade, encontrar seu espaço, onde o sucesso gera dois tipos de infelicidade: a advinda da frustração de não o ter obtido e a decorrente da vitória.

A busca da felicidade pela autorrealização carece dos fins existenciais que Johannes Messner colocava como a razão de ser da autêntica felicidade, haja ou não sucesso aos olhos da sociedade.

Pessoalmente, estou convencido de que a felicidade só é possível no momento em que a pessoa, compreendendo que esta vida é uma passagem, desprende-se dos apegos desnecessários de seu coração e passa a ter uma vida de serviço. Não sem razão, havia uma ponte na entrada da cidade de Fatehpur Sikri, na Índia, construída e abandonada pelo Imperador Akbar no século XVI, com a seguinte inscrição: "A vida é uma ponte, não tente construir em cima."

Tais considerações sobre a minha visão da vida e da felicidade não contrastam com o bem escrito livro de Ricardo Castilho que busca, alicerçado em vasta literatura, traçar os difíceis caminhos que podem levar o homem a ser feliz na terra.

Conhecendo e tendo o privilégio de ser seu amigo, há décadas, com particular admiração por seus escritos técnicos, até mesmo tendo escrito livros com ele, causou-me particular satisfação descobrir a nova faceta de Ricardo, em que a filosofia, a história e a psicologia se unem para produzir uma obra que, certamente, provocará reflexões em todos que a lerem.

Embora, em face de minha formação jusnaturalista, segundo a qual a vida é melhor ser vivida à luz das leis naturais da existência, discordemos em alguns pontos, não há como negar a excelência da obra, razão pela qual prevejo brilhante carreira editorial.

Bem haja, meu caro Ricardo, em suas lições para uma vida feliz.

por **Ives Gandra**

Professor emérito das universidades Mackenzie, UNIP, UNIFIEO, UNIFMU, do CIEE/O Estado de São Paulo, das Escolas de Comando e Estado-Maior do Exército (ECEME), Superior de Guerra (ESG) e da Magistratura do Tribunal Regional Federal — 1ª Região; professor honorário das Universidades Austral (Argentina), San Martin de Porres (Peru) e Vasili Goldis (Romênia); Doutor Honoris Causa das Universidades de Craiova (Romênia) e das PUCs-Paraná e RS; catedrático da Universidade do Minho (Portugal); presidente do Conselho Superior de Direito da Fecomercio-SP; ex-presidente da Academia Paulista de Letras (APL) e do Instituto dos Advogados de São Paulo (IASP).

INTRODUÇÃO

Inspirações para este trabalho

Por que um advogado, estudioso de direito e jusfilosofia, colocou mãos à obra para produzir um livro sobre felicidade?

Há muitos anos penso nessa questão, porque tenho como fundamento que o direito — ao aplicar a justiça, conforme a lei, os costumes e a sensibilidade — tem como finalidade promover o maior nível possível de satisfação para todas as partes. Satisfação, aqui, é algo bastante próximo do conceito do que seja a felicidade — e é do que vou tratar nas páginas seguintes. Mais recentemente, chamou a minha atenção a expressão de extremo contentamento no rosto de uma jovem senhora que tomava a segunda dose da vacina contra a Covid-19 (como ficou conhecida a doença causada pelo vírus SARS-CoV-2, da família dos coronavírus), que em 2020 foi responsável pela pior pandemia da história do homem na Terra.

Apropriei-me do título do livro do filósofo romano Sêneca, *De vita Beata* ("A Vida Feliz"), publicado por volta do ano 58 da era cristã. Aqui, vou tecer reflexões sobre a ideia de felicidade. Não mergulharei na análise filosófica dos pensadores, desde a Antiguidade até os dias de hoje. Citei, compilei, coligi o que tanta gente vem, ao longo dos milênios, pensando sobre o que seja essa felicidade, alcançada ou inalcançável, concreta ou fugidia, abstrata quase sempre.

Em certo trecho, inspirei-me num trabalho de Emerson Gabardo, que analisou a felicidade como fundamento teórico para o desenvolvimento em um Estado social[1].

O conceito da pesquisa desse colega, professor titular de Direito Administrativo da PUC-PR, é que a teoria do Estado subsidiário pretende que seja uma alternativa ao Estado bem-estar social. O Estado subsidiário garantiria a dignidade-liberdade. Cito: "Silvia Faber Torres resume bem essa perspectiva quando explica que por meio da subsidiariedade 'concebe-se a ação do Poder Público não como uma garantia prévia de felicidade a todos', mas sim como um meio de garantia secundária." Isso porque o Estado apenas daria uma ajuda às pessoas dignas de liberdade, para exercerem-na. Retomo o texto de Gabardo para citar novamente: "Não há como aceitar esta visão restritiva do papel do Estado; ao menos não de um Estado cujo modelo seja o de bem-estar e cujos postulados fundamentais sejam pautados por um conjunto de princípios republicanos. As atividades do Estado, predominantemente as administrativo-prestacionais, não têm por fundamento apenas uma ideia de "auxílio social" àqueles sobre quem incidirão os efeitos dos atos praticados. Isso mesmo. O papel do Estado é maior. É procurar levar o indivíduo — e a sociedade, enfim — a um estado de bem-estar, que é uma outra faceta da felicidade.

Andou bem Thomas Jefferson, um dos Pais Fundadores (*Founding Fathers*) da nascente nação dos Estados Unidos da América, ao escolher, no esboço que preparou do texto da Declaração de Independência, em 1776, a frase de que todo homem tem direito "à vida, à liberdade e à busca da felicidade"[2]. A declaração foi elaborada pela comissão que contava com John Adams, Benjamin Franklin, Roger Sherman e Robert R. Livingston, além do próprio Thomas Jefferson, e aprovada pelo Congresso no dia 4 de julho de 1776.

Por que razão não escreveu Jefferson que o homem tem direito à felicidade? Em vez disso, preferiu garantir o direito à busca da felicidade. Felicidade não é um objeto, um substantivo concreto, nem sequer um direito que o Estado possa entregar a alguém. A felicidade é intangível e depende do desejo, da aspiração e do esforço de cada pessoa.

A civilização ocidental tem uma cultura que contempla a felicidade como valor. Mas essa noção filosófica é algo relativamente recente — em termos de idade do aparecimento do homem engatinhando e depois andando pela superfície do planeta (e sob ela). Surgiu com o Iluminismo. Alexander Pope, um dos maiores poetas britânicos do século XVIII, escreveu, em um de seus poemas: "Oh happiness! our being's end and aim!" (Oh! Felicidade, fim e meta do nosso ser!") E ainda completa: "Good, pleasure, ease, content! whate'er thy name: That something still which prompts th'eternal sigh, For which we bear to live, or dare to die." (Bens, prazer, sossego, satisfação! Qualquer que seja vosso nome: aquela coisa que ainda provoca o eterno suspiro, pela qual toleramos viver, ou ousamos morrer.) Não nos esqueçamos de que Pope, como Thomas Jefferson, foi filho legítimo do Iluminismo.

A propósito de busca, Henry David Thoreau (1817–1862), escritor e naturalista norte-americano, escreveu isto: "Fui para os bosques porque pretendia viver deliberadamente, defrontar-me apenas com os fatos essenciais da vida, e ver se podia aprender o que tinha a me ensinar, em vez de descobrir à hora da morte que não tinha vivido. [...] Queria viver em profundidade e sugar todo o tutano da vida, viver tão vigorosa e espartanamente a ponto de pôr em debandada tudo que não fosse vida, deixando o espaço limpo e raso."[3]

Aos poucos, com muita leitura e observação do mundo, fui ampliando meu escopo de abordagem do tema. Os capítulos a seguir comprovarão a abrangência com que compus meu trabalho. Sorvi, por exemplo, de Amartya Sen[4], a noção de que o ideal de felicidade, para muitos, é a igualdade. Mas, para outros autores, como Oswaldo Rivero[5], a chamada "ideologia da felicidade", típica do desenvolvimentismo, não passa de uma elaboração teórica sem condições efetivas de realização. Numa síntese, rechaço a ideia de que a felicidade é atingida tão somente pelo desenvolvimento econômico, pela simplista afirmação de que ao homem basta a mera acumulação de bens e riquezas. Aristóteles já pontuava que "a finalidade da *polis* não é somente a sobrevivência material do cidadão"[6].

Do ponto de vista do direito, na sua Teoria dos Princípios, Ronald Dworkin[7] argumenta que, para cada caso concreto, o

julgador aplica um peso para cada princípio (no Brasil, os princípios constitucionais são cinco: legalidade, impessoalidade, moralidade, publicidade e eficiência). Todos os princípios são válidos, mas prevalece, na sentença, aquele que, num caso concreto, seja mais importante ou aplicável.

A felicidade continua sendo uma busca de todas as pessoas. Cada pessoa tem um ideário de felicidade; alguns os encontram na família, outros longe desta. Seria, pois, bem-estar? Para mim, felicidade é o amor sentido, experimentado nas suas várias facetas. Não necessariamente no amor realizado. A seguir tenho uma experiência pessoal a relatar:

> Eu estava em um trem da Suíça, tomando chocolate quente. Pela janela, enxerguei ao longe uma casinha perdida na montanha de neve, com fumaça saindo pela chaminé. Senti algo no coração, uma emoção incontrolável que me causou, de repente e involuntariamente, uma crise de choro. Era uma sensação de paz absoluta, que veio do acolhimento, de me sentir protegido, abrigado, com uma caneca de chocolate quente. A sensação que me acometeu era de pura felicidade, disparada pelo choro, e pareceu ser um conjunto que mesclava estética, conforto, gratidão pelas minhas condições em relação a quem habitava a casinha. Não sei se me explico ao usar essa narrativa, porque foi um sentimento poderoso e ao mesmo tempo imponderável.

Felicidade é um decassílabo de caráter subjetivo, nirvana particular e individual, desarraigado de um conceito universal definitivo e acabado que poderia ser comum à maioria das pessoas. A felicidade é só uma sensação? Só um sentimento? Ou será uma condição humana, que possui raiz na razão, como pensavam Descartes e Kant? Na tradição filosófica, desde o racionalismo de Descartes, a linguagem se refere a um conjunto de dados dos sentidos.

Esta é uma questão importante: a relação entre linguagem e percepção. O nosso repertório linguístico representa efetivamente uma percepção universal? Indago, porque a relação significante/significado é arbitrária. Linguistas do estruturalismo, como

Jakobson e Saussure, questionavam se, em idiomas diferentes, palavras que se referem a uma mesma coisa podem ter significados e percepções diversas. O que chamamos de "felicidade" é o mesmo referente que designamos quando usamos essa palavra? Desde que surgiu, de origem latina, a palavra caminha ao lado de outras que a complementam, e vice-versa, como amor e sonho, projeto de vida, a solução como contraponto ao problema financeiro, de saúde, o dinheiro que pode ser o trampolim para a conquista de bens, que, por sua vez, representa a evolução material das pessoas. Isso e muito mais, como vem sendo descrita ao longo dos séculos por filósofos, poetas, sociólogos, dramaturgos, historiadores e cada um de nós.

Do ponto de vista da linguagem, precisamos nos remeter à filosofia analítica de Ludwig Wittgenstein (o argumento da linguagem privada), que influenciou o Círculo de Viena e os filósofos que se seguiram. Para ele, a linguagem não designa sensações, mas comportamentos relacionados a essas sensações. A palavra "dor" não representa a sensação, mas o comportamento de incômodo relacionado com a nossa reação a ela.

Lembro-me de uma menina entrevistada durante a guerra da Síria. O repórter perguntou: onde estão seus pais? E ela respondeu: morreram na guerra. Com um sorriso no rosto. Eu me perguntei, ao ver a matéria, como alguém, diante de tal tragédia, conseguia sorrir. Seria um esgar, um sorriso de nervosismo? Mas não era o que parecia. À pergunta de se havia comido qualquer coisa naquele dia, mesmo sorrindo, ela esconde o rosto e meneia a cabeça, negativamente.

O homem contemporâneo, talvez procurando encontrar uma evasão espiritual para as questões que o torturam, cansado do noticiário que privilegia a ambição e o egoísmo, volta-se, esperançoso, para o irreal, para o fantasioso. E sonha. Este pode ser o caminho da busca da felicidade: alcançar tempo e geografia em que não haja lutas ou perdas.

Essa tal felicidade, e isso sim, todos sabemos, é a razão de viver que está intrínseca e inexoravelmente associada aos quatro elementos do Universo — como o conhecemos até aqui —,

construção icônica que representa as forças da Natureza e matéria-prima que move os cinco sentidos do ser humano e quiçá, ainda não sabemos, também dos seres vivos da flora e da fauna. Mas como explicá-la, para além da sensação de bem-estar extravasada pela magia desse momento transcendental e exclusivo?

Será ela a inspiração, a epifania, o êxtase?

Ou a serenidade, a moderação, a continência?

São indagações anciãs. Vamos ver que Teófilo Gautier, no conto "Avatar", em meados dos anos 1840, pergunta e ao mesmo tempo arrisca uma resposta: "E por que esse moço, belo e rico, tendo tudo para ser feliz, ia definhando lentamente? Porque os médicos não atinavam a causa de sua moléstia, porque a alma não fora ainda seccionada nos laboratórios anatômicos de Paris." Aí está. A felicidade está na alma, segundo o autor francês.

Há quem atribua a circunstância da felicidade à intervenção divina. Então, por esse viés, também seria possível supor a seguinte equação: se uma pessoa se sente feliz porque alcançou determinado objetivo e sucesso, por que outra não conseguiu, embora detentora do mesmo perfil, credenciais e requisitos? Ah, alguém dirá, mas isso é a mesma coisa que tentar conhecer o sexo dos anjos.

Pode ser. Ou não, pois sempre haverá quem argumente com a lógica invertida das paralelas: ora, certamente um deles ofereceu o quesito que fez a diferença na concorrência com o outro. Esse é um ponto a ser considerado como referência na interminável sondagem que impulsiona a busca pelo direito à felicidade, seja lá qual for o conceito que cada um se autodetermine a adotar para usufruí-la em sua plenitude. O panorama, visto dessa imensurável arquibancada da vida, oferece fantástico leque de conjecturas que se propõem a explicar o fenômeno. Sim, porque, como tudo o que é levado às raias do exagero também pode funcionar ao contrário, como naquela máxima do tiro pela culatra.

Darrin McMahon[8] pesquisou uma fortuna da noção de felicidade e percebeu que, ao longo do tempo, as sociedades a interpretaram distintamente. A obra, de boa erudição, chegou a integrar,

no ano de lançamento, a lista do *New York Times* dos 100 livros notáveis.

Falemos de literatura.

A literatura é formidável fonte de inspiração a ilustrar o imaginário coletivo, massageado até as vísceras pela avalanche de obras eufemisticamente nominadas de autoajuda. Salvo o raro círculo de pensadores/comunicadores críveis como Leandro Karnal, Mário Sergio Cortella, Clóvis de Barros Filho e Luiz Felipe Pondé — apenas para falar dos mais midiáticos —, a busca pela felicidade em tempos contemporâneos, alavancada pelo formidável impulso das redes sociais, foi transformada em produto de primeira necessidade na infinita disputa entre o bem e o mal. Parafraseando toscamente a frase atribuída a Shakespeare, hoje há mais arautos e gurus vendendo a fórmula da felicidade do que pode imaginar a nossa vã filosofia. É um pássaro? É um avião? É um cometa? Não, é a tal felicidade, aquela que nos dá o privilégio de poder testemunhar o malabarismo de uma gota de orvalho numa pétala sem flor que, depois de efêmero brilho, perde a força e despenca como uma lágrima de amor. Dito assim, o antológico poema de Vinícius de Moraes, cantado por Tom Jobim e depois viralizado por uma infinidade de intérpretes, talvez não tivesse produzido o mesmo encantamento nem o feitiço que essas metáforas incutiram em mentes e corações de tantas gerações. Mas dizer na letra original que "felicidade é uma gota de orvalho numa pétala sem flor que cai como uma lágrima de amor" soa poeticamente muito mais contundente, embora seja "só" uma metáfora.

Pensemos em Fernando Pessoa, que escreveu, pela voz do seu heterônimo Alberto Caeiro, no poema "Falas da civilização": "Ai de ti e de todos que levam a vida a querer inventar a máquina de fazer felicidade."[9]

Vicente de Carvalho, o poeta do mar, da cidade de Santos, escreveu em um de seus poemas mais conhecidos, isto:

> *Essa felicidade que supomos,*
> *Árvore milagrosa que sonhamos,*
> *Toda arreada de dourados pomos,*

> *Existe, sim; mas nós não a alcançamos*
> *Porque está sempre apenas onde a pomos*
> *E nunca a pomos onde estamos.*

Existe a crença de que felicidade completa só se manifesta por meio de uma conquista colossal, monumental, como o maior prêmio da loteria ou a conquista do maior reconhecimento mundial. Não parece ser assim, e os latinos já supunham que não fosse mesmo. Basta ver a frase "sic parvis magna", que, em tradução aproximada, significa "assim, das pequenas surgem grandes coisas". A frase é atribuída a Virgílio, em sua epopeia *Eneida*[10]. É também o lema de Sir Francis Drake, o corsário inglês, gravado em seu anel (na série de videojogos *Uncharted*, da Sony Computer Entertainment). A frase nos remete a um antigo ditado dinamarquês: "Muitos pequenos riachos fazem um grande rio" (do original "Mange bække små gør en stor å"), que também existe em inglês: "Many small brooks make a big river."

A Bíblia tem uma frase de semelhante teor, em Zacarias (4:10): "Quem desprezou o dia de pequenos começos?"

A propósito, estaria a felicidade nas religiões? Nas tradicionais e mais conhecidas, como também em outras menos difundidas, a exemplo do Santo Daime (doutrina espiritualista criada na Amazônia), Cientologia (um conjunto de crenças e práticas que pregam uma sociedade sem loucura, sem guerras e sem crimes), Happy Science (uma seita sincrética japonesa que já foi conhecida pelo título de Instituto para a Investigação da Felicidade Humana) e Satyaprem/Osho (práticas cerimoniais destinadas à investigação do autoconhecimento).

Felicidade pode ser solidariedade, e seria entendida pelos poetas com este aforismo: "Os sofredores salvam os sofredores."

Felicidade pode ser um estado de ausência de dúvidas. Nesse aspecto, seria a composição de três sentimentos: a sensação de segurança, de quem acredita que sua vida não está ameaçada, e que conta com moradia, alimentação, saúde e condições de sustentar a si e a sua família; a sensação de progresso, que é a crença

de quem se considera estar em constante evolução; e a sensação de propósito, que é o sentimento de quem crê ter, na vida, um objetivo nobre e justo.

Felicidade é centelha que ilumina a criatividade de poetas e sonhadores, mesmo que às vezes apenas por efêmeros insights. Felicidade é uma partícula do léxico universal que extrapola sua terminologia etimológica. Ora banalizada pelo extraordinário poder de sua capilaridade, e muitas vezes até mesmo distorcida ou usada fora do contexto, essa chama atravessou os séculos desafiando a capacidade racional de homens e mulheres, impotentes vasculhadores de sua gênese. Talvez devamos nos contentar com as respostas oferecidas pela semiótica, a ciência que estuda o significado dos sinais visuais, da língua, dos usos e dos costumes. Como milhões, incluo-me nesse elenco de curiosos que bebem na fonte dos monstros sagrados do pensamento humano, quais alquimistas que investigam os enigmas da vida e da morte. Um deles, a tal felicidade.

O renomado relatório World Happiness Report (WHR)[11] conferiu à Finlândia, em 2021, e pelo quarto ano consecutivo, o título de "país mais feliz do mundo". Os critérios principais do relatório, cuja primeira edição é de 2012, são níveis de PIB, expectativa de vida, generosidade, apoio social, liberdade, renda e percepção dos moradores em relação à corrupção nos governos (a posição do Brasil, em 2021, foi a 41ª, conforme o relatório). Para a tabulação, são comparados esses dados a partir de entrevistas com habitantes de 150 países, consultados a respeito de qualidade de vida e nível de confiança mútua nas pessoas e nos governos. Os dados pretendem ser objetivos, mas as respostas são tão subjetivas quanto a própria noção de felicidade. Exemplo disso, conforme reportagem publicada no site do UOL[12], é a opinião de alguns brasileiros que vivem na Finlândia, que avaliaram principalmente a segurança e a igualdade de que desfrutam. Outros, porém, registraram insatisfação com atitudes de finlandeses, como o racismo e a xenofobia, e com hábitos relacionados ao alcoolismo. Vê-se, por aí, que felicidade não é sinônimo de perfeição.

A felicidade pelos seus antônimos

Morte, tédio, pessimismo, melancolia, desespero. Tudo isso pode ser considerado antônimo de felicidade. Falemos de alguns.

Sigmund Freud foi buscar na mitologia grega, tão rica em paradoxos e contrastes, duas entidades para basear a sua Teoria das Pulsões: Eros, o deus do amor pela vida, e o seu antípoda, Tânatos, o deus da **morte**. Para Freud, Eros representa o instinto de vida e que move o ser humano a lidar com a sobrevivência básica, com o prazer e a reprodução. Embora frequentemente associado aos instintos sexuais, também envolve a necessidade de mitigar fome e sede, e ao mesmo tempo evitar a dor — o que não deixa de ser representação do prazer. Acresça-se que os instintos de vida, além da libido — que é a energia que geram —, também estão geralmente associados à socialização, à cooperação e a outras iniciativas de cunho social. O instinto (ou desejo) de morte, por sua vez, foi inicialmente descrito por Freud no livro *Além do Princípio do Prazer*[13], de 1920, desta forma: "o objetivo de toda a vida é a morte" — resumidamente, a conclusão do estudioso era de que as pessoas têm o desejo inconsciente de morrer, mas não se entregam porque são estimuladas pelos instintos de vida. Para Freud, os instintos de morte podem levar a comportamentos autodestrutivos ou expressos na forma de agressão e violência contra os outros.

A inglesa Emile Brontë, no seu livro *O Morro dos Ventos Uivantes*, de 1847[14], relata que Heathcliff, o anti-herói da história, morreu de tédio. E o que vem a ser o **tédio**? Sensação dominante de enfado, cansaço, desânimo, falta de vigor e de entusiasmo. No caso desse clássico romance da literatura universal, Heathcliff é acometido de insopitável desgosto pela vida, causado pela rejeição e humilhação.

Há um fato divulgado pela OMS, a Organização Mundial de Saúde da ONU: mais de 700 mil pessoas morrem por suicídio, todo ano, no planeta. É a quarta maior causa de morte entre pessoas na faixa dos 15 aos 29 anos[15]. Há uma crença, hoje superada, de que a Suécia é o país com maior número de suicídios. Uma crença calcada numa observação: a de que os povos nórdicos são mais melancólicos — é o que se costuma dizer, por exemplo, dos dinamarqueses. A comparação imediata é com os americanos — do Sul e do Norte — mais festivos e geralmente alegres. Mesmo em presença da morte. Levemos em consideração, como ilustração, o "Día de los muertos" (equivalente, no México, ao nosso Dia de Finados), data em que se promove um verdadeiro carnaval.

A felicidade e a morte

A cidade mexicana de Pátzcuaro Michoacán é famosa pelos festejos do dia 2 de novembro, uma celebração eivada de sincretismo entre a cultura católica trazida pelos espanhóis e os costumes tribais indígenas pré-hispânicos. Mas a festividade ocupa o país inteiro. As cidades são enfeitadas de cores vivas e o povo sai às ruas para beber, comer e dançar. Acredita-se que nesse dia as almas dos mortos voltam à terra para receber as oferendas que os parentes depositam num altar. Costuma-se deixar comidas, doces, bebidas, fumo, fotografias, flores e artigos de uso pessoal do defunto. Com variações, a celebração também ocorre na Espanha.

Preciso registrar a forma como os seguidores do kardecismo encaram a morte. Digo isso porque testemunhei mais de um velório de famílias espíritas, e impressionou-me a serenidade com que a passagem de uma pessoa de um plano para outro, segundo essa fé, deve se dar, para quem segue a vida. A morte, pelos pressupostos dessa filosofia, é uma transformação — pela via da reencarnação, dentro de um caminho infinito — e não um ponto final. Há reflexões esclarecedoras sobre esse tema, por exemplo no livro de Alexandre Caldini Neto[16]. De certo modo, para os kardecistas, morrer é ultrapassar um estágio na direção da felicidade.

Considerações de grande profundidade sobre o tema, conforme a doutrina budista, estão na obra de Sogyal Rinpoche[17]. Ao falar da agonia e morte do monge Samten, num mosteiro do Tibete Central, Sogyal primeiro registra que o monge tinha o rosto alegre, redondo e gorducho, sempre pronto a se abrir num sorriso.

Depois, comenta isto: "A morte de Samten me abalou. Aos sete anos, tive meu primeiro vislumbre do vasto poder da tradição da qual eu estava me tornando parte, e comecei a entender o sentido da prática espiritual. A prática dera a Samten a aceitação da morte, bem como a clara compreensão de que o sofrimento e a dor podem ser parte de um processo natural e profundo de purificação."

Quero lembrar que a maioria das tradições espirituais modernas (inclusive o cristianismo) considera que a morte não é o fim, mas uma passagem para algum tipo de vida futura, mais venturosa e mais feliz. O que mais se ouve é que o defunto "está melhor do que nós", "passou desta para a melhor", e assim por diante. No entanto, são patentes, também, o medo e a negação da morte. Mas uma coisa é avassaladoramente certa: somos impermanentes. Vamos todos morrer um dia. Buda morreu. Jesus morreu.

Existem relatos muito interessantes a respeito de experiências de quase-morte. A pesquisadora inglesa Margot Grey, autora de um famoso livro sobre o assunto[18], anotou o relato de uma mulher que passou pela experiência. Ele termina assim: "Desenvolvi uma grande compaixão pelas pessoas doentes e na iminência da morte e queria muito avisá-las, conscientizá-las de algum modo de que o processo da morte nada mais é do que uma extensão da vida de cada um."

Em *Os Sete Enforcados*[19], Leonid Nikoláievitch Andriéiev anota uma paradoxal sensação da personagem Mússia, condenada ao enforcamento por um ato de terrorismo contra um ministro. Em sua cela, com as mãos para trás, metida num capote grande, desproporcional ao seu tamanho, andava para lá e para cá. Diz o autor: "Mússia, porém, estava feliz. (...) Com uma fé inabalável na bondade humana, na compaixão, no amor, imaginava como agora havia gente preocupada por sua causa, como se afligiam, como estavam penalizados, e ficava envergonhada até o rubor. Parecia-lhe que, ao morrer na forca, cometia um erro clamoroso."

A felicidade estará no que causamos aos outros, pensaria Mússia?

Não encontramos, no livro citado, outra menção a um tema que poderia ter sido mais amplamente explorado. Não importa.

O autor estava mais ocupado em refletir sobre a morte e as impressões que essa aziaga figura causa nos condenados, mas esse trecho de umas poucas linhas nos dá alimento para examinar o tema da felicidade. Quanto teria durado essa sensação feliz para Mússia? Segundos, ou um minuto, talvez... Existiu, porém.

Outro russo, Leon Tolstói, em *A Morte de Ivan Ilitch e Outras Histórias*,[20] apela para o humor (controverso) para comentar a morte do funcionário público, fazendo ver que nem toda felicidade é movida por um senso moral. Senão vejamos: "Além das meditações, que essa morte suscitou em cada um, acerca das transferências e das eventuais mudanças de carreira que poderia resultar dessa morte, o próprio fato de uma pessoa bem conhecida ter morrido provocou em todos os que estavam a par disso — aliás, como sempre — uma sensação de alegria: "Fulano morreu e a gente está viva."

Essa reflexão de egoísmo está presente em ditos populares, como é o caso de "Morreu, morreu, morreu... antes ele do que eu", registrada em pesquisadores do folclore lusitano.

Na literatura brasileira, a narrativa de Jorge Amado em *A Morte e a Morte de Quincas Berro D'Água* consegue unir, a um evento de morte, um curioso caso de divertimento.

Voltemos à alegria.

Existe um adágio em vários idiomas que trata do riso como o melhor remédio para a infelicidade. No site do HCOR, há uma interessante entrevista com a gerente do Serviço de Psicologia, Silvia Cury Ismael[21]. A especialista assegura: "Rir é importante para a saúde mental, pois libera serotonina e endorfina, substâncias que trazem a sensação de bem-estar, prazer e alegria, diminuindo o risco de doenças psicossomáticas, como a depressão, ansiedade e estresse."

Ludwig van Beethoven compôs a sua última sinfonia completa, Sinfonia nº 9 em ré menor, op. 125, Coral, que ficou conhecida como "Ode à Alegria". E o leitor não haverá de discordar de que um dos mais alegres compositores da música clássica é o jovial e saltitante Amadeus Mozart.

Uma pessoa com câncer, se estiver em conforto, pode se manter em estado de alegria. Mas felicidade é alegria? Vejamos o que diz Henri Bergon, sobre o riso, em 1900[22].

Para ele, o riso cômico — atitude típica e exclusivamente humana — nem sempre é manifestação de felicidade. Em primeiro lugar, porque é atividade de inteligência pura, e cessa quando surge a emoção. E, depois, o riso é sempre atitude exterior, de grupo — "precisa de eco", diz o autor. Basicamente, é o que podemos chamar de "gozação", uma censura nem tão velada ao que se considera "ridículo". A função social do riso cômico é coercitiva, corretiva, ou seja, de constranger (às vezes humilhando) posturas potencialmente inaceitáveis ao grupo ao qual a "vítima" pertence. Jean-Paul Sartre, discípulo de Henri Bergson, burilou o conceito ao seu jeito, ao dizer que "o inferno são os outros".

Citemos Bergson, de pensamento notadamente positivista: "Numa sociedade composta de inteligências puras, provavelmente não haveria mais lágrimas, embora talvez ainda haja o riso; isso porque almas altamente emocionais, em sintonia e harmonia com a vida, em quem cada evento seria sentimentalmente prolongado e re-ecoado, não saberiam nem compreenderiam o riso."

Darcy Ribeiro[23], ao traçar a comparação entre o povo brasileiro e os americanos do Norte, destaca a diferença concedida pelas convicções religiosas. Segundo o autor, no seu livro-painel sobre a formação do povo brasileiro, comenta que "dois estilos de colonização se inauguram no Norte e no Sul do Novo Mundo". No Norte, "o gótico altivo de frias gentes nórdicas", protestantes em sua maioria, rígidos em seus costumes e tradições, disciplinados no trabalho e na intenção calvinista do lucro e da riqueza pessoal, mais carrancudos e mais objetivos. No Sul, "o barroco das gentes ibéricas, mestiçadas", católicos, de vivência mais leve, que aprenderam com os índios a se aliar à natureza, e a se contentar com o suficiente para bem viver, e que tiveram o contributo das africanidades, no ritmo, na linguagem, nas crenças, na culinária e, principalmente, na alegria. Seria a alegria algo que se aproxima da felicidade, mais do que a prosperidade material? Darcy Ribeiro não conclui, mas nos deixa pistas. Ele, que fugiu do hospital

para terminar, em casa, o seu livro, admite a saga de um povo que se origina de um processo brutal de dissolução de suas matrizes identitárias, do índio, do africano e do português, e se torna um povo diferente, brincalhão, piadista, alegre. Mais feliz, talvez?

Será que os antigos tinham mais consciência do que fosse felicidade?

Trabalhar com elementos, que, a meu ver, compõem a felicidade: serenidade, discernimento, autoestima principalmente, tudo isso vem com a maturidade — mas será que os jovens não são felizes?

Essas e outras reflexões serão escrutinadas nos capítulos que o leitor me dará a honra de acompanhar, na leitura deste meu modesto trabalho.

A felicidade no cotidiano

Passando para a contemporaneidade, trato da felicidade no cotidiano — do povo brasileiro, principalmente. Faço um balanço das pequenas paixões que levam à alegria, às vezes à euforia e, não raro, à epifania. É o esporte, por exemplo; o empoderamento das mulheres; a reação a eventos que envolvem ídolos e heróis populares; enfim, a felicidade das pequenas coisas. Fernando Pessoa fez um comentário definitivo: "Ai de ti e de todos que levam a vida a querer inventar a máquina de fazer felicidade."[24] A felicidade, enfim, está nas pequenas coisas.

Trato também da felicidade na mitologia e no folclore de várias regiões do mundo, com destaque para os mitos brasileiros. Temos seres reais e imaginários aos quais são atribuídos poderes mágicos, entre eles o de conceder a felicidade, sob várias formas. Um traço constante dessas crenças é o de que a virtude é recompensada.

Mesmo efemérides de um certo grau de amargura, como é o caso das crianças abandonadas em orfanatos e favelas, pode-se encontrar exemplos de tocante felicidade, como abordamos em

um dos capítulos. Mas a busca da felicidade como bem a ser alcançado a qualquer preço pode ocasionar, por paradoxal que pareça, infelicidade. Isso porque o esforço desmedido pode levar a sofrimento, decepção, desapontamento e angústia.

Melhor, portanto, que a busca da felicidade seja tarefa coletiva, tendo governos como partícipes importantes.

Busquei informações no trabalho de Emerson Mildenberg[25], um apanhado robusto do que pensaram sobre a felicidade muitos filósofos de várias épocas, e em Fernando Alcoforado[26].

Busquei compor uma plêiade dos filósofos mais marcantes de todas as épocas. Quais deles teriam a verdade? Nenhum, possivelmente. Ou todos, talvez.

Entretanto, o fio condutor que escolhi foi a literatura — a mais completa das artes, no dizer de Jean-Paul Sartre (1905–1980)[27]. Seja na filosofia, seja no cotidiano, seja nas religiões, procurei valer-me de excertos de obras literárias para ilustrar a condução do meu raciocínio.

Reportagem da Rede DW alemã reporta, em 18 de março de 2022, relatório mundial da ONU que dá conta de que, pelo quinto ano consecutivo, a Finlândia foi escolhida como o país mais feliz do mundo[28]. Diz um trecho da reportagem que o ranking atribui uma pontuação de felicidade em uma escala de zero a dez, com base em uma média de dados ao longo de um período de três anos. "Para chegar à pontuação", explica o texto, "os residentes dos países são questionados sobre seu próprio nível de felicidade e as respostas são cruzadas com fatores como Produto Interno Bruto (PIB), expectativa de vida, suporte social, liberdade para fazer escolhas, generosidade e percepção da corrupção." Nações mais felizes são principalmente aquelas em que os serviços públicos funcionam bem, existe ampla confiança nas autoridades e são baixos os níveis de criminalidade e de desigualdade social.

A lição a ser tirada do Relatório Mundial da Felicidade, ao longo dos dez anos em que é promovido, segundo Jeffrey Sachs, um dos coautores do relatório, é que "o apoio social, a generosidade mútua e a honestidade dos governos são cruciais para o bem-estar. Os líderes mundiais têm que levar isso em conta".

Na coleta de informações, os pesquisadores também usaram dados das mídias sociais para comparar as emoções das pessoas antes e depois da pandemia do coronavírus. Foram encontrados "fortes aumentos de ansiedade e tristeza" em 18 países, mas uma queda nos sentimentos de raiva. A tristeza mais justificada é a do Afeganistão, que ocupa a 146ª posição no ranking: sofrendo uma guerra interna, sucumbe a uma profunda crise humanitária desde que o Talibã assumiu novamente o poder do país em agosto de 2021.

O Brasil ocupa a posição de número 38, ficando atrás, na América Latina, de Costa Rica (23º lugar), Uruguai (30º) e Panamá (37º). Caiu três posições em relação ao ranking divulgado em 2021, quando estava em 35º.

E é relevante lembrar que 20 de março é o Dia Internacional da Felicidade[29]. A celebração foi iniciada em 2012, durante um Encontro de Alto Nível da ONU, no Butão. A proposta do encontro foi "Felicidade e Bem-Estar, um novo paradigma econômico". Na ocasião, Joseph Stiglitz, Prêmio Nobel de Economia, discutiu a relevância da felicidade como aspiração universal e a sua importância em metas de política pública.

Encerro esta Introdução com a importante reflexão acerca da monetização da felicidade. Dinheiro, lucro, acumulação, riqueza, será isso a síntese de estar bem, de ser feliz? Não sei.

Eu apenas quis reunir, em uma só plataforma impressa, variadas interpretações, em diferentes épocas do pensamento humano, desse sentimento enigmático, intrínseca e umbilicalmente atrelado ao cotidiano de nossas vidas.

O que seria, então, a tal felicidade como premissa e objetivo de vida? Também não sei.

Mas, seja lá como, onde, quando e com que intensidade a felicidade se manifesta na vida de cada uma das pessoas que me aturaram até aqui, desejo que ela seja eterna enquanto dure.

Ricardo Castilho,
inverno de 2022.

A FELICIDADE E A LITERATURA

"Se um poeta consegue expressar a sua infelicidade com toda a felicidade, como é que poderá ser infeliz?"

(Mario Quintana)

Um velho adágio sofista reza que dinheiro não traz felicidade. Há controvérsias. E uma delas, atribuída a ninguém menos do que Machado de Assis[1], um dos imortais do panteão de escritores brasileiros de todos os tempos. O *Bruxo do Cosme Velho,* conhecido por sua verve humorística e refinada ironia, devia estar no intervalo de suas geniais criações — que ainda hoje fazem a felicidade de milhões de pessoas — quando perpetrou a emenda que melhorou, e muito, o velho soneto. "Dinheiro", disse ele, "só não traz felicidade para quem não sabe o que fazer com ele".

Em pelo menos dois contos escritos por Machado, ainda na fase do Romantismo, os personagens masculinos são misóginos, platônicos, premidos pelas circunstâncias da vida, dificuldades financeiras ou frustrações amorosas. São homens que fantasiam o perfil da mulher ideal como único desfecho possível para a plenitude do que imaginam que seja a felicidade. É o caso do protagonista Mendonça, do conto "Felicidade", de 1860. Embora leitor contumaz de jornais, Mendonça, provavelmente, desconhecia que "há três coisas na vida que não voltam atrás: a flecha lançada, a oportunidade desperdiçada e a palavra falada". Essas premissas, extraídas da antiga sabedoria oriental chinesa, estão bem claras no desenvolvimento do primeiro conto.

Ali, o sonho do protagonista termina em um pesadelo trágico. Atormentado por um turbilhão de dúvidas, não consegue identificar as verdadeiras intenções manifestadas pelo objeto do seu desejo, imaginando estar sendo vítima de um engodo do destino. "Por que razão estará guardada para mim tamanha felicidade?", pergunta-se, incrédulo, ao recusar a generosa oferta de casamento da mulher misteriosa, que nada exige em troca do amor dele. "Nada a explicar", ela responde quando ele está a cobrar pormenores da vida dela. "Eu compreendi que o senhor é um homem fraco, e incapaz de ser coisa nenhuma nesta vida... Assustava-o o mistério... o medo do desconhecido... recusou a mão que eu lhe dava..." Ela se despede. Ele corre atrás dela. E pergunta: "Mas quem é a senhora que assim me traz atribulado há quinze dias?"

"Eu sou a felicidade. Adeus."

Em *A Felicidade pelo Casamento*, de 1866, o narrador se confessa desiludido, ainda ruminando o fracasso de uma fantasia amorosa e, já autocondenado ao celibato eterno, acaba encontrando a mulher que julga ser aquela com quem sempre sonhara, seu desejo e aspiração. Ele buscava a felicidade em alguém que se entregasse a ele "com a virgindade do coração... pura do menor pensamento de amor que fosse" e que ele pudesse "ser o primeiro que lhe aspirasse o perfume das ilusões inocentes...". E assim, conclui o autor, pela boca do personagem: "Ela é para meu lar doméstico: A luz, A vida, A alma, A paz, A esperança, E a felicidade! Procurei por tanto tempo a felicidade na solidão; é errado; achei-a no casamento, no ajuntamento moral de duas vontades, dois pensamentos e dois corações."

No conto "Último Capítulo", do livro *Histórias sem Data*, de 1884, há um trecho exemplar.

> *Cansado e aborrecido, entendi que não podia achar a felicidade em parte nenhuma; fui além: acreditei que ela não existia na terra, e preparei-me desde ontem para o grande mergulho na eternidade. Hoje, almocei, fumei um charuto, e debrucei-me à janela. No fim de dez minutos, vi passar um homem bem trajado, fitando a miúdo os pés. Conhecia-o de vista; era uma vítima de grandes reveses, mas ia risonho, e contemplava os pés, digo mal, os sapatos. Estes eram novos, de verniz, muito bem talhados, e provavelmente cosidos a primor. Ele levantava os olhos para as janelas, para as pessoas, mas tornava-os aos sapatos, como por uma lei de atração, anterior e superior à vontade. Ia alegre; via-se-lhe no rosto a expressão*

da bem-aventurança. Evidentemente era feliz; e, talvez, não tivesse almoçado; talvez mesmo não levasse um vintém no bolso. Mas ia feliz, e contemplava as botas.

A felicidade será um par de botas? Esse homem, tão esbofeteado pela vida, achou finalmente um riso da fortuna. Nada vale nada. Nenhuma preocupação deste século, nenhum problema social ou moral, nem as alegrias da geração que começa, nem as tristezas da que termina, miséria ou guerra de classes, crises da arte e da política, nada vale, para ele, um par de botas. Ele fita-as, ele respira-as, ele reluz com elas, ele calca com elas o chão de um globo que lhe pertence. Daí o orgulho das atitudes, a rigidez dos passos, e um certo ar de tranquilidade olímpica... Sim, a felicidade é um par de botas.

A felicidade que Machado de Assis nos apresenta é tão somente um recorte da vastidão que o tema engloba na literatura mundial, qualquer que seja a genealogia dos povos, seus costumes e idiomas. Ícones como Shakespeare, Camões, Cervantes, Dante — aos quais o criador de *Quincas Borba* é comparado — são protótipos universais, indutores de sentimentos tão heterogêneos quanto simultâneos, transmutáveis, efêmeros ou perenes, somente possíveis de percepção e manifestação entre os seres vivos. As pessoas que leem romances de amor em geral esperam deles o tradicional *happy end*. Estão naturalmente na expectativa desse desenlace porque é isso que também as fará felizes, seja lá o que isso possa ser compreendido ou significar para cada uma delas. Minha tese, longe de ser inédita, sugere que: se alguém compra um livro cujo enredo tem viés de subjetividade, é porque espera que o conteúdo venha ao encontro das convicções que ele adota em relação à temática proposta pela obra.

Nas gôndolas de literatura, é interminável o cardápio de publicações que "vendem" fórmulas milagrosas por essa quimera a que se convencionou chamar, não se sabe por quem, de felicidade. O primeiro ancestral do verbete, segundo os alfarrábios literários, teria sido registrado nos Vedas, livros sagrados do hinduísmo, considerados a mais antiga literatura das línguas indo-europeias.

De lá até hoje, essa indecifrável senhora a que chamamos de felicidade tem sido explorada como mantra do cotidiano em qualquer língua e etnia sobre a face da Terra. E se espalhou como vírus incurável mundo afora por todos os meios de comunicação. Desde os tempos de Aristóteles e Sócrates, felicidade é pauta permanente e onipresente em qualquer esquina do planeta.

A literatura, desde sempre, é o campo mais fértil desses debates, que antes eram quase que exclusivos e restritos aos filósofos e se popularizaram com o advento da internet e das redes sociais. Os livros de autoajuda, para o bem ou para o mal, contribuem na disseminação de achismos e fórmulas milagrosas para quem quer ser feliz. São como biscoitos da sorte, que navegam na onda midiática do mercado editorial para saciar a fragilidade emocional e a baixa estima de um público consumidor carente. Os que demonizam essa categoria de literatura consideram que são publicações produzidas sob medida para aqueles públicos do tipo "me engana que eu gosto". Se bem que, para isso, já seriam suficientes os salmos bíblicos, que indicam o remédio, mas não informam o modo de usar. O vade-mécum esgota-se no antagonismo viral do bem e do mal.

Na vida fora das redes sociais, "correr atrás" da felicidade pode vir a ser uma faca de "dois legumes", como filosofava o folclórico (ou seria sábio?) ex-presidente do Corinthians, Vicente Matheus, quando queria esquivar-se de dar a palavra final em determinado negócio, argumentando com a possibilidade do fracasso. É isso, em síntese, o que fica da *História de Rasselas, o Príncipe da Abissínia*, de Samuel Johnson[2], uma das figuras-chave do Iluminismo britânico, publicada em 1759. O protagonista, nessa fábula, vivia no Vale Feliz, um condomínio paradisíaco cercado de total segurança e todas as mordomias inerentes ao poder. Ainda assim, ele não estava satisfeito. Não era feliz. Por conseguinte, supunha que a verdadeira felicidade morava lá fora. E foi atrás dela, convicto de que a encontraria. Na viagem, ouviu as narrativas de um sábio, conheceu como era o modo de vida do eremita e, com um astrônomo aprendeu os segredos das estrelas. Mas nenhum deles se considerava feliz.

E nem Johnson. A fábula, vendida como ficção, faz contraponto à realidade do próprio autor, castigado pela fatalidade: a mãe acabara de morrer e ele não tinha como pagar o funeral. Criou um personagem para exorcizar suas agruras, pôs a história no papel em uma semana e vendeu a peça. A leitura dela, para os menos exigentes, pode ser entendida como uma alegoria ao comportamento do ser humano moderno: as pessoas que não estão satisfeitas com o seu *modus vivendi*, isto é, não estão felizes, tendem a buscar outro caminho que lhes dê respostas, desde que sejam aquelas que desejam ouvir. Há as que são espontâneas quanto a esses objetivos porque, para elas, o que importa é nunca desistir de sonhar e continuar buscando a felicidade. Utopia?

Utopia, palavra de raízes gregas, quer dizer um lugar fora, à margem da realidade. A expressão foi criada pelo escritor inglês Thomas More[3], em 1516, quando lançou o livro com esse título. Muito antes dele, porém, Platão já falava de utopia em *A República*. A literatura, depois de More, ganhou uma nova tribuna de questionamentos filosóficos que, com o tempo, foram se amoldando ao debate do cotidiano. Assim, em 1933, surge *Horizonte Perdido*, do inglês James Hilton[4]. É uma obra-prima em que seus personagens fazem, não deliberadamente, o caminho inverso ao do príncipe da *História de Rasselas*. Nela, o autor leva quatro tripulantes de um avião em fuga da guerra até as montanhas do Himalaia, onde são socorridos por monges e abrigados no mosteiro de Shangri-la. Eles ficam encantados com as belezas naturais da cidade e o vigor longevo dos habitantes, que vivem em paz e harmonia. O mundo lá fora é um caos, nova guerra se aproxima, os monges os convidam a ficar, mas o grupo está dividido quando a equipe de resgate chega para levá-los. O impasse se resume à decisão que devem tomar: vale a pena voltar, quando poderiam ser felizes para sempre naquele paraíso?

Há quem deseje o paraíso porque, mesmo sendo um devasso, considera ser tão merecedor quanto qualquer outro ser sobre a face da Terra. Ou por se achar mais qualificado, intelectual e inteligente do que o filho da cozinheira. Dinheiro só não atalha o caminho de quem a busca se quem reivindica o direito à felicidade não souber usá-lo, como esclareceu o autor de Quincas Borba. Estão aí vários casos de ganhadores de loterias milionárias que se perderam na estrada da nova vida. Teriam acreditado que a felicidade é um bem tangível, que pudesse lhes dar a capacidade de fazer chover ou atingir as nuvens com as mãos ou, quem sabe, num "estalo de Vieira" esfregar os dedos e desenhar uma vida cor-de-rosa?

E, que tal a seguinte conjectura: pode a felicidade, para além de todas as conceituações já incorporadas pelo imaginário coletivo, não ser mais do que mera construção social, uma invenção da humanidade, como a criação do calendário gregoriano? E se a felicidade fosse uma *commodity*, como seria negociada no pregão da bolsa da vida? Pode alguém simplesmente mandar trazê-la mesmo sem saber como e onde adquiri-la? Quem souber a resposta está credenciada a participar desse fictício leilão, com boas possibilidades de abiscoitar o primeiro lugar e ganhar como prêmio... a camisa do rei. Essa despretensiosa fábula perambula pela vasta obra de Leon Tolstói[5], festejado escritor do realismo russo. É breve:

O rei e a camisa

Um rei, achando-se doente, anunciou: darei metade do meu reino a quem me curar! Reuniram-se, então, todos os sábios, e procuraram meios de curar o rei, porém não conseguiram tal proeza. Um deles, entretanto, declarou que seria capaz de fazer a cura, e disse: Se encontrarem no mundo um homem feliz, tirem-lhe a camisa e vistam-na no rei que ele certamente ficará curado.

Mandou-se então procurar por todo o mundo, um homem feliz. Os enviados do soberano espalharam-se por todo o reino, mas não descobriram o que procuravam. Não se encontrou

> um só homem que estivesse feliz com seu destino na terra. Um era rico, porém doente; outro era são, porém pobre; um terceiro era rico e são, mas se queixava da mulher; e todos igualmente viviam insatisfeitos procurando sempre alguma coisa. Uma tarde o filho do rei, passando junto de um casebre, ouviu alguém exclamar: Ora, graças a Deus! Trabalhei bem durante o dia, comi bastante e agora vou deitar-me... que posso desejar mais que isso?
>
> O filho do rei alegrou-se sobremaneira, mandou que fossem buscar imediatamente a camisa daquele homem e que lhe dessem por ela todo o dinheiro que ele exigisse, contanto que a trouxessem ao rei. Os enviados correram todos à casa do tal homem feliz e pediram-lhe a camisa, porém, o homem era tão pobre que nem sequer tinha uma camisa para vestir.

Que conclusão se pode extrair desse texto? O irreverente Moacyr Scliar[6], imortal da Academia Brasileira de Letras, leu e fez a crítica da versão recontada pelo italiano Ítalo Calvino[7], escritor neorrealista que, entre outras obras, escreveu o magnífico *As Cidades Invisíveis*. Primeiro, ficou curioso com o destino do rei: sem a tão desejada camisa, teriam os médicos receitado Prozac ao monarca? Depois, sugere outros desfechos para o homem sem camisa e critica o formato das pesquisas da época (ele morreu em 1985).

A felicidade — escreveu Scliar — é, antes de mais nada, um sentimento. Nas enquetes feitas a respeito, os investigadores limitam-se a perguntar se a pessoa se considera feliz, muito feliz ou infeliz. Não há um critério objetivo para a felicidade, que não se traduz em indicadores numéricos, como é o caso da obesidade. Mas uma coisa é certa: a carência extrema, o sofrimento extremo, são absolutamente incompatíveis com a ideia de felicidade. Não tem nenhum sentido perguntar a uma pessoa que está morrendo de câncer se ela se sente infeliz. O conceito aí é absurdo. A busca da felicidade, "pursuit of happiness" de que fala a Declaração de Independência dos Estados Unidos, colocava a felicidade em terceiro lugar na lista dos direitos inalienáveis, depois de "vida" e "liberdade".

Seria plausível supor que Tolstói e Machado, contemporâneos de um século depois, talvez não concordassem com a ordem proposta na carta magna norte-americana. O autor de *Guerra & Paz* e *Anna Karenina* — que teria escrito em um período conturbado de sua vida pessoal e familiar — viria a publicar, no fim dos anos 1850, um livro em que o protagonista extravasa todos os seus sentimentos quando finalmente se dá conta de ter encontrado na vida simples do campo o seu ideal de felicidade. Qualquer semelhança entre a realidade e o trecho final de *Felicidade Conjugal* não terá sido coincidência:

> *Passei por muita coisa na vida e agora penso que encontrei o que é necessário para a felicidade. Uma vida tranquila e isolada no campo, com a possibilidade de ser útil a gente para que é fácil fazer o bem e que não está acostumada que o façam; Depois, trabalhar em algo que se tenha utilidade; depois descanso, natureza, livros, música, amor pelo próximo — essa é a minha ideia de felicidade. E depois, no topo de tudo isso, uma mulher como companheira, e filhos talvez — o que mais pode o coração de um homem desejar?*

Voltemos ao Brasil. O poeta santista Vicente de Carvalho, conhecido como o "poeta do mar", sucedeu a Artur de Azevedo na Academia Brasileira de Letras, em 1909. Um de seus poemas mais famosos é justamente sobre o sonho de localizar a felicidade. E o título é, bem simplesmente, *Felicidade*:

> *Só a leve esperança, em toda a vida,*
> *Disfarça a pena de viver, mais nada.*
> *Nem é mais a existência, resumida.*

Que uma grande esperança malograda.
O eterno sonho da alma desterrada,
Sonho que a traz ansiosa e embevecida,
É uma hora feliz, sempre adiada
E que não chega nunca em toda a vida.
Essa felicidade que supomos,
Árvore milagrosa que sonhamos,
Toda arreada de dourados pomos,
Existe, sim; mas nós não a alcançamos
Porque está sempre apenas onde a pomos
E nunca a pomos onde estamos.

O escritor e dramaturgo Nelson Rodrigues[8], perguntado fosse, diria que felicidade, em dias de Fla x Flu no Maracanã lotado, somente seria possível para uma parcela do público. Naturalmente, a dos torcedores do time vencedor. Estaria apenas sendo coerente com o que costumava dizer: Toda unanimidade é burra. Conscientemente, ou não, reverberava Nietzsche[9] no conceito do homem de rebanho, aquele que vive como um ser incapaz de pensar e agir por conta própria. Pornográfico, irreverente, rabugento assumido, Nelson não escondia o que pensava sobre temas emblemáticos para ele: relações de família, amor e felicidade. "O dinheiro compra tudo. Até o amor", disparava. O crítico Sábato Magaldi[10], recorrendo à *Poética de Aristóteles*, escreveu que o destino brincava ironicamente com as ilusões da aventura terrestre que Nelson vivia. "Nenhum herói trágico, como ele, podia ser feliz." Das circunstâncias de vida desse herói trágico emergem indagações que invertem a retórica do discurso pela felicidade. Quem, conscientemente, considerar-se-ia feliz convivendo com a tragédia familiar que se abateu em sua vida, como foi o caso de Nelson?

Há um sem-número de histórias como a de Nelson Rodrigues na multidão de anônimos que coabitam um país de tantos contrastes sociais em que o direito à felicidade deveria ser item prioritário na cesta básica de sobrevivência de cada um. Ora estão travestidos de filósofos de botequim, analisando "a vida como ela é", arquitetando planos e projetos, exacerbando vaidades. "Jogar conversa fora" é o que vale. A crise, ali na porta, pode esperar. Relaxar, desestressar, faz bem para a alma, para o ego e para a saúde, diz um. A vida é curta, mano, não vale a pena esquentar a cuca. Então, felicidade é isso, está ali, na espuma daquele copo de cerveja trincando gelo, compartilhando besteiróis ao celular, programando o pedal do próximo feriado na Praia Grande e, logo mais, pegar a esposa e os filhos para a macarronada na casa da *mamma* e *mangia che te fa bene*.

É esse estado de espírito que alimenta as esperanças e a expectativa de vida feliz das pessoas. É preciso acreditar e seguir ao pé da letra as orientações do horóscopo. Pelo menos era assim quando havia Omar Cardoso. Há ainda a tribo dos nostálgicos, porque felicidade não discrimina e uma das suas provocações mais espirituosas é quando convida o pessoal a entrar no túnel do tempo. Voltar aos rios e cachoeiras da velha infância, moleque na roça ou de qualquer cidadezinha provinciana do interior. Paquerar no recreio do ginásio, bater ponto no *footing* e nos bailecos de garagem, "roubar" jabuticaba na chácara do amigo do pai, correndo o risco de ser carimbado com tiros de chumbinho no traseiro... Ah!, aquilo era um troféu. Desarmar a arapuca alheia era a felicidade contraposta à do inimigo íntimo. E havia o ninho do joão-de-barro, que ninguém se metia a meter a mão. Ao contrário, passar a tarde observando como aqueles pequeninos pássaros vermelhos construíam seus ninhos não tinha preço. Já viram? Lá vem os dois, macho e fêmea, pedreiros da floresta, carregando o barro, o esterco e a folhagem que recolheram pelo chão. São inúmeras viagens nessa faina. Já escolheram o endereço: pode ser uma árvore, um muro abandonado ou o poste de luz. Fazem a casa com duas portas. Uma delas ao norte, para evitar a entrada do vento. Terminada a construção, cantam, como se gargalhassem. Se os casais de humanos copiassem a resiliência e o espírito de solidariedade dos *funarius rufus* (aves vermelhas que constroem fornos), o mundo estaria menos amargo.

Mas não há ilusões: *lato sensu* (com perdão da apropriação indébita), prazer e felicidade não são sinônimos. O primeiro é nada mais do que um mero coadjuvante nesse tabuleiro de enigmas e metáforas em que a principal peça a ser conquistada é o pote de ouro no final do arco-íris. A propósito, a lenda da mitologia irlandesa é um dos mais bem acabados arquétipos de personificação da felicidade na literatura de todos os tempos. Não seria pleonasmo acintoso dizer que cada um vê o arco-íris com seus próprios olhos. Mesmo que ele apareça sem que haja o mínimo indício de qualquer gota de água no céu. Parece uma charada? Pois é mesmo.

Alguém poderá arguir que um dos requisitos exigidos para quem se dispõe a sair por aí em busca da felicidade é a ousadia, como sugere o poema enigmático de Mallarmé[11], "Un coup de dés jamais n'abolira le hasard" ("Um lance de dados jamais abolirá o acaso"). O acaso na função de destino. Os duendes da lenda irlandesa que conduzem afoitos interessados até o final do arco-íris representam o destino. E, como se sabe, o destino é mais uma daquelas incógnitas que assombram a humanidade. É ele quem faz o papel de contrarregra da felicidade, ou seja, o destino é o responsável pela entrada e saída de cena dos atores, é quem produz o cenário e os efeitos sonoros. Sem o destino, o livro da vida só teria folhas em branco. Agora, imagine que a vida é uma maratona como a corrida de São Silvestre e seus participantes receberão como prêmio o troféu da felicidade. Não é preciso, diz a regra, ser o vencedor para fazer jus ao galardão. É preciso estar preparado adequadamente para, pelo menos, chegar ao fim da competição. Não sabem, porque os organizadores omitem, propositalmente, que a felicidade é uma linha tênue e quase invisível postada na reta de chegada da maratona. Se o competidor estiver com a vista embaçada pode não a ver e até tropeçar nela.

Com tintas parecidas, a escritora gaúcha Martha Medeiros escreveu em *Felicidade Crônica* que ela, a felicidade, pode aparecer tão sorrateiramente na vida das pessoas que é preciso ter um olho bem treinado para identificá-la. Há que se admitir que nessa seara da literatura nem tudo é cultura inútil. Não há como rotular os que escrevem livros de autoajuda de mal-intencionados ou mercadores de ilusão. O mercado editorial dessa modalidade literária, que poderia ser classificada como "cultura assistencial", vem crescendo exponencialmente nos últimos anos e teve um *boom* significativo no período da pandemia. Esses livros vendem receitas de sucesso financeiro, no amor, nas relações pessoais e profissionais e *last, but not least*, mostram o caminho das pedras para encontrar a felicidade. Mas não dão qualquer garantia de que o "produto" será eterno enquanto dure. Cada um que cuide da sua felicidade. Farinha pouca? Meu pirão primeiro.

Faz todo sentido. Da mesma forma que qualquer pessoa, por conta e risco, tem o livre-arbítrio para construir o seu projeto de vida mesmo consciente das dificuldades que deverá vencer para alcançá-lo. Nesses casos, a resiliência deve ser vista como o mantra dessa parceria, como na história que Clarice Lispector[12], diva da literatura brasileira do século passado, publica em *A Felicidade Clandestina,* de 1971. O enredo tem um certo quê de pieguice, mas o que importa, e Clarice faz isso com maestria, é que a história transmite com leveza a sensação de euforia da menina pobre que, após muito insistir com a dona da livraria, finalmente consegue por empréstimo *As Reinações de Narizinho*, de Monteiro Lobato. Aquele foi, sem dúvida, o momento de epifania e de libertação não apenas da personagem, mas também para a futura escritora. Filha de um casal de judeus ucranianos que fugiu da guerra civil na Rússia, Clarice confessaria, alguns anos mais tarde, ter sido iluminada pela leitura de Lobato, assim como outras crianças que tiveram infância difícil como ela.

Na literatura, ao longo da história, as formulações e os conceitos que pretendem definir o que seja felicidade têm raízes filosóficas — como já abordamos aqui —, evidentemente emanadas da experiência pessoal e/ou do conjunto de observações do meio ambiente. Salvo melhor juízo, entretanto, dificilmente podem ser comparadas ao discurso de subjetividade contido, por exemplo, na avaliação ufanista que se dá ao saboroso pudim de leite da velha infância. O da sua avó é que era imbatível. E isso não se discute. Você era feliz e não sabia? Talvez tenha sido no vácuo desse queixume que o poeta Carlos Drummond de Andrade[13] elucubrou o seguinte aforismo: "Não há felicidade que resista à continuação dos tempos felizes."

Esse tipo de manifestação é, na verdade, um enigma jogado ao léu, como, aliás, parece típico de aficionados das correntes filosóficas. O postulado de Drummond refletiria a índole do próprio poeta? Afinal, ele confessava ser um homem de alma sofrida, que teorizou sobre felicidade, mas nunca a encontrou. Um indício dessa suposição está em outra passagem de sua biografia em que ele diz (mas não se alonga na hipótese) que "ser feliz sem motivo é a mais autêntica forma de felicidade".

No universo da criatividade literária, metáforas são figuras de linguagem que pululam como borboletas nos jardins. Um bom construtor de metáforas até pode ter mais visibilidade midiática do que aquele que transfere para suas obras a singeleza de suas vivências pessoais. Um exemplo do primeiro caso é o colombiano Gabriel García Márquez[14], consagrado o melhor escritor latino-americano do século XX. Vejam essa pérola atribuída ao Nobel de Literatura de 1982: "Não há remédio que cure o que a felicidade não cura." O autor de *Cem Anos de Solidão* também fez outro alerta enigmático: "Todo mundo quer viver em cima da montanha, sem saber que a verdadeira felicidade está na forma de subir a escarpada."

No segundo caso, e na ilustre companhia de Clarice Lispector, outras exímias cronistas do cotidiano ensinam que a felicidade não é algo que se restrinja a fugazes momentos de prazer, como no caso daquele torcedor de futebol que chega ao paroxismo quando seu time é vencedor. Nas derrotas, ele vai ao inferno. Não custa lembrar que, no esporte, na política e na religião, o fanatismo exacerbado é apenas uma ilusão passageira do que se pode rotular de felicidade. Seres humanos, falíveis que somos, padecem do chamado "efeito camaleão", com a diferença de que nem todos os simpáticos répteis de grandes olhos coloridos e línguas compridas mudam de cor apenas para se camuflar. Eles o fazem por razões fisiológicas — são sensíveis à temperatura — ou psicológicas, quando estão diante de situações em que se sentem assustados e nervosos. Guardadas as devidas proporções, não há meras coincidências no comportamento do camaleão com a de considerável parcela de seres humanos. Falo daqueles que esbanjam a incrível capacidade de se adaptar a situações comezinhas com o mesmo jogo de cintura que demonstram para bajular os poderosos de plantão. Afinal, camaleões também têm direito à felicidade, não é mesmo?

Deixemos tais abstrações na prateleira, por ora, para explorar, com a pertinência que a abordagem merece, o protagonismo feminino na literatura do ponto de vista da felicidade. É fato que na sociedade de nossos dias ainda prevalecem resquícios da tradição patriarcal, de viés machista, que predominava nas artes e na produção cultural. Não é menos verdade, porém, que o tempo cuidou de *(perdão pelo palavrão)* desestigmatizar a preconceituosa e anacrônica tese conservadorista de que "lugar de mulher é na cozinha". O chiste é, hoje, uma das bandeiras dessas mulheres que destrincham com simplicidade as ideias complicadas e esbanjam sutileza quando falam de coisas triviais.

Desde a grega Safo de Lesbos[15], na Antiguidade, elas falam do amor, que nada mais é do que a condição *sine qua non* da felicidade. Nem sempre, porém, como mote central nos romances ou na ficção de escritoras brasileiras. Mas estão lá, presentes, como na vigorosa obra de Cecília Meireles[16] e, especificamente em "Epigrama n.2", que integra *Viagem*, de 1930:

> *És precária e veloz, Felicidade*
> *Custas a vir e, quando vens, não te demoras*
> *Foste tu que ensinaste aos homens que havia tempo*
> *E, para te medir, se inventaram as horas*
> *Felicidade, és coisa estranha e dolorosa*
> *Fizeste para sempre a vida ficar triste*
> *Porque um dia se vê que as horas todas passam*
> *E um tempo despovoado e profundo, persiste.*

A obra de Cecília, que também foi jornalista e pintora, percorre o mundo da espiritualidade, da incompreensão humana e da brevidade da vida, como aqui: "Não sejas o de hoje. Não suspires por ontem. Não queiras ser o amanhã. Faz-te sem limite no tempo!" Talvez que Cecília fosse arredia pela própria natureza, pois perdeu o pai durante a gravidez da mãe, que também viria a morrer quando ela tinha três anos.

Da poesia para a prosa, o cenário se transfere para o histórico e bucólico Vale do Paraíba, interior de São Paulo, onde a escritora Ruth Guimarães[17], no papel de cronista, revisita a velha infância e nos brinda com um texto saboroso em que revela sua versão caipira de *O que É a Felicidade*. A narrativa faz um passeio minuciosamente didático e contemplativo pelas veredas do lugar, que tem, de um lado, a Serra do Mar e do outro, a Mantiqueira.

> *É julho. Jamais esmaece o verde da grama... Mas os limoeiros perfumados têm flores e frutos a um tempo, num desperdício... Há muito tempo eu não ouvia os sinos. Aqui eu ouço os sinos... Asas de andorinha riscam (é julho) o céu sereno... À entrada (da casa), o degrau parece que me reconhece, estalou devagarinho, cumprimentando... Precisei de andar descalça pela casa toda, pois na sapateira, como de costume, nenhum sapato, nem novo nem velho. Estariam por aí. Depois de vascolhar com uma vassoura, embaixo das camas, encontrei dois pés direitos de chinelo.*

Então, arremata:

> *Qu'importa lá? Aqui sou rainha, sou czar, sou Deus, e como amo esses chinelos doidos!... Então, não é isso a felicidade?*

É isso, mesmo que venha no "tarde da vida", como foi o caso de Cora Coralina[18] que, enfim reconhecida nacionalmente, se deu conta de que "feliz é aquele que transfere o que sabe e aprende o que ensina". É um trecho de poema publicado no livro *Vintém de Cobre: Meias Confissões de Aninha*. Assim, ela também acalmava as suas inquietações dos tempos de doceira requisitada em Goiás, capital do estado, onde, da janela da Casa Velha da Ponte, passava os dias contemplando a paisagem do Rio Vermelho à procura de respostas para compreender como gira a roda desse vasto mundo. Em outra ocasião, disse que não era compreendida como criança porque os adultos do seu tempo de menina queriam torcer e enquadrá-la no critério que eles consideravam como o certo e o melhor. "De modo que eu não sabia o que era ser feliz nem infeliz."

Só na maturidade, depois de ser apresentada ao pouco acessível universo literário por Carlos Drummond de Andrade, foi que Cora Coralina encontrou as respostas que buscava, como revelou em entrevista ao extinto programa *Vox Populi*, em 1983, dois anos antes de morrer. O tempo todo exalava felicidade nas entrelinhas de seus textos, fosse ali falando do cotidiano e seus personagens ou nos contos e poesias de tintas modernistas, mesmo que nunca tenha se identificado com qualquer vertente literária. Quando avalia que importância teve o passado na sua vida, Cora revela uma franqueza realista: a juventude não lhe deu nada e a bagagem da mocidade, "que se desfaz em poucos anos", não passa de falsa ilusão.

É a mesma amargura que Rachel de Queiroz[19] já exteriorizava em *Saudade*, crônica publicada na coluna semanal que escrevia para a revista *O Cruzeiro* nos anos 1950, em que dizia: "A mocidade já é de si uma etapa infeliz." Pioneira no universo literário dominado pela produção intelectual, que inibia o acesso de mulheres, Rachel de Queiroz, descendente de José de Alencar, ficou conhecida pelo romance *O Quinze*, um retrato da luta dos nordestinos contra a miséria e a seca, publicado em 1930. Foi a primeira escritora admitida no fechado clã da Academia Brasileira de Letras. Em *Saudade*, Rachel trata da felicidade que se alcança com a experiência de vida, algo que esteja atrelado à estabilidade pessoal que, por sua vez, só se consegue com a maturidade. É o que ela esmiúça na sequência do texto:

> *Coração inquieto que não sabe o que quer, ou quer demais. Qual será, nesta vida, o jovem satisfeito? Um jovem pode nos fazer confidências de exaltação, de embriaguez; de felicidade, nunca. Mocidade é a quadra dramática por excelência, o período dos*

> *conflitos, dos ajustamentos penosos, dos desajustamentos trágicos. [...] Não sei mesmo como, entre as inúmeras mentiras do mundo, se consegue manter essa mentira maior de todas: a suposta felicidade dos moços. Por mim, sempre tive pena deles, da sua angústia e do seu desamparo. Enquanto esta idade a que chegamos, você e eu, é o tempo da estabilidade e das batalhas ganhas. Já pouco se exige, já pouco se espera. E mesmo quando se exige muito, só se espera o possível. Se as surpresas são poucas, poucos também os desenganos.*

Herdeira de latifúndio no Ceará, Rachel descreveu de modo peculiar como via o *status* de felicidade do caboclo nordestino, crônica que publicou em julho de 1955 na mesma revista.

> *Outro dia, falando na vida do caboclo nordestino, eu disse aqui que ele não era infeliz. Ou não se sente infeliz, o que dá no mesmo. Mas é preciso compreender o quanto varia o conceito de "felicidade" entre o homem urbano e essa variedade de brasileiro rural. Para o homem da cidade, ser feliz se traduz em "ter coisas": ter apartamento, rádio, geladeira, televisão, automóvel, bicicleta. Quanto mais engenhocas mecânicas possuir, mais feliz se presume. Para isso se escraviza, trabalha dia e noite e se gaba de feliz. O homem daqui, seu conceito de felicidade é muito mais subjetivo: ser feliz não é ter coisas; ser feliz é ser livre, não precisar de trabalhar. E, mormente, não trabalhar obrigado. Trabalhar à vontade do corpo, quando há necessidade inadiável.*

É Proust[20], celebrizado pela monumental série *Em Busca do Tempo Perdido* (*À la recherche du temps perdu*), quem diz, então: "A felicidade faz bem ao corpo, mas é o sofrimento que desenvolve a força da mente." Nas pegadas de Proust, de cuja fonte bebeu pela tradução dos quatro primeiros volumes da *magnum opus* do autor francês, Mário Quintana[21] deduziu que "a experiência na vida só serve para ver o tempo perdido". O poeta gaúcho era o campeão da síntese, muito antes que alguém tivesse ouvido falar em

Twitter. Em "Confissão", um desses poemas curtos, Quintana fala de carência afetiva e da mesmice do cotidiano, sem perspectivas de uma vida feliz:

> *Que esta minha paz e este meu amado silêncio*
> *Não iludam a ninguém*
> *Não é a paz de uma cidade bombardeada e deserta*
> *Nem tão pouco a paz compulsória dos cemitérios*
> *Acho-me relativamente feliz*
> *Porque nada de exterior me acontece*
> *Mas, em mim, na minha alma*
> *Pressinto que vou ter um terremoto.*

O alemão Thomas Mann[22], ganhador do Nobel de Literatura de 1929 com o romance *Os Buddenbrooks*, obra considerada marco inicial do realismo na Alemanha, e autor de clássicos como *A Montanha Mágica* e *Doutor Fausto*, também era exímio contista. Neles, Mann, filho de mãe brasileira, discorre sobre as vicissitudes da vida, do sentido da existência e das relações sociais, retratando flagrantes da ascensão e queda da burguesia alemã do século XIX. Dois deles que abordam a felicidade exterior de que fala Mário Quintana:

> *Renunciei a essa "felicidade exterior", esquivando-me de servir à "sociedade", e organizando uma vida sem os "outros" (...), mas esse talento foi o que me destruiu. A indiferença, isso, sim, seria uma espécie de felicidade... Mas não consigo ser indiferente em relação a mim mesmo, só sei me avaliar com os olhos dos "outros", e agora estou morrendo de remorsos.* (Os Diletantes)

> *O cavalheiro já reparou que há pessoas que são tão vaidosas e tão ávidas de apreço e da secreta inveja dos outros, que alegam ter vivido apenas as grandes palavras da felicidade, mas não as do sofrimento? Está escuro e o senhor já mal me ouve; por isso, quero admitir, uma vez mais, que também eu, eu próprio, tentei*

em tempos mentir como estas pessoas, para me apresentar, diante de mim e dos outros, como feliz. (Desilusão)

Mais uma vez fica claro que a noção de felicidade para uma pessoa não é necessariamente a mesma para outra. Onde quer que se viva e esteja, ou aquilo que se faça — no ambiente familiar, no trabalho, na praia ou no campo —, tudo interfere na percepção de felicidade. Já sabemos que ela é subjetiva. Portanto, não é possível avaliar o grau de percepção de felicidade de uma pessoa usando a mesma régua com que se mede o status de outra.

Foi, com outras palavras, o que quis dizer o psicanalista Christian Dunker, catedrático da USP, em recente entrevista ao jornal *Folha de S.Paulo*: "Se olho em volta e todos estão vivendo em caos e miséria, vejo que não posso me queixar. Mas se o que eu vejo é uma constante festa divertida, viagens, vidas sendo desfrutadas intensamente, é possível que eu entenda que a minha felicidade está falhando." Nesse caso, o mais indicado seria recorrer ao pragmatismo da poética de Fernando Pessoa[23], que também deixou sua obra na galeria dos grandes escritores do século XX.

Não se acostume com o que não o faz feliz, revolte-se quando necessário

Alague seu coração de esperanças, mas não deixe que ele se afogue nelas

Se achar que precisa voltar, volte!

Se perceber que precisa seguir, siga!

Se estiver tudo errado, comece novamente

Se estiver tudo certo, continue

Se sentir saudades, mate-as

Se perder um amor, não se perca!

Se o achar, segure-o!

O humorista Chico Anysio[24] não se encaixava em nenhuma dessas anáforas da poesia de Pessoa. Era até arredio quando evocado a falar de felicidade. "É um espasmo, uma ilusão, e eu sou realista." Assumido *workaholic*, Chico tinha vida frenética: também pintava, era escritor e, da vida real, levou seu ceticismo para os personagens que criou na televisão. Em *Jesuíno, o Profeta*, livro que publicou em 1993, disse, pela boca do personagem: "Se você elege um modo de ser feliz, já se condicionará a sê-lo somente daquela maneira. Quantas pessoas são infelizes só porque buscam de modo incessante a Felicidade?"

Em tempo: Relatório de 2020 da ONU — Organização das Nações Unidas —, baseado na ciência, no PIB e no Índice de Desenvolvimento Humano (IDH), informava que o Brasil despencou 12 pontos no ranking mundial da felicidade. Segundo especialistas da FGV, a queda tem ligação direta com os efeitos da pandemia, que interferiu fortemente na percepção de felicidade dos brasileiros.

"A maior felicidade é quando a pessoa sabe por que é que é infeliz."

(Fiódor Dostoiévski)

02.

A FELICIDADE NAS ARTES

"O segredo da felicidade não é fazer sempre o que se quer, mas querer sempre o que se faz."

(Leon Tolstói)

Tão antigo quanto Aristóteles, dizer que a arte imita a vida é um aforismo que continua dando azo a polêmicas ao longo dos tempos, à medida que vai incorporando novas interpretações ao sentido original dado a ele pelo filósofo grego. Dois milênios depois, o escritor irlandês Oscar Wilde, autor do romance *O Retrato de Dorian Gray*, e conhecido *bon vivant* no circuito literário por seu estilo irônico/anárquico, diria, no ensaio *A Decadência da Mentira* (1891), que "a vida imita a arte muito mais do que a arte imita a vida".

Os filósofos veem a arte como produto da criação humana, o que é reiterado por todos os dicionários, nos quais a definição do verbete é uma das mais caudalosas, tantas são as concepções que ele abrange. Elas, porque continuam sendo belas-artes, um dos pilares que constituem a base da cultura humana. Interessa, pois, sondar até que ponto um quadro de Picasso, um filme de Quentin Tarantino, uma peça de teatro de Molière, uma obra arquitetônica de Oscar Niemeyer ou a música de Tom Jobim podem interferir na capacidade de absorção da mensagem e nos transmitir a percepção de felicidade.

Que papel exerce cada uma das categorias de arte, entendida como campo fértil para autenticar a pertinência dessas provocações semânticas que o passado traz, reacendendo reflexões à luz do presente? Já restou provado, em pesquisas e estudos realizados nos últimos anos, que qualquer forma de arte ou manifestação cultural produz resultados benéficos para a sensação de bem-estar individual, eleva a autoestima, proporciona respostas de ordem física, psíquica e emocional, não importa se o filme, o espetáculo ou a música tenha sido avaliada positivamente pela maioria do público. Há mais de cinco décadas envolvido com o real e o imaginário, atrás e fora das câmeras, o cineasta e escritor

João Batista de Andrade, que dirigiu filmes icônicos e premiados como *O Homem que Virou Suco* (1981), tem visão holística privilegiada desse roteiro de vida: "A arte em geral permite uma conexão direta com o inconsciente, acima das regras do viver, acima das opções ideológicas e das preferências pessoais. É uma importante contribuição ao autoconhecimento e para a autoafirmação. E assim desperta a possibilidade de ser feliz."

Não é relevante saber quanto tempo pode durar a sensação de bem-estar, prazer e satisfação pessoal gerada pela liberação dos neurotransmissores que compõem o chamado *quarteto da felicidade*: dopamina, endorfina, ocitocina e serotonina. O que vale, para lembrar o guru canadense Marshall McLuhan, é que o meio (o veículo cinema, neste caso) entregue a mensagem de maneira competente (a história convincente) e produza os efeitos almejados. E assim temos o círculo virtuoso da lei universal de ação e reação que, segundo a escritora e *coach* Elaine Póvoas, permite "promover o bem, entender com inteligência emocional as dificuldades da vida, ser otimista, potencializar o lado bom do que acontece..."[1], enfim, atitudes que, ela diz, possam criar ondas positivas para o sucesso pessoal.

Seria desnecessário lembrar que os eventuais benefícios decorrentes das redes sociais contribuíram para otimizar o acesso das pessoas aos bens culturais, como meio não apenas de informação e entretenimento, mas, sobretudo, de gerador do conhecimento e, por osmose, de novos formadores de opinião. Para Aristóteles (discordando um pouco de Platão), "as artes podem imitar a natureza, mas também podem abordar o impossível, o irracional e o inverossímil".

O cinema, conhecido como a sétima arte, traz um exemplar dessa manifestação filosófica no filme *À Procura da Felicidade*, de 2006. O enredo é inspirado na trajetória de um homem que perdeu o emprego, foi abandonado pela mulher e passa a perambular pela cidade carregando um filho pequeno. Um retrato de resiliência, de enfrentamento da adversidade, valorizado pela performance do ator Will Smith, muito bem dublado, que dá ao personagem ares de coitadismo. Isso será suficiente para confundir os sentimentos dos espectadores, que se comovem, solidários com a história do morador de rua que, na vida real, ficou bilionário, escreveu o livro e financiou o filme. Típico da indústria cinematográfica hollywoodiana, que, para atenuar os efeitos da crise econômica causada pela guerra, deu ênfase a produções que seriam preponderantes para a propagação dos mitos e modismos que nortearam o *american way of life*.

É nele que se fundamenta o conceito de felicidade, movido por agressivas ferramentas de comunicação e marketing, que foi instaurado pelo presidente Roosevelt (1933–1945) para enfrentar a crise econômica e os conflitos ideológicos que pipocaram pelo país durante e após as duas guerras mundiais. A felicidade, entendida como sinônimo de posse, passou a ser oferecida em estratégias de consumismo e, alavancadas pela tecnologia, disseminaram-se por todos os setores de atividades, entre eles o da indústria do entretenimento. Portanto, o cinema, por sua expressiva capilaridade, teve influência pontual nesse processo, com massiva produção dos mais diversos gêneros e com ênfase em enredos e histórias melodramáticas, filmes clichês ou vulgarmente chamados de "água com açúcar". Seja lá qual fossem os perrengues do "mocinho" ou a desventura da heroína, o que importava mesmo era que tudo acabasse em *happy end*. (*Happy end* quer dizer final feliz, a propósito.) E é curioso observar que o cinema americano da época mostrava, nos filmes de faroeste, o contraste entre o bem e o mal: o "mocinho" estava sempre barbeado, usava chapéu branco e montava um corcel branco, enquanto o "vilão" usava bigode espesso, chapéu preto e montava um cavalo preto. Uma metafórica divisão de espectro para simbolizar o "bom-mocismo" norte-americano, que levava o bem aos fracos e desprotegidos, combatendo os malfeitores.

Assim, na véspera do Natal de 1946 surge *It's a Wonderful Life* (*A Felicidade Não Se Compra*, na versão brasileira), com uma fórmula imbatível que juntava um aclamado diretor (Frank Capra), atores carismáticos e "queridinhos" do público (James Stewart e Donna Reed) e um roteiro melodramático e regado a certo suspense. É a história de um homem caritativo que se sente vilipendiado pelo poderoso comerciante da cidade e, não vendo como mudar a situação, ameaça suicidar-se como forma de resolver o problema dele e de todos. Um "anjo" frustra sua intenção fazendo-o ver como teria sido a vida sem ele. Esta é a mensagem do filme: qualquer pessoa pode fazer diferença na vida de outra. *Se non è vero, è bene trovato*... Em 2006, *It's a Wonderful Life* foi eleito o filme americano mais inspirador da história em votação promovida pelo American Film Institute[2].

O cinema tem ligação íntima com as demais artes, mas possui vida própria tanto por sua linguagem quanto pelo poder econômico que representa — características que se traduzem na sua incrível capacidade de aglutinar todos os tipos de cultura. Não por acaso logo se transformou na menina dos olhos da indústria norte-americana. O presidente Herbert Hoover (1929–1933) já antevia com entusiasmo como aquela fabulosa máquina de entretenimento poderia ser capaz de impulsionar a economia dos Estados Unidos a partir do *New Deal*, o pacote de medidas que seria implantado por Roosevelt, seu sucessor. "Onde quer que o cinema penetre, nós vendemos mais automóveis, mais bonés e mais vitrolas americanas." Não falou em ideologias, mas previu o óbvio.

Logo, a fórmula da felicidade viajava nas asas do cinema pelo *American Way of Life*, carro-chefe da política de boa vizinhança que os EUA adotaram para atrair aliados na Segunda Guerra mundial. Estava em curso o projeto de difusão do novo modo de vida dos norte-americanos, como proposto subliminarmente no filme *A Felicidade Não Se Compra*. O Brasil, alinhado com a potência norte-americana desde a Segunda Guerra, não só facilitou a entrada dos filmes de Hollywood como priorizou a exibição deles em detrimento da produção nacional. Mas por aqui havia um produto poderoso que os estrangeiros não tinham e que fazia a felicidade geral da nação pelo menos uma vez por ano: "Uma ofegante epidemia que se chamava carnaval." (Chico Buarque/Francis Hime em *Vai Passar*, 1984). Sim, o Carnaval, antes de se tornar o megalômano evento midiático da atualidade era uma festa popular, com ranchos, blocos, colombinas, pierrôs, corsos e cordões, que viria a ser um dos motes para a chanchada, gênero de filme que mesclava humor, musicais e melodramas.

Nele surgiria o mito Carmen Miranda. Sabem o que era a felicidade para a Pequena Notável? Apenas um bom prato de comida e liberdade para cantar. Na década de 1940, o sucesso da menina de olhos verdes chama a atenção dos produtores norte-americanos e ela, com as bênçãos do governo Vargas, vai ser estrela na engrenagem do *American Way of Life*. Seguiu o *script*: conquistou uma legião de fãs, fez a felicidade dos norte-americanos, ganhou dinheiro e, de quebra, foi a primeira artista sul-americana homenageada no chão de estrelas da famosa Calçada da Fama, em Hollywood. Era o reconhecimento dos empresários locais pela contribuição das celebridades do cinema à indústria da felicidade.

Ninguém soube se Carmen estava à procura da felicidade e se, de fato, a teria encontrado nos Estados Unidos. O mais provável é que ela tenha sido vítima da poderosa máquina do show business americano. Morreu em 1955, aos 46 anos. Um ano depois, dois gênios se conheceram no Bar do Gouveia, point de artistas no Rio de Janeiro, em frente à sede da Academia Brasileira de Letras. Começava ali, por coincidência em uma rua chamada Ouvidor, a parceria entre um diplomata poeta e um pianista compositor. Iriam escrever um capítulo especial na história contemporânea da música popular brasileira a partir da criação desta joia rara que produziram:

A Felicidade (Tom Jobim e Vinicius de Moraes)

Tristeza não tem fim
Felicidade sim
A felicidade é como a pluma
Que o vento vai levando pelo ar
Voa tão leve, mas tem a vida breve
Precisa que haja vento sem parar
A felicidade do pobre parece
A grande ilusão do carnaval

A gente trabalha o ano inteiro
Por um momento de sonho
Pra fazer a fantasia
De rei ou de pirata ou jardineira
E tudo se acabar na quarta-feira
Tristeza não tem fim
Felicidade sim
A felicidade é como a gota
De orvalho numa pétala de flor
Brilha tranquila
Depois de leve oscila
E cai como uma lágrima de amor
A minha felicidade está sonhando
Nos olhos da minha namorada
É como esta noite
Passando, passando
Em busca da madrugada
Falem baixo, por favor
Pra que ela acorde alegre como o dia
Oferecendo beijos de amor
Tristeza não tem fim
Felicidade sim

A letra, Vinicius a fez para ser a trilha sonora de sua peça musical *Orfeu da Conceição* (depois no cinema como *Orfeu Negro*), adaptada do drama da mitologia grega que ele transpôs para a realidade dos morros e do carnaval carioca. Daquele encontro surgiu o convite para Tom compor a música. Há quem entenda, como o compositor Romulo Fróes, que se dedica a analisar a produção musical no país, que a letra de Vinicius tem um certo "caráter pessimista se comparada a outras mais otimistas da bossa nova". Isso porque, segundo ele, o francês Marcel Camus, diretor do filme *Orfeu Negro*, preocupado com o seu enredo, vetou trechos inteiros da música, como o final, que deveria ter sido este:

> *A felicidade é uma coisa louca*
> *e tão delicada também*
> *tem flores e amores*
> *de todas as cores*
> *tem ninhos de passarinhos*
> *tudo de bom ela tem*
> *e é por ela ser assim tão delicada*
> *que eu trato sempre dela muito bem.*

Cada intérprete ajustou a seu modo (ou não) a estrofe banida, um indicativo de que, como observou Fróes, para eles, "antes de ser uma ilusão, a felicidade é sim, a grande invenção do carnaval". Na letra de "A Felicidade", a meu juízo, Vinicius não a "vende" como um produto acabado, que basta ser aberto e consumido. Ele constrói paradoxos com a tristeza e procura, na sua visão poética, estabelecer analogias entre a felicidade e os elementos da natureza e do cotidiano.

A longeva e prolífica parceria da dupla só terminou em 1980, com a morte de Vinicius, quando "Garota de Ipanema" era carro-chefe da bossa nova e principal vitrine da música brasileira no exterior. A canção exterioriza o deslumbramento de Vinicius e Tom no momento em que se viram surpreendidos por aquela "coisa mais linda e mais cheia de graça" passando diante dos olhos deles na calçada do Bar Veloso, em Ipanema. Foi regravada e cantada de A a Z no dicionário musical de todos os idiomas, tanto quanto "Carinhoso", de Pixinguinha — nesta canção, o poeta revela que não sabe por que seu coração bate feliz quando vê a sua musa. Por isso, implora: "Vem matar essa paixão que me devora o coração, e só assim então, serei feliz, bem feliz." Essas e outras relíquias da MPB não estão gravadas apenas na memória auditiva ou no imaginário musical de quem as ouve, mas ficaram eternizadas no patrimônio afetivo nacional. Não por acaso, "Garota de Ipanema" (1962) é a música que consagrou a imagem internacional do Rio de Janeiro como paraíso da felicidade e está na mesma prateleira de relíquias como "Carinhoso" (1917) e "Chão de Estrelas" (1937), como o segundo hino nacional brasileiro.

Ao lado delas, "A Felicidade" é uma das músicas mais gravadas por intérpretes brasileiros ou do exterior, conforme registros do Ecad (Escritório Central de Arrecadação e Distribuição) banco de dados que administra os direitos autorais dos artistas brasileiros. São 247 cadastradas: 90% nacionais e as outras 10% estrangeiras. Foi gravada, individualmente ou em parceria, por 160 intérpretes filiados ao Ecad ou a outras associações de música. Outro detalhe do mesmo levantamento: o verbete "felicidade" aparece no título de 2.779 obras musicais cadastradas no Ecad. Tais números atestam que "o brasileiro é um povo esplendidamente musical", como escreveu Mário de Andrade em seu *Ensaio sobre a Música Brasileira*.

Essa peculiaridade observada pelo autor de *Macunaíma* é, sem sombra de dúvida — e cientificamente comprovado —, fator que contribui positivamente para a saúde física e mental, eleva a autoestima, o "astral" das pessoas, despertando sentimentos e sensações que as deixam "felizes". Isso não significa dizer que "todas" as pessoas irão captar com o mesmo interesse e sensibilidade o que o conteúdo de determinada música pretende dizer. Por exemplo, *Happy* (2013), trilha sonora do filme *Meu Malvado Favorito*, conquista o público por sua batida sincopada e pelo insistente refrão com que Pharrell Williams tenta convencer de que, seja qual for a circunstância, ele é feliz e que, por isso, todo mundo também deveria ser. Outra música, um pop romântico gravado 40 anos antes também como *Happy*, foi um dos primeiros sucessos de Michael Jackson, ainda com os irmãos, que descreve um tipo de felicidade "agradável como doce para uma criança".

Breve parênteses para lembrar que, em outra raia dessa olimpíada pela cumplicidade dos consumidores de entretenimento — e apenas como registro histórico — no Brasil surgia um movimento de resistência, o Cinema Novo, expressão que o identificaria como contraponto à alienação e à artificialidade dos padrões importados dos States. Movidos por "uma câmera na mão e uma ideia na cabeça" (o mote de Glauber Rocha), os criadores do Cinema Novo tematizaram o debate social e cultural do país em que as pessoas almejavam ser felizes — mas antes precisariam conquistar a liberdade. Durou pouco o entusiasmo. A empreitada teve como mérito revelar futuros talentos do audiovisual, mas acabou servindo de ponte para o Tropicalismo, movimento que surgiria no final dos anos 1960 e que, segundo o cronista cultural Paulo Pestana "rompia com a ditadura do bom gosto". Ele se referia ao rótulo impingido pelos desafetos da Semana de Arte Moderna de 1922. Analisando esse cenário à luz da atualidade, o jornalista e crítico cultural Bruno Hoffmann afirma que "o Modernismo jogou para a vala da breguice eterna e hereditária tudo o que era produzido sem conceitos aparentes e, num primeiro momento, que servia apenas ao entretenimento. E esta é uma das piores heranças do Modernismo: a aversão ao entretenimento".

"As palavras voam, a escrita permanece" (*Verba volant, scripta manent*). Esse clássico provérbio latino também se aplicaria aos conceitos universais para sopesar sentimentos e emoções, como medo, luto, saudade, tristeza, euforia, amor e felicidade? Uma primeira pista está em estudo recente desenvolvido por cientistas da Universidade da Carolina do Norte e do Instituto Max Plank para examinar o significado de palavras que conceituam as emoções. A pesquisa, publicada na revista *Science*, comparou 2.474 idiomas e chegou à seguinte conclusão: a semântica das emoções é moldada pela evolução cultural e biológica. Vocábulos como medo e raiva, por exemplo, podem ter significados diferentes entre famílias linguísticas. E, surpresa! Nas línguas faladas no Havaí e nas ilhas do Pacífico e do Sudeste Asiático (são 1.244, pelo menos) a palavra "surpresa" significa medo. Na língua Tai-Kadai, do Sudeste Asiático, quer dizer esperança ou desejo. Ou seja, o significado das palavras muda de acordo com o idioma — mesmo se forem sinônimas em línguas diferentes —, e não porque a denominamos com a mesma palavra. Os resultados do estudo levaram o doutor Joshua Conrad Jackson, um dos seus coordenadores, a afirmar, em entrevista ao *The Guardian*, da Inglaterra, que não existem conceitos universais para definir as emoções. A pesquisa, porém, esqueceu um dado no mínimo curioso: no Pacífico existe uma pequena ilha chamada Felicidade. A língua que eles falam é o português. E o gentílico de quem mora por lá é: feliz.

Ainda pelo campo da semântica, é curioso notar que, embora não sejam palavras necessariamente antônimas, no glossário universal da música, onde mora a felicidade também pode viver a tristeza, como a contrapor dicotomia natural nessa diversidade de sentimentos que se movimentam pelas curvas infinitas do cérebro humano. É o caso, entre muitas outras criações musicais de mesma cepa, de "A Felicidade" de Vinicius/Jobim e da canção de Michael Jackson. Segundo o neurocientista cognitivo Steven Pinker, professor em Harvard, a música "mexe" com as nossas emoções quando "agrada algumas das faculdades mais importantes do nosso cérebro, como o reconhecimento de padrões". Fora disso, ele diz, a música nada mais é do que "um bálsamo para os ouvidos". Não é pouco, convenhamos, quando se conhece pérolas como esta outra "Felicidade" (1952) com que nos brinda o compositor gaúcho Lupicínio Rodrigues. Já na estrofe de abertura, ele extravasa as razões do seu desassossego:

> *Felicidade foi-se embora*
> *E a saudade no meu peito ainda mora*
> *E é por isso que eu gosto lá de fora*
> *Porque sei que a falsidade não vigora.*

Se Lupicínio canta a saudade de tempos felizes, outros compositores se inspiram no amor presente, como Nilton César, um dos precursores da Jovem Guarda nos anos 1970. Ele também compôs sua "Felicidade" e, nela, exalta a relação com a mulher amada e a esperança de tê-la sempre a seu lado. É só uma entre o rol de músicas do tipo brega que falam de felicidade entre as décadas de 1970 e 1990, massificadas por cantores populares como Waldick Soriano, Wando, Nelson Ned, Reginaldo Rossi, Sidney Magal, Odair José e tantos outros menos cotados. Outra música com o mesmo título "A Felicidade", e muito parecida com a de Nilton César, foi lançada em 2015 por Seu Jorge. Tem como diferencial a pegada rítmica, valorizada por refrão e coral e ganhou visibilidade como uma das músicas que compuseram a trilha sonora da novela *Totalmente Demais*. A similaridade não chega a ser surpresa nem pode ser considerada plágio nas criações literárias ou musicais. Importa mais que a mensagem seja bem recebida. Ainda em começo de carreira, em 2010, Marcelo Jeneci compõe com Chico César "A Felicidade", um jogo de palavras desconexas lançado como videoclipe que convida as pessoas a dançar, porque "há um lugar em que o Sol brilha para você" (sic).

Falando em astros, e de todos que tenham proporcionado pelo menos fugazes insights de felicidade aos seus fãs, não há como esquecer dois grandes ícones dessa constelação musical de todos os tempos: Édith Piaf e Charles Aznavour. Os dois semearam emoções e encantaram gerações. É de Piaf a imortal *La Vie en Rose*, de 1945, em que ela sublima o amor e nele vê um pouco de felicidade. A cantora teve uma vida marcada por tragédias. Amigo e confidente de Piaf, Aznavour era para os franceses o que Frank Sinatra representou para os norte-americanos — e ambos para o mundo. Autor de sucessos como *She, La Bohème, Que c'est triste Venise* e *Ave Maria*, deixou um legado de 600 álbuns e 200 milhões de discos vendidos. Suas músicas foram cantadas em vários idiomas ao redor do mundo. Alguns dos seus intérpretes foram Fred Astaire, Bing Crosby, Ray Charles e Liza Minnelli.

A França ainda não tem sucessores para Charles Aznavour, mas candidatos há muitos. Um deles é o cantor pop Christophe Maé, que em 2016 fez uma canção em que pergunta *Onde Está a Felicidade?* (*Il est où le bonheur?*). Foi uma das mais tocadas naquele ano na França. A letra é um tobogã de reflexões e questionamentos em torno da natureza da felicidade e da alegria a cada mudança de fase na vida para, afinal, convergir para uma mesma resposta: a felicidade está aqui! Este aparente conformismo do artista pode, de certa forma, ser explicado pela metonímia daquele produto de limpeza que teria "mil e uma utilidades" e, de repente, pode ser usado até como enfeite de antena para melhorar a conexão do aparelho de TV.

Não é bem assim: felicidade não é um produto que está à sua mão, disponível 24 horas por dia, todos os dias do ano. A sensação que se tem é que as pessoas ficaram reféns de um novo oráculo — um guia, que antes era representado pelo concorrido horóscopo de Omar Cardoso e pela badalada coluna social de Ibrahim Sued — que hoje poderia muito bem ser algo como o WWL (Web Way of Life). Obviamente, uma despretensiosa alusão ficcional ao American Way of Life.

Por esse raciocínio é razoável dizer que no século passado, antes do WWL, a inspiração do artista para extravasar seus sentimentos era muito mais autêntica, mais espontânea, como é o caso da nostálgica canção que resgata os tempos felizes da meninice: *Meus Tempos de Criança*, de 1956, uma das obras de arte do genial Ataulfo Alves, que também ficou conhecida como *Saudade da Professorinha, ou Meu Pequeno Miraí,* referência à cidade mineira em que nasceu o compositor. Percebe-se claramente nos versos do letrista a força dos sentimentos à flor da pele: a felicidade, para Ataulfo, ficou lá atrás, nos seus tempos de criança. Ele, "igual a toda meninada", era feliz e não sabia. Bem a propósito, colho das redes sociais recente entrevista da escritora e filósofa gaúcha Patrícia Cândido, que, salvo melhor juízo, define bem o significado daquele "não sabia" na letra de Ataulfo Alves. Diz a fundadora e CEO do Grupo Luz da Serra/RS: "Antigamente não era tão necessário ser feliz. Hoje, por causa das redes, criou-se a consciência coletiva de que é preciso fazer de tudo para ser feliz ou, pelo menos, mostrar isso."[3] Perfeito!

Seria leviano supor que foi esse o tipo de aposta que inspirou a dublê de atriz e coach espiritual Bruna Lombardi a escrever e lançar em 2011 o filme em que também pergunta, como o cantor francês Christophe Maé: *"Onde Está a Felicidade?"* Pelo roteiro, dela mesma, a felicidade estaria no fim do caminho para Santiago de Compostela. Não estava. O filme é uma comédia do tipo *road movie*, que foi visto com ressalvas pela crítica especializada. No Portal de Cinema, Robledo Milani até arriscou uma análise sociológica para resumir sua avaliação: "Afinal, talvez a felicidade não esteja por aqui, mas o mesmo pode se dizer da tristeza. O segredo é manter as expectativas em baixa. Sem esperar demais, a frustração também será limitada."

Mas como seria a vida dos profissionais da crítica no campo artístico se não fosse a teoria do copo meio cheio ou meio vazio? Um caso típico de como ver o mundo pela perspectiva do copo cheio é a famosa canção "What a Wonderful World", célebre na voz grave de Louis Armstrong. A canção, de Bob Thiele e George Weiss, foi feita para mostrar o lado bom da vida em meio aos conflitos raciais e à crise política que os Estados Unidos enfrentavam naqueles anos da década de 1960. Assim é o copo meio cheio. Não cabe "mais ou menos" quando alguém quer saber se você está feliz. Nem "acho que sim" ou "talvez". Tudo depende de como cada pessoa o vê. Se assim não fosse, ficaria consagrada a hipótese da mulher "mais ou menos grávida". Nesse quesito, a arte, com as suas mais variadas formas de expressão, tem grande parcela de influência na capacidade de enriquecimento cultural e social, condições essenciais para o discernimento pessoal. No teatro, na música, no cinema ou na pintura, o poder transformador da arte não impõe, não obedece nem estabelece limites. Também não discrimina as circunstâncias, nem mesmo as adversidades resultantes de tragédias sociais, como a pandemia do coronavírus.

Os tempos atuais mudaram a forma de ver a felicidade, constata a pesquisadora Flora Victoria, coaching em psicologia positiva. "Muitas pessoas relacionavam a alegria a viagens, compras. Atualmente, em um momento de isolamento, nos vimos forçados a olhar mais internamente e nos apegar às pequenas realizações diárias."[4] Essa mudança de hábitos espelha a realidade imposta à significativa parcela da população brasileira, incluídas as pessoas envolvidas em atividades artísticas que ficaram sem palco e plateia e, de repente, se viram na contingência de buscar alternativas na luta pela sobrevivência. Também para não serem relegados ao limbo do ostracismo. A música foi o primeiro segmento entre as Artes a sentir o impacto da crise, mas também a reagir. Criatividade é o sal do artista e o improviso é desafio cotidiano. Então, em meados de março de 2020 surgiu a moda da "música à varanda", lançada pelo tenor italiano Maurizio Marchini, em Florença.

No vídeo, ele canta *Nessun Dorma*, a célebre ária de Turandot e última ópera de Puccini, celebrizada por Luciano Pavarotti. Impelido pela força da união e da solidariedade em primeiro plano, o gesto logo se espalhou pelo mundo e inspirou outras iniciativas.

No Brasil, o pagodeiro Mumuzinho cantou "à capela" do terraço de seu apartamento na Barra da Tijuca. Na mesma praia, a violinista Marina Andrade levou seu show para a varanda do 12º andar do condomínio Villa Borghese. A psicóloga Cintia Rodrigues, vizinha de frente, virou fã. "É uma iniciativa maravilhosa que, em um momento tão delicado, alguém traga arte até nós. Por um momento conseguimos deixar de lado as preocupações e apenas apreciamos a vida que ainda temos que viver. Sou também arteterapeuta e sei o valor que a arte tem para curar as mazelas das pessoas." (*O Globo*, 26/03/2020). Em Belo Horizonte, o Jota Quest resgatou o clipe *A Voz do Coração.* Os *live-show* reverberaram nas redes sociais e caíram no gosto e na boca do povo. Afinal, como na canção do Roupa Nova, "cantar faz feliz o coração". Mais do que isso, para Beethoven, ela "é capaz de reproduzir, em sua forma real, a dor que dilacera a alma e o sorriso que inebria".

Alguém acabaria se interessando em saber como reagiria um profissional da ciência diante dessa declaração do compositor alemão. Foi o que fez recente edição da versão brasileira do Questionário Proust[5], que perguntou ao neurocientista brasileiro Miguel Nicolelis qual foi o momento mais feliz da vida dele. E ele respondeu: "Foi em um final de tarde, dançando ao som de Frank Sinatra" no estacionamento de um resort em Wrightsville Beach, na Carolina do Norte. E qual o ideal de felicidade perfeita dele? "Fazer uma descoberta científica inesperada e inédita no meio da madrugada! Só eu e o Universo ao redor!" Para o neurocientista holandês Jacob Jolij, o impacto causado pela música é "altamente pessoal e fortemente dependente de contextos sociais e associações pessoais". Ele chegou a essa constatação ao analisar os resultados de uma pesquisa que fez em 2016 com 2 mil voluntários, dos quais quis saber: "Qual a música mais feliz da história?" Eles analisaram 126 músicas dos últimos 50 anos. O resultado? Nem Beatles, nem Rolling Stones. As cinco primeiras, na lista final, indicaram, pela ordem: *Don't Stop Me Now* (Queen), *Dancing Queen* (ABBA), *Good Vibration* (Beach Boys), *Uptown Girl* (Billy Joel) e *Eye of the Tiger* (Survivor).

Impossível não lembrar Friedrich Nietzsche em *O Crepúsculo dos Ídolos* (1888): "Quão poucas coisas são necessárias para a felicidade! O som de uma gaita. Sem música a vida seria um erro." E sem ela, Beethoven não teria sobrevivido à tentação de se suicidar quando esteve na fronteira da surdez total. Ainda bem, porque ele e outros dois gênios, Mozart e Bach, em épocas diferentes, revolucionariam a música clássica. O legado que deixaram continua influenciando escolas e compositores das mais variadas tendências musicais em torno do mundo. E, para além dessa verdade, marcaram indelevelmente seus nomes na história como arautos da propalada felicidade. O que teria sido apenas suspeição nessa teoria diluiu-se com o tempo nas pesquisas desenvolvidas por conceituados especialistas em estudos comportamentais do cérebro humano.

Eles demonstraram, na prática, que a música — e no caso deles, especificamente, a clássica — além da sua estrutura melódica, produz benefícios para o bem-estar físico e à saúde mental. A ciência teria, a partir daí, subsídios para desenvolver pesquisas que levariam à comprovação dessas premissas. Uma delas foi desenvolvida pela Universidade de Stanford, nos Estados Unidos, e concluiu que a música promove a aceleração do fluxo de sangue em várias áreas do cérebro, como a cognição e a emoção, liberando simultaneamente a dopamina. Pode ser também a porta de saída da vida naquela expressão que se convencionou chamar de "morte feliz", a eutanásia. É aqui que a música pode ser mais importante até do que o "bálsamo para os ouvidos" de que falava páginas atrás o neurocientista Steven Pinker. Vale reproduzir, para ilustrar, a notícia publicada pela mídia mundial no dia 10 de maio de 2018: na manhã daquela quinta-feira, numa clínica da Suíça, o biólogo e ecologista britânico David Goodall, de 104 anos, cometeu suicídio assistido (diferente da eutanásia) injetando uma infusão letal na veia. Comeu seu prato preferido, peixe com batatas fritas, de sobremesa um cheesecake e, no ato final, pediu para ouvir "Ode à Alegria", o último movimento da Nona Sinfonia, de Beethoven. Morreu de barriga cheia, cantando e, como poetou Walter Franco, com "a mente quieta, a espinha ereta e o coração tranquilo".

Mas atenção!

A felicidade pode ser contagiosa, mas não se proíbe evitá-la nem usar máscara ou óculos escuros caso você sinta-se "mexido" ao ver o sorriso de uma criança correndo pela praia de encontro ao vento numa manhã ensolarada de primavera. Ou, quando se pegar cantarolando ou assobiando "Felicidade", aquela canção pop do Seu Jorge em que ele diz que "a gente sente saudade/quando não consegue se ver". O contágio é quase palpável nas letras românticas de Toquinho, como em "Receita de Felicidade", em que ele recomenda assertividade na rotina. Assim:

> *Pegue uns pedacinhos de afeto e de ilusão*
> *Misture com um pouquinho de amizade*
> *Junte com carinho uma pontinha de paixão*
> *E uma pitadinha de saudade...*
> *Pinte a vida com o arco-íris do prazer*
> *Sonhe, pois sonhar ainda é fundamental*
> *E um sonho sempre pode acontecer.*

Já o sambista Arlindo Cruz, pioneiro do partido alto, inspirou-se no bom humor e na malemolência dos cariocas para dizer que "Isso É Felicidade". Na sua versão zen, felicidade é "ajudar e dividir, voltar pra casa e sorrir, falar com Deus e dormir".

Seja qual for a alternativa, ou nenhuma delas, mesmo assim, quando terminar a pandemia, aglomere-se, pratique o contágio. Pois é isso o que indiretamente sugere a pesquisa publicada pela *British Medical Journal*, revista acadêmica da Inglaterra, que, em dezembro de 2008, garantiu: "A felicidade de uma pessoa é influenciada pela de outros indivíduos a quem ela está conectada de maneira direta ou indireta." O estudo, conduzido pelos cientistas James Fowler (da Universidade de San Diego) e Nicholas

Christakis (da Harvard Medical School), identificou, entre outras descobertas, que em um grupo de pessoas que interagem numa mesma rede social, todas se contagiam se a "fonte da felicidade" for uma delas. E mais: o contágio atinge pelo menos outras três pessoas, fora do grupo, que estejam no entorno da fonte emissora de felicidade. Para os brasileiros, a pesquisa traz um dado curioso, que joga por terra aquela polêmica frase atribuída ao escritor Otto Lara Resende: "O mineiro só é solidário no câncer." Pois Christakis, um dos autores do estudo, assegura que um dos fatores determinantes da felicidade humana é justamente a felicidade do outro. "A novidade do nosso trabalho foi exatamente a de explorar a ideia de que as emoções são um fenômeno coletivo, e não apenas individual."

Por esse prisma cabe elucubrar, sem qualquer intenção de instigar ou reavivar teorias conspiratórias: então, o Carnaval, o maior evento de entretenimento da cultura popular do Brasil, agente da felicidade coletiva, teria feito o papel de vilão como epicentro da primeira fase da pandemia? Não se soube de evidências científicas que provem a hipótese, mas a polêmica envolveu autoridades sanitárias e, até o infectologista Drauzio Varella, sempre lúcido e comedido, chegou a admitir que a festa deveria ter sido cancelada. "Foi ali que o vírus se disseminou." A verdade é que o vírus só foi declarado oficialmente como pandemia pela Organização Mundial da Saúde (OMS) no dia 13 de março daquele ano.

Noves fora esse debate extemporâneo, o Carnaval tem uma máxima comum a todos que dele participam: felicidade dá samba. E vice-versa. Por que não levar para a avenida um samba-enredo que mostre a felicidade do povo? Foi dessa intuição do carnavalesco André Machado que nasceu o samba-enredo da Escola de Samba Pérola Negra, de São Paulo, no carnaval de 2014. O estalo surgiu quando ele estava vendo as imagens da comemoração pelo título de campeã do grupo de acesso do ano anterior, que reconduziu a escola para a elite do carnaval. A Pérola Negra foi para o Anhembi com o samba-enredo "Caminhos segui, lugar encontrei... Pérola Negra, a suprema felicidade!" Começando pelo abre-alas, as alegorias e as fantasias representavam a busca da felicidade que, finalmente seria revelada no último carro, composto de alas das baianas, da velha guarda e das crianças. A ala infantil, segundo o carnavalesco, representaria a continuidade da felicidade enquanto houver carnaval. A escola entrou empolgada na avenida, mas não foi feliz no quesito organização, chegou em penúltimo e, por infelicidade, voltou a ser rebaixada.

A felicidade, como se percebe, nem sempre se manifesta da mesma forma para todas as pessoas. No carnaval, é aquela espalhafatosa, cúmplice das licenciosidades inerentes à folia, que é eterna enquanto dura. Evidentemente, ninguém se sente realizado quando não chega em primeiro numa competição. Mas, nos carnavais dos tempos modernos, há uma espécie de felicidade democrática quando o conjunto da obra atende aos mais difusos interesses que o megaevento envolve. Símbolo de identidade de um povo, carro-chefe das manifestações populares, *commodity* de turismo, o carnaval é, do ponto de vista social, um "acontecimento" agregador de etnias e culturas, um grande encontro de diversidades.

Nesse contexto, seria impossível falar do carnaval como elemento indutor/contagiante da felicidade geral sem enfatizar a figura de um dos seus principais agentes, se não, o mais importante do carnaval contemporâneo: Joãosinho Trinta. O ex-futuro bailarino (fez óperas como *O Guarani*, de Carlos Gomes e *Aida*, de Giuseppe Verdi) passou a celebridade em 1989 e rompeu com tradições, por exemplo, quando substituiu os destaques inertes por figuras vivas nos carros alegóricos. Sua genialidade não tinha limites. Transformava lixo em luxo. Notabilizou-se quando respondeu aos seus críticos: "O povo gosta de luxo. Quem gosta de miséria é intelectual." Ousou quebrar paradigmas ao levar para a avenida o carro abre-alas da Beija-Flor com a réplica do Cristo Redentor vestido de mendigo. Foi proibido pela Igreja. Então, cobriu a imagem com sacos de lixo e escreveu: "Mesmo proibido, olhai por nós." O público foi ao delírio quando, ao final do desfile, desvestiram o Cristo Mendigo. Na cabine da TV Globo, o insuspeito Paulinho da Viola, portelense de raiz, resumiu o encantamento geral na Marquês de Sapucaí: "Esse desfile é um marco na história das escolas de samba do carnaval do Rio de Janeiro." Apesar de incensado pela crítica, aplaudido nas arquibancadas e até pelos concorrentes, o samba-enredo *Ratos e Urubus Larguem a Minha Fantasia*, a Beija-Flor não foi campeã nos quesitos dos jurados.

Pouco importa. Para o crítico de artes plásticas, Jacob Klintowitz, "Joãosinho recuperou no Brasil o sentido trágico do expressionismo e soube refazer um cenário e uma vivência dramática com aspectos profundamente enraizados da realidade brasileira". O legado de Joãosinho Trinta o identifica como artista multifacetado, visionário, do coreógrafo da felicidade que mostrou no grandioso cenário do desfile de 1989, "digno das obras surrealistas do cineasta Luis Buñuel ou das pinturas de Goya", como escreveu o brilhante jornalista e escritor mineiro Geraldo Mayrink (1942–2009). A analogia faz todo sentido. Afinal, como um dos meios universais mais antigos de comunicação entre os povos, a arte conecta emoção e racionalidade. Daí ser subjetiva, como se pressupõe também seja a felicidade.

Subjetiva, mas não invisível, pelo menos do estratégico ponto de vista e da aguçada sensibilidade do cantor e compositor Ernesto Teixeira, o mais longevo "puxador" de samba-enredo do carnaval de São Paulo. "No meu trabalho dá pra ver a felicidade estampada no rosto das pessoas quando estamos num ensaio, num show, num desfile de carnaval. É arrepiante o poder que o som da música tem de elevar o espírito das pessoas, sem limites de idade ou qualquer outra qualificação." Há 38 anos na Gaviões da Fiel, Ernesto ganhou notoriedade em 1995, quando levantou o público do Anhembi com o samba-enredo *O que É Bom É para Sempre*, primeiro título da escola no Grupo Especial de São Paulo. "Toda manifestação artística tem o poder de mexer com o imaginário das pessoas, transportando-as para um estado de leveza, bem-estar e sentimento de realização. O carnaval potencializa tudo isso e, como arte, faz a felicidade de milhões de pessoas. A minha também. Sem dúvida, é um momento mágico."

Nem sempre, porém, esse momento mágico em que ambas — arte e felicidade — se encontram, pode ser considerado amor à primeira vista. Pelo menos era assim lá por meados dos anos 1960, quando o sociólogo francês Pierre Bourdieu (1930–2002) publicou uma pesquisa para sondar o interesse do público pelos museus da Europa. Um dos dados do estudo revelou que a obra de arte "só existe para quem tem os meios para decifrá-la, o que depende de familiaridade com ela, só adquirida pelo ensino". (Cf, Ridenti, Marcelo, *Jornal de Resenhas*, 2003). Não é senso comum, como argumentou o poeta Ferreira Gullar, na última coluna que escreveu para o jornal *Folha de S.Paulo*, três meses antes de morrer, em dezembro de 2016: "Um quadro, uma gravura ou um desenho pode nos facultar prazer estético... Mas a questão que se coloca é a seguinte: não seria mais gratificante, para quem os vê, poder fruir deles, juntamente com a beleza formal e a realização artística, uma visão plena de vida e felicidade?" Poucos sabem, mas ainda imberbe, antes de florescer o poeta, Gullar desenvolveu o gosto pelas telas, que cultivou até morrer. E fez questão de justificar. "Na pintura não preciso pensar em nada. Não tenho compromissos. Saio das angústias e dos problemas. Só tenho de definir se boto vermelho ou azul, triângulo ou quadrado."

Escrevendo, Gullar fazia da poesia sua tribuna contra a opressão social, mas também era implacável como crítico de arte. "Sei que muitos artistas têm necessidade de expressar uma visão de mundo nem sempre feliz, nem sempre otimista. Tudo bem, mas, de minha parte, se puder escolher, prefiro a felicidade ao sofrimento, mesmo porque o belo não precisa submeter-se a nenhuma norma estabelecida. Por isso mesmo, costumo dizer que a arte é uma alquimia que transforma sofrimento em alegria, isto é, em beleza." A opinião do poeta vai ao encontro do que pensa a artista plástica goiana Altina Felício, radicada em São Paulo. Passando para a posição de expectadora, ela observa: "Quando estamos diante de uma obra de Turner (pintor britânico do século XIX), Caravaggio (italiano, do século XVII), Rodin, Leonardo da Vinci, Van Gogh ou do *Abaporu* da Tarsila do Amaral, há uma troca de várias emoções. Sentimos beleza, força, coragem e até uma imagem desfigurada pode nos impactar. Todas essas emoções fazem parte da nossa alma e trazem alegria ao nosso espírito. Quando estamos em uma exposição de arte, completamos a função do artista, pois a arte é para o outro. Desta forma ao entrarmos em contato com o outro ficamos em sintonia com o todo. É alegria!"

Aquele que canta, nem sempre é feliz. Assim pensava o francês Pierre Bonnard (1867-1947). Por isso, escolheu pintar. Conhecido como o pintor da felicidade, sua obra pode ser sintetizada nesse recorte do poeta e crítico literário português Pedro Mexia, em artigo de 2011: "O que é a felicidade? Toda a gente diz que a arte se ocupa disso. E, no entanto, há, por exemplo, Bonnard... A arte não se ocupa da felicidade? Quem disse? A felicidade não é apenas a euforia, é a euforia ruidosa. Pierre Bonnard, que acreditava na pintura, na natureza e na mulher, passou a vida inteira a representar, ou antes, a imaginar de novo, a pequena felicidade do visível. Uma felicidade discreta, mas exigente, cotidiana, mas altíssima."

O celeiro de artistas franceses sempre foi generosamente fértil. Antes de Bonnard despontava a tríade do Impressionismo — Edgar Degas, Claude Monet e Auguste Renoir. E depois deles, houve Henri Matisse (1869-1954), um dos grandes do século XX, conhecido por sua mania de repetir a mesma composição várias vezes até chegar ao ponto que considerava perfeito. Na última exposição das obras do pintor em Paris, a curadora, Cécile Debray, disse que a sua proposta era "desafiar a ideia de Matisse como um pintor feliz, fácil, uma espécie de virtuoso de simplicidade e felicidade". É nesse binômio que o paulistano Alex Branco, jornalista, criador de carpas e hortelão urbano, investe seu diletantismo. Aberto a infinidade de tendências artísticas que o mercado da arte oferece, ele coleciona preciosidades que garimpa de sua exploração pelos vários escaninhos das artes plásticas e democraticamente as compartilha nas redes sociais. Afinal, diz ele, a vida sem pintura seria oca, triste e mais vazia. "A arte confere vivacidade à alma, agita nossas ideias e provoca um exercício de reflexão único."

E mesmo "a arte trágica, conta a felicidade da existência", escreveu em algum canto de sua obra o escritor soviético Boris Pasternak (1890-1960). O autor do célebre romance *Doutor Jivago* poderia até estar falando do pintor holandês Vincent Van Gogh (1853-1890), aquele mesmo que numa das suas crises existenciais cortou a orelha esquerda e a ofereceu para uma mulher de bordel. Seu talento só foi reconhecido depois da morte. Deixou obras de grande expressividade, entre as quais: *O Comedor de Batatas*, *Autorretrato* e, claro, *Os Girassóis*, as flores amarelas que são marca registrada de sua pintura, perpetuadas em murais, por grafiteiros e exibidas em tatuagens pelo mundo inteiro. Os girassóis, para Van Gogh, simbolizavam felicidade e esperança. Para quem já admirava a obra de Van Gogh, a jornalista brasileira Eny Sacchi, que mora na Holanda há 37 anos, diz que lá pôde conhecer melhor a vida do artista e passou a vê-lo como exemplo. "Apesar de todo o sofrimento causado por sua doença mental, e pelos contratempos, Van Gogh conseguiu perpetuar momentos singelos de infinita beleza."

Quando Van Gogh morreu, dois dias depois de ter atirado contra o peito, despontava nos círculos parisienses das telas e pincéis um jovem norueguês fascinado pelo pintor holandês e o amigo dele, o francês Paul Gauguin. Era Edvard Munch (1863–1944), o pintor norueguês que iria ficar famoso com *O Grito* (1893), obra-prima que marcou o início do expressionismo na Europa. A tela exprime o estado de espírito do artista, seu medo e desespero, claramente visíveis na imagem distorcida e caricatural do protagonista, que, no futuro, iria se transformar em ícone de cultura pop e inspirar a série de filmes conhecida como *Pânico*. Ainda hoje, *O Grito* provoca assombro entre os críticos de arte. Não só pelo contexto da obra, mas também pela emblemática mensagem escrita a lápis no canto superior esquerdo da tela: "Só pode ter sido pintado por um louco."

Em algum lugar do passado, Raul Seixas teria dito que "a arte de ser louco é jamais cometer a loucura de ser um sujeito normal". No processo criativo, genialidade e loucura estão separadas por uma linha tão tênue que, às vezes, pode ser invisível a ponto de serem confundidas e suscitarem interpretações paradoxais. Em outra vertente, a arte também vem sendo largamente usada como aliada em tratamentos terapêuticos, seara que foi aberta no Brasil pela psiquiatra Nise Magalhães da Silveira, na década de 1940. Em vez de manter seus pacientes trabalhando na limpeza, quando não estavam em camisa de força ou no eletrochoque, Nise deu a eles telas, pincéis e tintas. Os resultados revolucionaram a terapia psiquiátrica: não só os esquizofrênicos melhoraram de comportamento, como as telas que pintavam passaram a ser vistas pelo público, inclusive em exposições no Museu de arte Moderna de São Paulo. Em 2016, o trabalho de Nise da Silveira foi mostrado em filme, mas já estava no centro dos debates tanto pelo questionamento das práticas psiquiátricas quanto no campo da arte. Em 2012, a Editora Fiocruz publicou *O Antídoto do Mal: Crítica de arte e loucura na modernidade brasileira*, em que o autor, o psicanalista Gustavo Henrique Dionísio (Unesp/Assis/SP), analisa as relações entre a arte e a ciência médica, como destaca a apresentação do livro. "O interesse suscitado pelas obras não se restringia à sua utilidade no tratamento psiquiátrico: elas também exemplificavam um novo conceito de qualidade estética e, ainda, assumiam papel central num debate político mais amplo, sobre o lugar do louco e da loucura na sociedade."

É necessário lembrar que o trabalho de Nise da Silveira teve como inspiração a metodologia utilizada na década de 1940 pelo psiquiatra e escritor Osório César, então marido de Tarsila do Amaral e diretor-geral do Hospital Psiquiátrico do Juqueri, em Franco da Rocha. Foi um dos pioneiros no uso da arte como recurso terapêutico em psiquiatria e instituiu a pintura como elemento de recuperação de pacientes.

Quantos exemplares de Van Gogh há, mundo afora, que são ilustres anônimos no mercado da arte, mas, na pior das hipóteses, suscitam reflexões para os que veem suas obras? Não é preciso procurar muito. Numa prosaica alusão ao artista holandês, em *O Van Gogh Feliz: Vida e obra do pintor Ranchinho de Assis* (2008, Editora Unesp), o professor Oscar D'Ambrosio, crítico e doutor em arte, conta a história de Sebastião Theodoro da Silva, um rapaz analfabeto, que sobrevivia recolhendo latas, garrafas e papelão pelas ruas da cidade de Assis, no interior de São Paulo. Tinha traços e trejeitos do Magro (Stan Laurel), da dupla com o Gordo (Oliver Hardy). Ia à igreja todo dia. Nos enterros, ia à frente do caixão, conduzindo a procissão ao cemitério. Era a vítima de *bullying* preferida dos meninos da cidade. Mal sabiam que naquela silhueta andrajosa morava o gênio que iria colocar a cidade no mapa cultural e artístico do país. Nem sequer imaginavam que o "louquinho" já rabiscava seus primeiros arroubos primitivistas nos cadernos usados e tocos de lápis que ganhava ou recolhia pelas ruas. Acabou descoberto pelo colecionador de artes Nazareno Mimessi, que o incentivou a aprender técnicas de pintura. Reproduzia as imagens de suas andanças — bois pastando, galinhas, os enterros, noites de lua cheia.

"A visão daquelas pinturas teve para mim o efeito de uma revelação", confessa em uma de suas crônicas o escritor e cantor Tony Bellotto, que viveu na cidade nos anos 1970. O texto do artista evoca emocionadas lembranças de moradores da cidade. "Ele colocava o dedão da mão esquerda na frente do rosto para criar a perspectiva e ia rascunhando a obra. Fiquei muito emocionado quando vi a foto do quadro em que ele pintou a mim e meu irmão" (Fausto Filho, empresário em São Paulo). "Eu trabalhava em um escritório onde o Ranchinho passava todo dia. Um dia, pediu um banquinho. Saiu com ele para a calçada do outro lado e começou a desenhar. O quadro retratava a frente do escritório e eu lá dentro, trabalhando" (Liliana Amaral, professora aposentada).

Não há indícios, pelos testemunhos, que o caso do Ranchinho de Assis se encaixe no que disse Victor Hugo, o autor de *Os Miseráveis*: "Todo grande artista amolda a arte à sua imagem." Duas evidências: o pintor tinha tendência para a arte naïf, primitivista e, pelos traços de seu perfil, muito provavelmente era autista, distúrbio que poucos conheciam naqueles tempos. É inegável, porém, que, de Van Gogh a Munch, antes e depois deles, a história está repleta de gênios que expuseram suas entranhas para dar vazão a sentimentos. Há obras de arte para todos os gostos, temáticas e exigências estéticas. Se alguns, como Matisse, Renoir e Bonnard retratam a felicidade, outros refletem a loucura e a solidão, o amor e a desilusão, a natureza e a realidade do cotidiano. Naturalmente, nem sempre se entenderá a mensagem que o artista pretendeu passar. Até porque nem todas são "fora de série" aos olhos do público ou da crítica, nem tão ruins que não mereçam

> "Arquitetura não constitui uma simples questão de engenharia, mas uma manifestação do espírito, da imaginação e da poesia."
>
> (Oscar Niemeyer)

ser vistas. É de Antoine de Saint-Exupéry a dica para quem vai a uma exposição de artes, principalmente se for neófito: "Os olhos são cegos. É preciso ver com o coração."

A depender da temática, conta muito a visão do mundo quando se está à frente de uma obra-prima, como aquelas que têm conotação de documento histórico. Nesse capítulo, destacam-se dois pintores da primeira metade do século XX: Cândido Portinari (1903–1962) e Pablo Picasso (1881–1973). Ambos deixaram robusto portfólio de trabalhos. O brasileiro tem o *Painel Tiradentes* exposto desde 1989 no Memorial da América Latina. Nesse painel, Portinari retrata, em três quadros justapostos, os principais episódios do suplício até o caminho da forca imposto ao mártir da Inconfidência Mineira. Ali, além do público em geral, professores, estudantes e pesquisadores dialogam com a arte do pintor e ao mesmo tempo imergem nos detalhes de capítulo substantivo da história do Brasil. Seus monumentais murais *Guerra e Paz* são a vitrine do hall de entrada da Organização das Nações Unidas (ONU), em Nova York. "Os painéis *Guerra e Paz* representam sem dúvida o melhor trabalho que eu já fiz. Dedico-os à humanidade", disse Portinari em 1956, quando entregou sua obra, presente do governo brasileiro à ONU. Em 2012, os painéis precisaram ser retirados para a reforma no prédio. Então, a família Portinari resolveu levá-los para um tour pelo mundo, com primeira escala no Brasil. Em São Paulo, o único espaço que poderia abrigar os colossais murais era o Salão de Atos, no Memorial da América Latina. Ficaram lá por quatro meses, compartilhando o mesmo espaço do *Painel Tiradentes*. O gigantismo das obras impressionou o público — mais de 200 mil pessoas. "Foi muito bonita, realista, representa a sociedade em que vivemos e que continua do mesmo jeito", relembra o técnico em TI, Leandro Cipriano. "Ainda guardo na retina o impacto daqueles painéis, especialmente o que retrata a Paz, porque é disso que o mundo continua precisando. Foi uma sensação muito boa", recorda-se a fonoaudióloga Leila Cabral. A exposição foi uma das 10 mais visitadas naquele ano em todo mundo.

Alguns anos antes de *Guerra e Paz*, a mesma temática havia alçado para o panteão das celebridades do mundo artístico o pintor espanhol Pablo Picasso, que foi do Impressionismo ao Cubismo para criar o mural *Guernica*, carro-chefe de suas principais obras. O mural, que retrata a Guerra Civil Espanhola, ocupa uma parede inteira do Museu Reina Sofia, em Madri. "É uma espécie de análise premonitória da Segunda Guerra Mundial. Fiquei embasbacado", admitiu o jornalista Renato Sant'Ana, quando esteve na capital espanhola. A visão de *Guernica* e da fantástica catedral da Sagrada Família, em Barcelona, foi decisiva para que ele finalmente pusesse em prática um velho sonho. De volta ao Brasil, comprou pincéis, tintas e telas e prepara-se para sua primeira exposição. Nem que seja só para a família e amigos. As reações são diferentes, mas o impacto é o mesmo. A aposentada Cristina Figueiredo visitou Portinari e Picasso. E arriscou compará-los: "Eu tinha visto *Guernica*, que também é impressionante. Mas este aqui (*Guerra e Paz*, de Portinari) tem o nosso colorido, o colorido brasileiro, o que para mim é muito importante. Ele retrata a guerra que sempre existiu na humanidade e que, infelizmente, continua existindo."

O mais renomado arquiteto brasileiro também era notável criador de frases, como essa, que perpetrou quando, em dezembro de 2007, centenário dele, o Instituto do Patrimônio Histórico e Artístico Nacional (Iphan) tombou o palácio do Congresso Nacional,

> "A arte existe para que a realidade não nos destrua."
>
> (Friedrich Nietzsche)

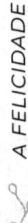

uma de suas obras na capital do país. É simplesmente impossível, para quem passa pela Praça dos Três Poderes, fazer vistas grossas à imponência do prédio, que é um dos cartões postais de Brasília, no triângulo em que também estão o Palácio do Planalto e o STF.

Contrariando o filósofo alemão, as torres gêmeas de Nova York, cartão-postal da arquitetura americana, também eram obras de arte quando foram destruídas no atentado terrorista de 2001. Não há referências conclusivas para afirmar se os milhares de pessoas que nelas trabalhavam sentiam-se seguras e felizes. Essa era a proposta do arquiteto Minoru Yamasaki, contemporâneo de Niemeyer e alinhado às tendências modernistas do francês Le Corbusier. Para a fotógrafa e arquiteta Ana Ottoni, a queda das torres, assim como o incêndio que destruiu o "Palácio de Cristal" do Largo do Paissandu, em São Paulo, representaram "as grandes ruínas simbólicas do modernismo". Em artigo que escreveu para o jornal *Folha de S.Paulo*, em julho de 2018, ela reproduz opinião do arquiteto russo Vladimir Paperny, para quem a destruição dos edifícios mais altos do mundo foi "o resultado da fascinação modernista com a verticalidade e a altura".

Esse postulado do sociólogo alemão permeou a trajetória da primeira arquiteta brasileira, Lina Bo Bardi (nascida na Itália, mas naturalizada brasileira logo após a Segunda Guerra). Foi a criadora de alguns dos mais visitados espaços de arte na cidade de São Paulo. Um deles, o Masp (Museu de Arte de São Paulo), que também é ponto de encontro de manifestações sociais e políticas na cidade. Ou a Casa de Vidro, no Morumbi, sua primeira obra. O Sesc Pompeia, o Museu de Arte Moderna (MAM), no Ibirapuera, e o Teatro Oficina, um de seus últimos projetos. Tão admirada quanto suas obras, a arquiteta deixou uma legião de fãs, como o arquiteto, urbanista e pesquisador Eduardo Rossetti.

Em artigo para o portal Resenhas Online, publicado em 2014, Rossetti reproduziu o trabalho de iniciação científica que desenvolveu em 1996, quando era aluno de Arquitetura na PUC-Campinas. Nele, o autor, que já clipava tudo o que saía na imprensa sobre Lina, conta como se envolveu definitivamente com a obra da arquiteta, de tal maneira que só poderia mesmo seguir a carreira.

"Como uma massa, Lina Bo Bardi fermentava e crescia, mas ainda era um todo informe. Naquele momento, Lina Bo Bardi não era LBB, nem *dona* Lina, nem Lina Bo. Ela era uma miragem do profissional que eu achava que queria ser, mas que não conhecia bem. Aqueles desenhos, as aquarelas, as casas, as roupas, os móveis foram definindo um universo heterogêneo e em aberto sobre aquela mulher e sua profissão."

Quando foi a última vez que você fez algo novo pela primeira vez? Alguém fotografou essa provocação, pintada nos muros da cidade, e a publicou nas redes sociais. Esse estilo de manifestação libertária e picaresca foi inspirada nos protestos estudantis de 1968, em Paris, e depois invadiu as periferias de Nova York, quando passou a ser conhecida como grafite. Aqui, ocupou os espaços públicos urbanos e seus praticantes eram perseguidos por vandalismo. Finalmente reconhecido como arte, o grafite se espalhou por toda a cidade, cresceu exponencialmente e até ganhou espaço próprio, o Beco do Batman, na Vila Madalena, visita obrigatória de paulistanos e ponto turístico da cidade. Os artistas de rua dizem que a proposta do trabalho deles é o de interferir na paisagem urbana e, se possível, contribuir para levar alegria às pessoas. O paulistano Eduardo Kobra, o mais bem-sucedido e reconhecido internacionalmente, pinta desde os 12 anos. "Essa é a minha motivação. Minha felicidade é pintar." Também da velha guarda, Roberto Bieto gosta de pensar que está transmitindo alegria em suas obras. Até recorre a Spinoza para explicar: "Alegria é o nome dado à passagem de um estado para um estado de mais potência de vida."

Certas categorias de arte não seriam devidamente reconhecidas e admiradas não fosse pelo desprendimento e ousadia dos profissionais que as compõem e as colocam em destaque na vitrine midiática. É nesse contexto que se pode explicar a figura dos ícones ao longo da história das Artes — da literatura à fotografia, nesse caso, Sebastião Salgado, mineiro que literalmente conquistou o mundo, qual Marco Polo moderno.

Para comprovar a comparação, em 2019 ele recebeu o prêmio da Sociedade Geográfica Espanhola justamente "pela qualidade e

> "A grandeza de uma obra de arte está fundamentalmente no seu caráter ambíguo, que deixa o espectador decidir sobre o seu significado."
>
> (Theodor Adorno)

espírito de seu trabalho de viagens". Quando o recebeu, disse entre risos: "Se é por isso, mereço porque sou, provavelmente, uma das pessoas do planeta que mais caminharam." Em setembro de 2021, Salgado ampliou a estante com mais um, o Prêmio Imperial do Japão, considerado o Nobel das Artes, reconhecimento por retratar, com sua obra, "a vida dos mais pobres e a degradação do meio ambiente com grande sentido estético".

Quando leu a notícia, a escritora Maria Antonia Silveira Lobo, na pequena Cândido Mota, à beira do rio Paranapanema, não conseguiu esconder sua alegria. Quis mostrá-la aos que a leem nas redes sociais: "Sim, alegria. Embora não o conheça pessoalmente, admiro seu trabalho, acompanho e, por isso, considero Sebastião Salgado meu amigo. Sei que pode parecer estranho para vocês. Mas, sendo ele um lutador e destemido preservador da natureza, é meu amigo, sim, sem sombra de dúvidas e também poderia ser sob sombra de árvores." E ela continua, para mostrar como se sente impactada pelo trabalho de quem a deixa feliz: "De há muito as reproduções de suas fotografias mexeram com o meu íntimo, e me colocaram como cidadã do mundo, e por muitas delas me senti responsabilizada coletiva e socialmente frente a cenários destruídos ou carregados de sofrimentos dos protagonistas e explorados trabalhadores. Olhando as fotos sinto que as imagens perguntam, denunciam, alertam: Você não sabia disso? Veja o que desumanos fazem com os humanos e com o nosso planeta? Acorde, a Amazônia está sendo destruída. Veja o formigueiro subumano nos garimpos. A fome existe e há quem morra de fome."

A tietagem explícita é tanto justificada quanto um dos testemunhais da 34ª Bienal de São Paulo, em que a atriz Bárbara Paz admite: "Eu aprendi a admirar o ser humano através da arte." Em síntese: a arte é transformadora. E pode, pelo conteúdo e alcance do que transmite, formar opinião, democratizar o conhecimento, descontruir *fake news*, conscientizar as pessoas, inocular esperança, proporcionar o bem-estar que neutraliza o pessimismo. Em maior ou menor grau de percepção, esses também são sintomas de felicidade.

"A vida do fotógrafo é assim: ir, descobrir, conhecer e transmitir. A fotografia que faço é o espelho da sociedade. É uma função que não existia há 100 anos e que não acho que irá existir daqui a 20."

(Sebastião Salgado)

"Felicidade é a integração dos símbolos da vida."

(Carlos Botelho Byington, psiquiatra)

03.

A FELICIDADE NA DIVERSIDADE

"I have a dream."
(Martin Luther King Jr., 1919–1963)

"Quando os arquitetos da nossa república escreveram as magníficas palavras da Constituição e a Declaração da Independência, eles estavam a assinar uma nota promissória da qual todo americano seria herdeiro. Essa nota foi uma promessa de que todos os homens teriam garantia aos direitos inalienáveis de 'vida, liberdade e à procura da felicidade'."

O lugar de fala da multidão negra naquela tarde de quarta-feira do dia 28 de agosto de 1963 era movido por um jovem pastor de 34 anos, líder pacifista da luta pelos direitos civis nos Estados Unidos, proposta que em junho daquele ano havia sido encaminhada publicamente ao parlamento norte-americano pelo presidente John Kennedy (1917–1963). Até então, a única medida objetiva do governo americano no sentido de cumprir o que Jefferson escrevera na Declaração da Independência de 1776 havia sido, um século antes, o fim da escravidão (a *Emancipation Proclamation*, assinada pelo presidente Abraham Lincoln) e o direito ao voto da população negra. Exatos três meses depois da manifestação liderada por Luther King na esplanada do monumento a Washington, o presidente Kennedy seria assassinado em Dallas. Sua proposta foi assinada no ano seguinte por Lyndon Johnson. De lá até os dias atuais, os movimentos com as mesmas pautas defendidas por Kennedy e Luther King, salvo exceções pontuais, cresceram exponencialmente. Os negros norte-americanos continuam esperando que o sonho de Luther King se torne realidade.

Não só eles, pois que a conquista dos direitos civis, como aqui enunciados — e para usar antiga metáfora —, representa a transposição do Rubicão[1], ou seja, o acesso automático ao passaporte universal que facilitará a identificação dos caminhos que levam à felicidade. A premissa, vista assim, não é, portanto, exclusividade de um só povo ou nação, de um só grupo étnico, até porque, às tantas (in)definições do vocábulo, seria necessário acrescentar mais uma: a felicidade só será reconhecida como tal se tiver a cor x, ou y, ou z.

A versão norte-americana do direito à busca da felicidade, inscrito na Declaração da Independência, tem inspirado políticas públicas ao redor do planeta. Entretanto, nenhum país, entre as potências ocidentais, consagrou tal direito em sua legislação constitucional como força de lei. No Butão, também não. Mas por uma sutil diferença. Lá, um minúsculo país-reino de orientação budista encravado nas escarpas do Himalaia, o rei, um ainda garoto de 17 anos, instituiu por decreto, em 1972, um certo índice a que denominou de FIB (Felicidade Interna Bruta). Não importa aqui traçar o perfil social, econômico e cultural do Butão para entender as razões que levaram o rei a decretar a felicidade como prioridade para o povo de seu país. Mas vale um rápido recorte dos desdobramentos daquela iniciativa. Afinal, era no mínimo curioso saber que havia pelo menos um país no mundo em que todos eram felizes. E sabiam.

A notícia já tinha uma boa milhagem internacional quando, em 2012, a ONU abraçou a ideia, recomendou que seus países-membros a adotassem e até inventou o pomposo Dia Internacional da Felicidade, a ser comemorado em 20 de março. Alguns anos antes, em 2008, quando a FIB foi finalmente institucionalizada no Butão, o ministro de planejamento de lá, Dasho Karma Ura, saiu pelo mundo para propagar a boa nova e passou pelo Brasil. A chamada grande imprensa praticamente ignorou a ilustre visita. Aparentemente, porém, a viagem não foi em vão, porque, dois anos depois, um grupo de deputados federais e senadores brasileiros, certamente de olhos nos dividendos eleitorais, apresentou proposta de emenda visando a modificar o artigo 6º da Constituição. O texto original desse artigo reza: "São direitos sociais a educação, a saúde, a alimentação, o trabalho, a moradia, o transporte, o lazer, a segurança, a previdência social, a proteção à maternidade e à infância, a assistência aos desamparados, na forma desta Constituição." Na chamada PEC da Felicidade, a redação seria alterada no início da proposta e ficaria assim: "São direitos sociais,

essenciais à busca da felicidade, a educação..." (grifo do autor). Não foram felizes.

A sabedoria chinesa legou um sem-número de conselhos que sugerem os mais inusitados meios para se chegar à felicidade. Um deles a compara com a caça à borboleta. "Quando a perseguimos nos escapa; quando desistimos, ela pousa em nós." Na simbologia do reino animal, a metamorfose da borboleta azul é comparada aos estágios de desenvolvimento do ser humano. No mundo fantástico de Gabriel García Márquez, o autor multiplicou por milhares esta missão: inundou de borboletas amarelas os cenários em que o mecânico Maurício Babilônia corteja a bela Meme, personagens de *Cem Anos de Solidão*. Na vida real, todavia, o aforismo chinês é tão somente figura romântica.

A busca pela felicidade, considerada como objetivo permanente, será sempre mais difícil para quem a procura se não estiver equipado com certa gama de requisitos e acessórios de apoio que possam compor, de modo razoavelmente satisfatório, o kit de resistência, que, trocando em miúdos, nada mais é do que o pleno exercício dos direitos sociais e civis que, teoricamente, são garantidos pela Constituição de cada povo. O raciocínio é tão simples quanto óbvio: ninguém poderá se considerar uma pessoa feliz se lhe faltar um desses quesitos para viver com dignidade e garantir o bem-estar aos seus. Essa é a premissa para a concretização de outros objetivos. E, então, *voilà* — o mundo será maravilhoso.

Na anatomia da geopolítica, porém, o buraco é bem mais embaixo. Os números frios das estatísticas, reproduzidos pelo noticiário da TV ou na tela do celular, estão aí a mostrar que, para milhões de candidatos o caminho para a felicidade não passa de breve miragem em dia sem sol. Esse contingente é composto prioritariamente de afrodescendentes, LGBTQIA+, indígenas, pessoas portadoras de algum tipo de limitação física ou mental. Puxando a fila estão os jovens: 333.330 deles, entre 15 e 29 anos, foram assassinados no período de 2009 a 2019, excluídos antes mesmo que lhes fosse aberta a porta da esperança. Esses são os números computados pelo Atlas da Violência de 2021[2], que traz cruel reflexão: "São centenas de milhares de indivíduos que não tiveram a chance de concluir sua vida escolar, de construir um caminho profissional, de formar sua própria família ou de serem reconhecidos pelas suas conquistas no contexto social em que vivem... São jovens que perdem sua vida e um país que perde seu futuro."

"O Brasil é uma máquina de matar pretos." O desabafo do rapper Mano Brown, líder do Racionais MCs[3], retrata o cenário de distopia que emerge desse complexo fenômeno social, ainda mais acachapante para os negros: eles estão 2,6 mais vezes à mercê da violência do que os brancos. Em 2019, morreram 34.466 — 1,6% a mais do que em 2009. Entre os brancos, foram 10.217 — redução de 33% em relação a 2009. Não é diferente quando as vítimas são as mulheres. De 2009 a 2019 o número de negras assassinadas cresceu 2%. Entre brancas, ou não negras, houve redução de 26,9%.

A reversão desse quadro seria a comprovação de que Aldous Huxley não estava totalmente pirado quando preconizou a felicidade geral no seu *Admirável Mundo Novo*, quase 100 anos atrás. No mundo real, e no Brasil, o acesso de negros e pardos a atividades e funções executivas do mercado de trabalho continua sendo ponto de inflexão que envolve debates inconclusivos, apesar de eventuais avanços aqui e acolá, mais em função do empreendedorismo empresarial do que por ações proativas de políticas públicas. O cenário de desigualdade racial ficou ainda mais evidente na pandemia do coronavírus. Não surpreende, portanto, que no levantamento divulgado no final de 2020, o IBGE (Instituto Brasileiro de Geografia e Estatística) aponte pretos e pardos como os mais atingidos pelo desemprego com a recessão na economia. Há outros disparates, que também não chegam a ser novidade. Por exemplo, a pesquisa do Insper[4] destaca que o salário de profissionais brancos, dependendo da função, é quase o dobro das mulheres negras no mesmo cargo. Médica negra formada em universidade pública ganha em média R$6 mil, enquanto o salário do profissional branco chega a R$15 mil.

A disparidade é abissal em relação à presença de negros em cargos de direção nas grandes empresas do país, como revela a pesquisa feita em 2016 pelo Instituto Ethos[5] (mas válida ainda hoje). Nas 500 maiores empresas do país há 57% de aprendizes, 58% de trainees, 6,3% em gerências e apenas 4,7% em postos executivos. As mulheres negras executivas são apenas duas, ou 0,4% do total. A adoção de medidas para ampliar a representatividade de negros nas empresas caminha a passos lentos e, nesse ritmo, avalia Caio Magri, do Ethos, a paridade demográfica com a mesma referência entre brancos e negros dentro das empresas só será atingida daqui a 100 anos.

"É mais difícil quebrar um preconceito do que um átomo." Em que pese a importância das conquistas obtidas nos últimos anos pela população LGBTQIA+ no Brasil — em especial a criminalização da homofobia pelo STF, em 2019 — a frase atribuída ao físico Albert Einstein continua atual, como observa a professora Regina Facchini, pesquisadora do Núcleo de Estudos de Gênero Pagu, da Unicamp: "Não é nada fácil ser LGBT+ no Brasil hoje."[6] As causas, segundo ela, têm origem no comportamento e nos discursos de ódio que estimulam atitudes homofóbicas, acentuadas com a pandemia. O Brasil, avalia a pesquisadora, vive "um processo de negação da humanidade e do caráter de sujeitos de direito dessa população". As observações da especialista complementam dados do Relatório da ONU divulgado no final de 2020, reconhecendo que pobres e vulneráveis têm sido os mais atingidos pela pandemia.

Naquele ano, segundo o Observatório de Mortes Violentas de LGBTQIA+, 237 pessoas foram vítimas de homotransfobia no Brasil. A Agência de Notícias da Aids informou que "mais da metade dos LGBTs assassinados no mundo ocorrem no Brasil". Ainda assim, o número de mortes registradas em 2020 foi 28% menor do que o de 2019, um recuo aparentemente inexplicável, mas que o professor Luiz Mott, fundador do Grupo Gay da Bahia, atribui aos discursos homofóbicos do presidente da República na época, como aquele da "promessa" que fez na campanha de 2018: "Homossexuais serão felizes se eu for presidente", disse o então candidato em entrevista à *Rádio Jornal do Commercio*, de Pernambuco, em 4 de outubro daquele ano.

Promessas cabeludas e fantasiosas são parte do DNA da política, aqui e alhures. Garantem o caminho do céu e o paraíso, mesmo que sejam ateus. Prometem construir pontes onde não há rios. E até as "inauguram". Mais triste ainda é constatar que tal verborragia não é exceção à regra. É consciente, sim. A falta de pudor inclui a distribuição de dentaduras, a salvação da lavoura e a cura de doenças como diabetes, mal de Parkinson e Alzheimer, como fez certo candidato a vice-presidente dos EUA. Mas algumas, pelo ineditismo, bem que merecem entrar para a fictícia galeria de *hors concours* de bizarrices do Guinness World Records, o Livro Mundial dos Recordes.

Aberrações verborrágicas desse naipe, comuns no folclore da política brasileira, em nada contribuem para o verdadeiro objetivo que move a luta pela diversidade, o que inclui o direito à felicidade para pessoas "diferentes". Com as exceções de praxe, a percepção dos políticos em relação às reais necessidades da população — afinal, seus eleitores — ainda está longe de priorizar e transformar em pautas obrigatórias as questões mais candentes que envolvem a qualidade de vida das pessoas. Sexta maior população do mundo, com 213 milhões de habitantes, conforme projeção do IBGE em julho de 2021, maioria de negros e pardos, crescimento geométrico de idosos e de diversidade de gênero, o Brasil continua sendo o *País do Futuro*, título do livro publicado pelo escritor austríaco judeu Stefan Zweig, nos anos 1940. Ficou o carimbo, que ganhou ressonância nas salas de aula das gerações de 1950 para cá.

Segundo o jornalista Alberto Dines, biógrafo de Zweig, ele enfatizava que "a forma brasileira de harmonizar os contrastes podia ser uma solução para o mundo sem guerras". Zweig foi acusado de apologia à ditadura Vargas e, em depressão, morreu seis meses depois. Teria se suicidado, com a esposa, na casa em que morava, em Petrópolis. Em outra versão, no livro *Stefan Zweig Deve Morrer*, Deonísio da Silva costura teorias de que o escritor e sua esposa foram assassinados pela polícia nazista[7].

De profecia, a expressão-título do livro de Zweig foi transformando-se em chacota e, com o passar dos anos, superou até mesmo a mensagem ufanista de Olavo Bilac propagada nas escolas primárias do século passado, que os oradores inflavam o peito para declamar:

> *Criança! Não verás nenhum país como esse*
> *Boa terra! Jamais negou a quem trabalha*
> *O pão que mata a fome, o teto que agasalha*
> *Quem com seu suor a fecunda e umedece*
> *Vê pago o seu esforço, e é feliz, e enriquece.*

A triste verdade é que aquele futuro messiânico ingenuamente sugerido por um visitante abduzido pelas belezas naturais do Brasil continua lá, no retrovisor do tempo. A figura de linguagem usada por Zweig no título do seu livro, afinal, ficou na adjetivação que ainda não se justificou, a não ser como inspiração para a criatividade de motes jocosos e poucas análises sérias, como a que fez Darcy Ribeiro, pesquisador das profundezas sociais do país: "O Brasil, último país a acabar com a escravidão, tem uma perversidade intrínseca na sua herança, que torna a nossa classe dominante enferma de desigualdade, de descaso."

O Povo Brasileiro, obra seminal de Darcy Ribeiro[8], concluída dois anos antes de sua morte, em 1997, é trabalho de fôlego para entender o Brasil étnico, social e cultural dos dias de hoje. E para responder a questões tão intrincadas emanadas da miscigenação que, segundo ele, é a origem da diversidade que caracteriza o Brasil. Perguntassem a Darcy Ribeiro o que afinal é a tal felicidade, ele repetiria, com a peculiar espontaneidade: "Somos um povo moreno, cheio de festas animadas e de tesão... que não tem medo de ser feliz."

Estudioso dos povos indígenas, Darcy registrou que a homossexualidade entre eles não era nenhuma novidade desde o século XIX. Ele mesmo pode testemunhar essa realidade quando conviveu com os cadiuéus, conhecidos como índios cavaleiros que habitavam o Mato Grosso do Sul. Na tribo, os índios gays eram chamados de kudina. O tema voltou à baila no início do século XXI, quando índios gays da tribo ticuna, no Amazonas, foram hostilizados com pedras e garrafas. Chamada a comentar o episódio, a antropóloga Braulina Aurora, da etnia Baniwa, corroborou Darcy Ribeiro e foi mais longe: "Quem ditou regras de sexualidade foi a Igreja. As práticas sempre existiram entre os indígenas." A observação da antropóloga não apenas reitera a posição já externada por outros abalizados pesquisadores do tema, como vale para qualquer outro espectro da diversidade. Como subsídio, resgato aqui os parágrafos finais da impecável análise das culturas indígenas — com a qual concordo em gênero, número e grau — assinada pelo filósofo Hélio Schwartsman ("Os índios, a felicidade e a caverna") e publicada em 2004 pelo jornal *Folha de S.Paulo*:

> *Acho que os índios tendem a ser mais felizes se deixados em paz. Não tenho, é claro, procuração para falar em seu nome, mas há evidências epidemiológicas de que o contato com o homem branco tende a ser desastroso para eles. Não estou postulando uma inviolabilidade dogmática. Há casos, como o do surto de diarreia, em que o contato é necessário. Há casos também, como o do massacre perpetrado pelos cintas-largas na reserva Roosevelt, em que os índios não são tão índios nem as vítimas brancas tão brancas, fazendo-se necessária a intervenção das autoridades para cessar as hostilidades e punir os responsáveis que possam ser punidos. Cabe à sabedoria prática identificar — e prevenir — essas situações.*
>
> *No fundo, precisamos aprender a rejeitar aquela concepção platônica de que o homem deve sair da caverna a todo custo, de que o filósofo, iluminado, tem o dever ineluctável de levar a verdade àqueles que, imersos nas sombras, ainda a ignoram. Se o pobre do homem for capaz de encontrar sua "eudaimonía" na caverna, porque tirá-lo de lá, correndo o risco de fazê-lo sofrer? Diferentemente de Platão, vivemos numa época sem muitas verdades. E é preciso desconfiar dos que afirmam possuí-las em demasia.*[9]

"Ó, grande astro, que seria da tua felicidade se não tivesses aqueles que iluminas?", assim falou Zaratustra ao ver o sol "nascendo" no exato momento em que ele saia da caverna em que vivera por dez anos. É Nietzsche, manifestando-se pela boca do personagem para dizer também que "não é a força, mas a constância dos bons sentimentos que conduz os homens à felicidade". Nessa imensa tribuna de reflexões, atrevo-me a dizer que a felicidade é um enigma da epistemologia, ramo da filosofia que procura explicar como as pessoas angariam conhecimento e o que fazem com ele. Um fenômeno que desafia os humanos e os estudiosos da psicologia positiva. Fosse poeta nato, dir-se-ia que o sábio alemão Arthur Schopenhauer (1788–1860) estava em um momento de epifania lírica angustiante, pessimista ante as tragédias da vida, quando fez sucinta explanação de como concebia a felicidade. Está ali, no Capítulo 49 de sua obra-prima *O Mundo como Vontade e Representação*[10]:

> *Há apenas um erro inato, e este é o de que nós existimos para sermos felizes. Ele é inato em nós porque coincide com a nossa própria existência e porque, de fato, todo nosso ser é apenas a sua paráfrase, assim como nosso corpo é o seu monograma: nós somos justamente Vontade de viver, e na satisfação sucessiva de todo o nosso querer é em que pensamos mediante a noção da felicidade. Enquanto nós persistimos neste erro, e ainda por cima corroboramo-lo com dogmas otimistas, o mundo nos parece cheio de contradições. Assim, a cada passo, nas grandes ou nas pequenas coisas, somos obrigados a experimentar que o mundo e a vida estão completamente arranjados de modo a não conterem a existência feliz (...) Neste sentido, seria mais correto colocar o objetivo da vida em nossas dores do que nos prazeres... A dor e a aflição trabalham em direção ao verdadeiro objetivo da vida, a supressão da Vontade dela.*

O psicanalista alemão Erich Fromm (1900–1980) sintetizou cirurgicamente ao decretar que "a felicidade é a aceitação corajosa da vida", mas é Guimarães Rosa, na mais genuína opereta sertaneja de sua obra máxima, que faz a interpretação poética de Schopenhauer na declaração de amor do jagunço Riobaldo por Diadorim: *"Só se pode viver perto de outro, e conhecer outra pessoa, sem perigo de ódio, se a gente tem amor. Qualquer amor já é um pouquinho de saúde, um descanso na loucura.*" Tantas lições em torno de tema tão transcendental nos levam a considerar, entre outras possibilidades — e com risco de errar —, que as pessoas que se dispõem a pensar e agir de forma diferente do senso comum, alheias aos paradigmas das convenções de relacionamento e convivência da sociedade, deverão, na mesma medida, estar preparadas para enfrentar decepções e desilusões. Nesta ilação, fica subentendido também que um dos pressupostos do ideário de felicidade está no lema "vencer na vida" — o que significa necessariamente ter que atravessar o Rubicão, como fez o conquistador romano Júlio César. Consumadas tais intromissões pelo campo da metafísica, típicas de um pirófobo à beira de uma fogueira de festa junina, voltemos ao que nos trouxe até aqui.

Aquele "não é nada fácil ser LGBTQIA+ no Brasil", enfatizado pela pesquisadora da Unicamp, Regina Facchini, também se aplica aos negros; aos indígenas, os habitantes originais do país que, séculos depois, ainda brigam para não perder a terra que lhes é de direito por usucapião; ao cadeirante ou portadores de outros tipos de deficiência física e mental; e às mulheres que travam luta desigual e ainda são vítimas dos mais comezinhos preconceitos, quando não de feminicídio. Se, nesse exato momento, quem estiver acompanhando essas narrativas fizer uma parada e passar os olhos no noticiário, com toda a certeza irá se deparar com uma notícia em que a vítima é uma dessas personagens aqui focalizadas. Tome-se uma das mais recentes, de outubro de 2021, que anunciava terrível revés para considerável parcela da população feminina do país.

Antes, um ligeiro preâmbulo.

Na história da humanidade, o ciclo menstrual das mulheres é cercado de mitos, tabus e lendas urbanas que vão do sagrado ao bizarro. Entre os povos da Antiguidade, o sangue do fluxo menstrual era recolhido para fertilizar a terra. Nas comunidades indígenas, o ritual da primeira menstruação é um verdadeiro martírio para as meninas. Mulheres de determinados coletivos evangélicos e de inspiração bíblica, como as mórmons e testemunhas de

Jeová e aquelas de origem muçulmana também são discriminadas e reféns dos mais arraigados códigos de conduta. Para elas, o caminho da felicidade é um vale de espinhos. Precisam sangrar, literalmente. E não se trata de linguagem poética. Se, para aquelas que conseguem manter a autoestima sob controle, essa maratona já é uma provação, imagine a vida das mulheres que nem sequer têm acesso a um trivial absorvente menstrual. A velha e sempre atual Lei de Murphy está aí vigilante quando decisões equivocadas ou mal-intencionadas, emanadas do poder público, ameaçam aumentar o fosso social.

E aqui entra a notícia, no caso, o veto presidencial ao projeto aprovado no Congresso, que previa a distribuição gratuita de absorventes femininos e outros cuidados de saúde para mulheres carentes e adolescentes vulneráveis. Alguns dias antes, tentando explicar as sucessivas altas nos preços dos combustíveis, o chefe da Nação disse, em tom enfático, que "nem tudo está tão ruim que não possa piorar". Na semana seguinte, ao vetar a gratuidade dos absorventes, comprovou na prática o que havia dito e, sem saber, resgatou outra pérola do folclore político tupiniquim, aquela de que "o peixe morre pela boca", originalmente um ditado que ficou popularizado na marchinha de carnaval gravada por Carlos Galhardo em 1956.

O veto acabou caindo no Congresso. Caso contrário, a medida iria deixar cerca de 5 milhões de meninas sem acesso a cuidados mínimos de saúde que, entre outras consequências, as impediriam de frequentar a escola em períodos de menstruação. Para além de ser essencial à saúde física e mental, o absorvente íntimo confere segurança à dignidade da mulher. São pelo menos 60 milhões que menstruam no Brasil, conforme apontamentos do Movimento Girl Up Brasil. Embora seja item de primeira necessidade, o produto é considerado artigo de luxo na cesta básica de famílias pobres, cuja média mensal de renda é de R$1.920,00. Entre os reflexos colaterais, o estigma em torno da menstruação tem impacto direto no desenvolvimento escolar das meninas: uma em cada dez não vai à escola no período de menstruação, segundo relatórios da ONU. No Brasil, pior ainda: são quatro a cada dez

— o que, pelo levantamento "Impacto da Pobreza Menstrual no Brasil"[11], encomendado pela indústria de absorventes, representa 45 dias sem aula por ano letivo.

Não bastasse a carência do suporte feminino na menstruação, essa população marginalizada também é penalizada pelos efeitos da TPM, síndrome que, segundo a literatura médica, é responsável por deflagrar pelo menos 150 sintomas físicos ou emocionais que afetam o comportamento das mulheres, independentemente de etnia, credo, condições culturais e socioeconômicas. Pode parecer paradoxal, mas, para o psicanalista Flavio Gikovate (1947–2016), uma vez aliviada, a TPM "traz felicidade"[12]. Em artigo que publicou em 2007, ele parte da premissa de que o desequilíbrio causado pela TPM é reflexo das variações hormonais no funcionamento da serotonina, neurotransmissor cerebral que administra as sensações de prazer. Se os níveis da serotonina estão baixos, o corpo responde com depressão, ansiedade, tensão, e abusa de carboidratos, como o chocolate. Há toda uma gama de alternativas para reverter esse quadro, mas, diz Gikovate, "o que pouca gente sabe é que a manifestação mais intensa da TPM é conhecida e estudada pela medicina como Síndrome Disfórica Pré-menstrual (SDPM)".

Disforia, na terminologia grega, significa tristeza ou infelicidade e está relacionado ao mal-estar físico acompanhado por sentimentos depressivos, irritabilidade e pessimismo, sintomas que também são identificados nos conflitos de identidade sexual ou de gênero. Sem dúvida, conclui Gikovate, "a TPM diminui o tempo de ser feliz pois, uma vez que a mulher não se sente bem com ela mesma, transforma esse tempo em períodos de implicância, irritação e problemas em suas relações interpessoais mais íntimas. Por tudo isso, é cada vez mais importante que o tema seja tratado de maneira séria e responsável, afinal, a mulher sem TPM é mais feliz!".

Os objetivos podem ser diferentes, mas a causa é comum às vítimas das várias vertentes da diversidade: elas continuam nadando contra a correnteza em busca de um porto seguro para hastear sua bandeira da felicidade. Para os LGBTQIA+, e longe de comparações com a opinião do psicanalista, o primeiro desafio é "sair do armário". Impossível avaliar os números reais dessa população no Brasil, até porque nem sequer fazem parte dos índices oficiais do IBGE. Sabe-se, por levantamentos dos diversos grupos da comunidade espalhados pelo país, que passavam de 10% em 2013 e de lá para cá vêm crescendo exponencialmente. Coincidência, ou não, naquele ano a cantora Daniela Mercury, que vinha de uma relação hétero, causou *frisson* ao anunciar, pela imprensa, que iria se casar com a jornalista Malu Verçosa. "É uma postura definitiva da minha liberdade e uma forma de mostrar a minha visão de mundo. Numa época em que temos um Feliciano desrespeitando os direitos humanos, grito o meu amor aos sete ventos. Quem sabe haja ainda alguma lucidez no Congresso Brasileiro." O Feliciano mencionado pela cantora é um deputado de postura radicalmente homofóbica que, ironicamente, acabou fazendo o papel do "feitiço contra o feiticeiro" ao acirrar os debates em torno da causa gay.

Cada qual libera seus demônios conforme o nó entalado na garganta ou o grito preso na alma. Em 2020, dois destacados personagens da política brasileira revelaram, em rede nacional, que são gays. "Nesse Brasil, com pouca integridade nesse momento, a gente precisa debater o que se é, para que se fique claro e não se tenha nada a esconder. Eu sou gay, eu sou gay." (Eduardo Leite, governador do Rio Grande do Sul.) O capixaba Fabiano Contarato usou a tribuna da CPI da Covid para se assumir como primeiro senador gay do Brasil. Pai de um menino adotado, o senador extravasou: "Agora sei o que é felicidade."

Mais do que uma trivial decisão pessoal, o posicionamento público dos dois políticos repercutiu aqui e lá fora, enriqueceu e reaqueceu o debate da diversidade ao redor da causa LGBTQIA+. Tem muito mais gente "saindo do armário", garante o jornalista Diego Carlos, 26 anos, negro e gay, morador da periferia de São Paulo, que já superou essa etapa e sugere que, como ele, as pessoas busquem a felicidade pela perspectiva do estado de Buda. "Nesse misto que me encontro como pessoa, nessa identidade complexa e plural, é assim que me relaciono com a felicidade. Nessa condição, a felicidade pode ser encontrada na bravura de encarar o mundo, pois ela não corresponde à ausência de sofrimento. É sinônimo de coragem, sabedoria e força, não obstante o que venha a acontecer."

E por que não uma boa dose de ousadia? Pois foi o que fez o artista mambembe que saiu pelas ruas centrais de Nova Andradina, no Mato Grosso do Sul, escrevendo a frase "Felicidade é ser viado (sic)". A pichação, segundo o rapaz, foi um ato de protesto para mostrar que gays também merecem ser felizes. "Eu já tive depressão e hoje consigo sair dessas fases ruins da vida, porque sempre tenho um motivo para ser feliz... Ser viado (sic) nunca foi fácil, mas é sendo viado (sic) que sou feliz." O curioso na notícia é que a ousadia do pichador ficou restrita apenas ao portal Campo Grande News[13].

Narrativas de superação evidenciam que apesar (ou por causa) de ainda estar vigorando a milenar metáfora de que "o homem é o lobo do homem", toda estória tem seu lado B. No seu clássico *Leviatã* (1651), Hobbes resgata e faz reverberar aquela máxima cunhada pelo bardo romano Titus Plautus (230 a.C.–180 a.C.). No campo de batalhas do mundo contemporâneo pela prevalência da diversidade, soa mais coerente e absolutamente atualizada a íntegra da frase original de Plautus: *Lupus est homo homini, non homo, quom qualis sit non novit.* Em tradução livre, algo assim: "O homem, quando não sabe de que tipo é o outro homem, tende a considerá-lo como lobo." Trata-se de flagrante conflito, porque, para Hobbes, se a natureza não fez realmente os homens iguais, essa igualdade deve ser admitida para que se chegue à paz. A obra de Hobbes, controversa ou não, continua fundamental para ajudar a encaixar as peças nesse tabuleiro da vida. As primeiras linhas do Capítulo 13 do *Leviatã*, por exemplo, são um convite à reflexão:

> *A natureza fez os homens tão iguais nas faculdades de corpo e mente a ponto de que, embora possa se encontrar algumas vezes um homem de corpo manifestamente mais forte, ou de mente mais rápida que outro, quando se leva em conta todo o conjunto, a diferença entre um homem e outro não é tão considerável a ponto de que um deles possa, com base nela,*

> *reclamar para si algum benefício ao qual o outro não possa pretender tanto quanto ele.*

Parece claro que Hobbes também está se referindo a dois fatores recorrentes da contemporaneidade quando se debatem as fórmulas de sucesso pessoal ou no campo profissional: diversidade e competitividade. Por esse prisma, o historiador inglês Eric Hobsbawm (1917–2012), um dos mais destacados pensadores do século XX, tinha visão tão pessimista quanto Schopenhauer, pois dizia que "se o único ideal dos homens é a busca da felicidade pessoal, por meio do acúmulo de bens materiais, a humanidade é uma espécie diminuída". Nessa assertiva, Hobsbawm também se alinha ao pensamento de Thomas More (1478–1535), filósofo, advogado e estadista, preeminente figura do humanismo renascentista inglês. Inspirado em Platão, o autor de "Utopia" sonhava com uma sociedade ideal, de pessoas felizes, infensas às futilidades e vicissitudes do supérfluo, como deixa claro essa passagem de sua emblemática obra:

> *Falando de falsos prazeres, o que dizer daqueles que se dedicam a acumular dinheiro, não porque tenham em mente fazer algo com ele, mas apenas para contemplá-lo? Estarão eles experimentando um prazer verdadeiro, ou estarão apenas sendo enganados por uma demonstração de prazer? O que dizer também daqueles que, ao contrário, escondem o dinheiro que jamais usarão e que talvez jamais venham sequer a ver de novo?*

Não viveram na mesma época, mas com certeza Machado de Assis não teria qualquer motivo para esconder e, ao contrário, daria merecido destino para tal fortuna. Posso estar errado, mas, sem ater-me à etimologia dos dois vocábulos (felicidade e virtude), penso que o Bruxo do Cosme Velho também não iria concordar com o filósofo holandês Baruch Espinoza (1632–1677), para quem, "a felicidade não é um prêmio da virtude, é a própria virtude"[14].

Afinal, Machado dizia: "A virtude é preguiçosa e avara, não gasta tempo nem papel. Só o interesse é ativo e pródigo."

Então, pode-se dizer, por uma leitura diagonal do que escreveram tantos sábios ao longo da história, que a virtude está no meio e que tal afirmação corresponde a dizer que o ótimo é o inimigo do bom? A sabedoria popular não segue ao pé da letra a mesma cartilha pragmática dos filósofos, mas quase sempre se inspira nela para forjar suas próprias interpretações. Nem tanto ao céu, nem tanto ao mar, por exemplo, é assim um tipo de placebo da proposta aristotélica para a virtude. A fábula de Ícaro ajuda a entender: presos no labirinto de Creta em que Teseu matou Minotauro, ele e o pai, Dédalo, planejam a fuga e constroem asas com cera do mel de abelha e penas de gaivota. O pai aconselha o filho a manter distância do sol, para que a cera não derreta, e não se aproxime tanto do nível do mar, para evitar a umidade que emperraria as penas de gaivota. No entanto, seguramente movido não só pela sensação dos ventos da liberdade, mas provavelmente também pela oportunidade rara — e ali, ao "seu alcance" — de desvendar o mistério daquela estrela brilhante, Ícaro desobedece ao pai. Sobe e o calor derrete a cera. Ele cai e morre no mar Egeu. Como vemos, quando se dá asas à imaginação em busca de seja lá qual objetivo, é preciso saber como usá-las e seguir o manual de instrução, diferentemente do que fez Ícaro. Claro, trata-se de uma parábola da mitologia grega, mas, a quem interessar fazer paralelo com a realidade fica a dica: construa a sua própria "moral da história". Todas serão pertinentes, como a que supõe que o sonho do menino voador era descobrir o que há, de fato, naquela estrela brilhante. Deus? A felicidade? Os dois? Ou nenhum dos dois?

Esse é um ponto de inflexão para o qual o filósofo e neurocientista norte-americano Sam Harris tem opinião contundente: "Não acreditar em Deus é um atalho para a felicidade" — *leitmotiv* dos livros que ele vem publicando desde 2004, quando iniciou sua indignada pregação contra o sectarismo religioso, segundo ele, responsável pelos ataques às torres gêmeas do World Trade Center, em 11 de setembro de 2001. Em entrevista ao portal da *VEJA*, em 2011, Harris sugere a criação de uma "ciência da moralidade", alegando, entre outros argumentos, que "se o bem-estar humano surge a partir de certas causas, inclusive neurológicas, quer dizer que existem formas certas e erradas para procurar a felicidade e evitar a infelicidade". "O objetivo da ciência da moralidade é entender o bem-estar humano", diz Harris. "A ciência da moralidade pretende aumentar as possibilidades da felicidade humana."

Tomando como regra que muitas religiões e denominações evangélicas exploram de todas as formas a fragilidade espiritual e emocional dos seus adeptos, causou surpresa ver que os países considerados como os mais religiosos aparecem mal colocados no último Relatório Mundial da Felicidade da ONU, divulgado em 2018. Os 10 primeiros da lista de países mais felizes não são tão religiosos como o Brasil, por exemplo, que aparece 28º, ou Portugal, que fica na 77ª posição. Em contrapartida, pesquisa de 2019 da Universidade Harvard, dá conta de que ateus e agnósticos são mais sensíveis a ajudar o próximo do que as pessoas "terrivelmente" religiosas. Outro estudo, porém, sugere que há outra razão para que as pessoas religiosas demonstrem estar mais satisfeitas com seu modo de vida do que os não crentes. E não é pelo apego à religião ou por sua relação com Deus, mas porque, indo à igreja, elas estreitam os laços de amizade com os outros participantes. Nesses encontros, principalmente os dominicais, não é incomum surgirem futuros casais.

"A religião é o ópio do povo." Pinçada do contexto, a visão de Karl Marx (1818–1883) quanto à religião e sua relação com a felicidade consta da introdução que ele faz à *Crítica da Filosofia do Direito de Hegel*[15], em que sintetiza pensamentos formulados por vários autores do século anterior. "A miséria religiosa constitui ao mesmo tempo a expressão da miséria real e o protesto contra a miséria real. A religião é o suspiro da criatura oprimida, o ânimo de um mundo sem coração e a alma de situações sem alma. A religião é o ópio do Povo. (...) A abolição da religião enquanto felicidade ilusória dos homens é a exigência da sua felicidade real."

Pela mesma analogia da dominação política, a frase de Marx teria sido plagiada e adaptada por Nelson Rodrigues para o cenário brasileiro: o futebol é o ópio do povo, teria proclamado o cronista das chuteiras imortais. Não é verdade. Solta assim, a conotação que foi dada à expressão ficou na conta do repertório do escritor por causa de um texto em que ele, nacionalista até a medula, criticava a famosa passeata dos Cem Mil, de 1968, no Rio de Janeiro.

"Não havia, ali, um único e escasso preto. E nem operário, nem favelado, nem torcedor do Flamengo, nem barnabé, nem pé-rapado, nem cabeça de bagre. Eram os filhos da grande burguesia, os pais da grande burguesia, as mães da grande burguesia. Portanto, as elites. E sabem por que e para que se reunia tanta gente? Para não falar no Brasil, em hipótese nenhuma. O Brasil foi o nome e foi o assunto riscado. Falou-se em China, falou-se em Rússia, ou em Cuba, ou no Vietnã. Mas não houve uma palavra, nem por acaso, nem por distração, sobre o Brasil. Picharam o nosso Municipal com um nome único: Cuba. Do Brasil, nada? Nada. As elites passavam gritando: "Vietnã, Vietnã, Vietnã!" E, quanto ao Brasil, os Cem Mil faziam um silêncio ensurdecedor. Tanto vociferaram o nome de Vietnã, de Cuba e China que minha vontade foi replicar-lhes: 'Rua do Ouvidor, rua do Ouvidor, rua do Ouvidor!' Simplesmente, o Brasil não existe para as nossas elites. Foi essa a única verdade que trouxe, em seu ventre, a Passeata dos Cem Mil. Estou apresentando um exemplo e poderia citar muitos outros. Vamos ficar por aqui. Há um momento, todavia, em que todos se lembram do Brasil, em que noventa milhões de brasileiros descobrem o Brasil. Aí está o milagre do escrete. **Fora as esquerdas, que acham o futebol o ópio do povo** (grifo do autor), fora as esquerdas, dizia eu, todos os outros brasileiros se juntam em torno da seleção. É, então, um pretexto, uma razão de autoestima. E cada vitória compensa o povo de velhas frustrações, jamais cicatrizadas."[16]

A par dessas considerações, cabe repetir que futebol e Carnaval, mais do que válvula de escape, são paixões atávicas, inalienáveis do povo brasileiro, funcionam como ingredientes capazes de acionar os hormônios do prazer, da alegria, da felicidade, seja lá o significado que a palavra represente no frigir dos ovos. Não há como concordar, em sã consciência, com teorias que, sem argumento sustentável, acusem o futebol, ou qualquer outra manifestação esportiva de caráter lúdico, como mecanismo de alienação coletiva, capaz de desviar o foco de seus adeptos de problemas sociais, políticos ou econômicos que afetam a sociedade como um todo.

O futebol é uma dessas necessidades básicas de consumo que abrange de A a Z na escala social e cultural, um fenômeno que tem sido tema de debates desde que o chamado esporte bretão (para referenciar sua origem britânica) deixou de ser atividade meramente recreativa para ingressar no profissionalismo, ali pela década de 1930. A bola de futebol é a representação icônica da felicidade para a criança, antes mesmo de nascer. Ou seria para o pai? Mas esta é outra conversa. A gorduchinha, como a boneca para as meninas, está condenada a acompanhar a vida do garoto para todo o sempre. Só quem teve o privilégio de dialogar com a gorduchinha é que faz ideia desses rodeios coloquiais.

Se a felicidade é um desejo abstrato, não tangível, que pode ser ou não impermanente, a bola de futebol existe para quebrar essa regra. Experimente, o prezado amigo ou a distinta senhora, interromper uma "pelada" de rua só porque a bola de futebol, ingênua e inocentemente, tomou a direção errada e pousou no seu quintal. Ou entrou pela janela, quebrando a vidraça de sua sala. Você está em um dia ruim e resolve não a devolver. Os garotos, meninos carentes da sua rua, imploram a você o retorno da bola. Casos assim são rotineiros no país do futebol e alguns têm desfechos inusitados, como o que foi noticiado pela imprensa, recentemente. Numa pequena cidade do interior do Maranhão, um grupo de garotos procurou a polícia para pedir que o delegado fosse resgatar a bola que caíra na casa da vizinha. Ao saber que a bola era velha e estava murcha, os policiais fizeram uma vaquinha e deram uma nova de presente para os meninos. A foto deles com o delegado e a bola nova disse mais do que todas as palavras.

A moral dessa história real todos sabem: felicidade, para a criança, é uma boneca ou uma bola de futebol. Essa verdade, para os meninos, é tão antiga quanto o próprio futebol. A teóloga e escritora alemã Dorothee Sölle (1929–2003), conhecida por ter cunhado a expressão *cristofascismo* (numa alusão à aliança entre as igrejas evangélicas alemãs e o regime nazista), também sabia disso. Em visita ao Brasil, ela foi perguntada por um repórter como explicaria a um menino o que é felicidade. "Não explicaria. Daria uma bola de futebol para que ele jogasse." O cronista esportivo João Saldanha (1917–1980), aquele que treinou a seleção tricampeã de 1970, gostava de explicar o futebol pelo viés sociológico. É uma arte popular, ele dizia. "Futebol não é alienação nem nada: é lazer, que faz parte da vida. Num país eminentemente pobre, como o Brasil, basta uma rua, uma bola, de pano ou de borracha, uma bola qualquer. E pronto, o menino joga."

Um pouco mais difícil é explicar a sensação de felicidade dos torcedores no momento mágico de uma partida de futebol. O escritor argentino Eduardo Galeano escreveu em *O Futebol ao Sol e à Sombra*, que o gol simplesmente era o "orgasmo do futebol". O êxtase corresponderia ao prazer do sexo, segundo pesquisa realizada por universidades da Espanha e da Holanda logo depois da Copa do Mundo de 2010, na África do Sul. O estudo avaliou os níveis de hormônio de 50 espanhóis que assistiam à decisão do título contra a Holanda e constaram que todos estavam com a testosterona elevadíssima. A Espanha foi a campeã.

Exageros assim há para todos os gostos. Os paradoxos, também. A decepção pela derrota corresponde a um estado de infelicidade inadmissível. Um dado curioso nos estudos que avaliam o comportamento dos torcedores: o grau de frustração nas derrotas é muito mais dolorido do que o êxtase das vitórias. O escritor Carlos Heitor Cony (1926–2018) escreveu em uma de suas crônicas como virou ateu. "Deixei de acreditar em Deus no dia em que vi o Brasil perder a Copa do Mundo no Maracanã." Décadas depois, e cinco títulos mundiais conquistados, o Maracanaço de 1950 ainda não cicatrizou as mágoas. A maioria das pessoas que viu a decisão contra o Uruguai já não está por aqui, mas a imprensa se incumbe de manter viva a memória da tragédia e condenar o goleiro Barbosa por não ter defendido o chute do uruguaio Ghiggia. A esperada onda de felicidade dos quase 200 mil torcedores acabou em um "silêncio ensurdecedor".

"Aquilo a que chamamos felicidade consiste na harmonia e na serenidade, na consciência de uma finalidade, numa orientação positiva, convencida e decidida do espírito, ou seja, na paz da alma."

(Thomas Mann)

04.

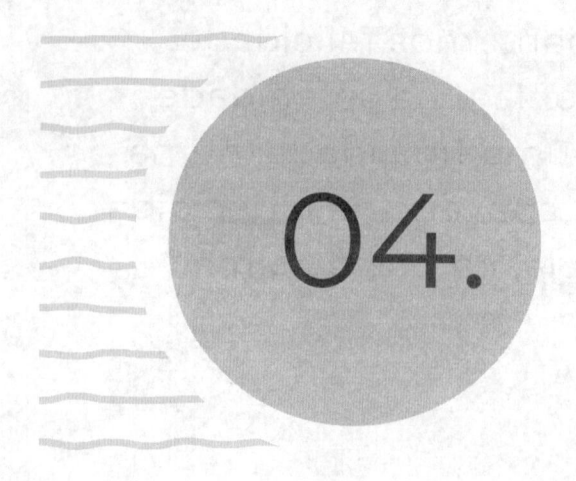

A FELICIDADE COTIDIANA

"É difícil se convencer de que se é feliz, assim como é fácil achar que sempre falta algo."
(Cecília Meireles)

A felicidade está — ou pode estar — em todos os lugares. Vamos a um exemplo singular: o futebol. Especialmente ao brasileiro, esse esporte traz emoções que se exprimem como epifania, delírio, êxtase, apelidos exagerados da felicidade. Afinal, futebol contém uma dose cavalar de exagero, para os torcedores. Vou contar uma história que me parece representativa.

No mesmo palco da tragédia de 1950, aquele "silêncio ensurdecedor" daria lugar, 54 anos depois, à gigantesca onda de "felicidade anunciada" que deixou na poeira do tempo o "Pra frente, Brasil", mantra patrocinado pelo regime militar na conquista do tricampeonato mundial de futebol, em 1970, no México. Era a torcida do Flamengo, quase 80 mil fanáticos em quase transe, comemorando por antecipação, e com justos argumentos, o título de campeão da Copa do Brasil de 2004. Tinham a mais perfeita noção de que viviam o gozo premonitório do paraíso na Terra. Afinal, o adversário era o Santo André, time de segunda divisão, ilustre desconhecido do futebol brasileiro. E o Flamengo, mesmo que naquele ano não fosse o melhor time do Brasil, sempre era favorito, em qualquer circunstância, contra qualquer adversário.

Nunca, até aquela noite de quarta-feira, 30 de junho de 2004, os cariocas foram para uma decisão de título com tal escancarado favoritismo, "favas contadas", nas manchetes da imprensa esportiva do Rio de Janeiro. Os "caipiras" de Santo André nem sequer eram tidos como "zebras". O Maracanã tremia e a torcida junto, apimentada pelo vozeirão de Ivete Sangalo no refrão estridente ecoando pelas arquibancadas: "Poeira, poeira, poeira... levantou poeira." À beira do gramado, em posição privilegiada, o veterano jornalista Daniel Pereira testemunhava tudo. Era, então, o assessor de imprensa do Santo André. Anos depois, ele registraria aquelas emoções no livro de memórias *O Esquife do Caudilho*[1].

Abro aspas.

Eu já estivera no Maracanã, mas era a primeira vez que pisava aquele gramado de tantas histórias. Dali, a visão da ensandecida torcida, em catarse coletiva, era de arrepiar, indescritível. Se o nome daquilo era felicidade não sei, mas pude entender claramente, ali, o significado do fanatismo que move torcedores de times de massa como Flamengo e Corinthians. A chegada da delegação paulista ao Maracanã foi cercada de medo e tensão entre os atletas e a minúscula torcida do Santo André, depois encolhida em um canto do estádio. O futebol, eu sei, tem mistérios que ainda hoje desafiam alquimistas, cientistas, filósofos e até mesmo a lei da gravidade. Aquela era uma decisão de cartas marcadas, com um previsível vencedor. Era Golias versus Davi. O time do milhão, valor da folha mensal de pagamento do Flamengo, contra míseros 150 mil do Santo André. Embasbacado, olhando aquela massa humana, veio-me à mente a velha crença de que o futebol "é uma caixinha de surpresas". E também me lembrei do Sobrenatural de Almeida, outra criação de Nelson Rodrigues. Belisquei-me. Pela simples razão de que, nem mesmo em seu pior pesadelo, havia a hipótese de outro desfecho para o torcedor flamenguista que não a vitória. Muito menos o mais ferrenho torcedor dos rivais cariocas poderia supor a tragédia que estava para ser encenada quando as cortinas do templo sagrado do futebol se abrissem. Mas, e sempre há um porém, como dizem os poetas, naquela noite em que a lua começava a ficar cheia de si, quem estava de plantão no Olimpo dos deuses do futebol era a poderosa Urucubaca. Não sei se sabem, mas a deusa do azar sempre aposta suas fichas no azarão. Eu não acredito, mas disso os gatos pingados que representavam a torcida do Santo André não sabiam e, puderam, finalmente, desopilar o grito de vitória quando o jogo chegou aos 2 a 0 e os flamenguistas começavam a deixar o Maracanã. Cabisbaixos, chorosos, iracundos, arrasados, envergonhados. E o delírio veio, registrado em todos os ângulos e imagens, quando um torcedor desfraldou timidamente a faixa que trouxera escondida e a abriu em direção às câmeras da TV

Globo. Nela, dizia: "Galvão (Bueno, o locutor), prepare-se para o milagre. Assinado: Santo André."[2]

Fecho aspas.

A hecatombe, documentada em todas as mídias, foi comparada pela crônica esportiva à frustração do Maracanaço de 1950. Não porque os fatores em jogo e as circunstâncias fossem absolutamente iguais. Na decisão da Copa do Mundo de 1950, ganhar era mantra obrigatório para os torcedores brasileiros, enlouquecidos pela campanha arrasadora da seleção. Até aí, tinham razão. Mas nas quatro linhas do jogo havia equilíbrio de forças entre as duas seleções finalistas. O Uruguai não era o Santo André. Ponto.

Verdade ou não, o que se viu quando a bola parou de rolar no gramado do Maracanã naquela noite de 30 de junho de 2004 serve, no mínimo, para lembrar que nesse imensurável laboratório de intermináveis experiências que é a vida, nem todas as lições que devemos aprender são ensinadas nos bancos escolares. Muitas vão se transferindo espontaneamente pela sabedoria popular, de geração a geração. No jargão do futebol, por exemplo, o jogo só acaba quando termina. Aquele nem havia começado. Essa, como arremata o então assessor de imprensa, testemunha *in loco* dos fatos foi a tônica da preleção do técnico Péricles Chamusca a seus atletas, poucos minutos antes de subirem as escadas para o campo: o Santo André chegara longe, não tinha mais nada a perder e, por isso mesmo, o Flamengo iria jogar pressionado pelo clima do "já ganhou". O resto dessa história todos sabem.

Mas ela não terminou, assim como muitas outras histórias que exaltam o poder de superação e permanecem na memória afetiva de quem as vive. O esporte é apenas uma faceta desse cotidiano que desvela, no calor da emoção, como realmente são as pessoas. Quando subverteu a lógica prevalente do devir, aquele grupo de profissionais do futebol proporcionou momentos únicos de felicidade a pessoas que nem sequer conheciam pessoalmente. Um deles, o hoje publicitário Mauricio Noznica, que anos depois resgatou, em entrevista ao jornal *O Globo*, o que para ele foi o momento de maior catarse daquela noite: "Quando o Elvis fez o segundo gol (aos 23 minutos), eu comecei a chorar. O menino do meu lado, coitado, imaginando que eu era flamenguista, ainda falou para mim: 'Não fica assim não, que o Flamengo é muito maior que esse time de terceira divisão.' Demorou alguns minutos até a ficha cair no Maracanã."

Na sua inocência de criança, o menino provavelmente não pretendeu humilhar o adversário na comparação que fazia. Papagaiava, certamente, o que o pai lhe transmitia como forma de minimizar o sentimento de frustração pela perda da felicidade premeditada, que compartilharia com a família e os amigos. Típico de torcedor de futebol. A reação à derrota é devastadora na mesma proporção, ou até mais, do que a expectativa otimista acalentada pela possibilidade de vitória. Emoções e sentimentos "são essenciais não só para a sobrevivência física individual, mas também para o êxito da espécie humana", já escrevia o neurocientista português António Damásio no livro que lançou no final do século XX[3]. Na obra, o autor aprofunda as pesquisas do filósofo holandês para concluir que "os sentimentos têm bases físicas, ou seja, originam-se no corpo, sendo *mapeados* no cérebro por intermédio dos sentidos".

O futebol, uma das paixões de cabeceira do brasileiro, insere-se como luva para ilustrar as teorias da ciência. Houve um tempo — quando a TV não transmitia os jogos — em que a emoção chegava ao público somente pela voz dos locutores esportivos de rádio. Muitos fizeram história, cada um com seu estilo — Geraldo José de Almeida, Pedro Luiz, Edson Leite, Osmar Santos —, mas nunca houve um narrador que "pintasse" a emoção como Fiori Gigliotti (1928–2006). Era o Van Gogh da narração esportiva brasileira. Como o artista holandês, que via além do que pintava, Fiori enxergava o jogo como se fosse o próprio torcedor, presente de corpo e alma ali no estádio. Não à toa ficou conhecido como o "locutor da torcida brasileira". Transmitiu dez Copas do Mundo. Em duas delas a seleção brasileira foi eliminada na fase de quartas de final. Na Espanha, em 1982, chamado de *dream team*, o Brasil caiu diante da Itália. E Fiori descreveu o gosto amargo da derrota quando o juiz apitou o final: "Tudo consumado, torcida brasileira. É um lindo sonho que morre... é uma bela ilusão que se desmancha."

Naquele exato momento, como se estivesse ouvindo o desabafo de Fiori na cabine da Rádio Bandeirantes do estádio Sarriá, em Barcelona, o repórter fotográfico Reginaldo Manente procurava a melhor imagem para a edição do dia seguinte do jornal em que trabalhava. Foi assim que nasceu a histórica foto do menino chorando, que ocupou toda a capa da edição de 6 de julho do extinto *Jornal da Tarde*. "A foto foi tirada no momento exato em que ele puxava ar para recomeçar a chorar, mas estava altivo, mostrando seu orgulho ferido", recorda-se Manente, que ganhou o Prêmio Esso daquele ano. O veterano repórter Vital Battaglia, do mesmo jornal, ao ver a foto que Manente acabara de enviar para a redação, em São Paulo, não conteve a emoção e chorou copiosamente. Mas, "agora não adianta chorar", dizia Fiori Gigliotti em um de seus consagrados bordões. Ironia do futebol, porém, nem ele foi capaz de segurar no peito as lágrimas de dolorida tristeza quando em 1986, na Copa do México, narrou mais uma eliminação da seleção brasileira. Caímos nos pênaltis diante da França. O áudio que registrou para a história do rádio aquele comovente momento está disponível no YouTube[4], porque não há como descrever com imparcialidade tamanha carga de emoção.

Era só um jogo de futebol. Mas há outras cargas emocionais poderosas na história do nosso esporte. O mundo se lembra da comoção compartilhada por milhões de pessoas em todos os continentes quando Ayrton Senna[5] encontrou a morte na curva Tamburello do circuito italiano de San Marino. As manhãs de domingo nunca mais foram as mesmas. Os brasileiros, que aprenderam a gostar de Fórmula 1 com Emerson Fittipaldi e Nelson Piquet, ficaram sem referência e a TV, que detinha impressionante índice de audiência, acabou abrindo mão da exclusividade nas transmissões das corridas. Em 1991, um mês depois que Senna conquistou o tricampeonato, 40% dos leitores entrevistados pelo jornal *O Globo* elegeram o piloto como o maior ídolo do esporte brasileiro. "Não importa se ele foi o melhor, o que importa é a felicidade que ele deu a todos os brasileiros. Os domingos tinham sabor de vitória", disse Helena Seyed-Kazemi, brasileira que à época morava em Londres, em enquete feita pela BBC Brasil dez anos após a morte do piloto. Outra entrevistada, M., de Vargem Grande do Sul/SP, não conseguiu esconder seu inconformismo. "Nunca mais fui a mesma pessoa, minha vida simplesmente perdeu o sentido de ser, ainda choro de tristeza misturada com raiva porque nunca aceitarei essa perda, viva o tempo que viver."

~

Tristeza e alegria, dicotomia que Fiori fazia transbordar com a mesma força, emoção e espontaneidade, é o que sustenta o fio condutor, a mola mestre de todos os propósitos de vida das pessoas. É nesse binômio que se equilibram, de um lado, as ilusões dos "guizos falsos da alegria" que Sílvio Caldas (1908–1998) canta belamente em "Chão de Estrelas". De outro, as lições de expectativas frustradas pela tristeza, "como uma onda no mar", metáfora que Lulu Santos usa com rara felicidade (aí está ela!) para falar da efemeridade da vida. A ciência já demonstrou sobejamente como determinados comportamentos emocionais são capazes de oportunizar reações imprevisíveis. As emoções têm linguagem própria. O psicólogo norte-americano Paul Ekman, estudioso do assunto, registrou em suas pesquisas que o principal gatilho da tristeza é o sentimento de perda. Mais: quando não é reconhecida por aquele que a sente, a tristeza pode manifestar-se pela raiva. E, como também nos lembra Guimarães Rosa no conto *A Hora e a Vez de Augusto Matraga*, tristeza é "aboio de chamar demônios".

Mas, afinal, sendo assim, de que demônios poderia estar a dizer para seus leitores de hoje o prosador de Codisburgo se, na correria louca do inefável *wishful thinking* nem sempre é possível identificar quem "são os outros" do inferno de Sartre? *Entre Quatro Paredes*, a peça teatral do escritor francês que desvenda a intimidade de pessoas nem tão próximas, pode ser entendida de vários ângulos, mas, no que interessa a este livro, nada mais é do que um debate proposto pelo filósofo em que ele deixa claro (para quem tem olhos de ver e ouvidos de ouvir) que a vida é feita de escolhas. Ah, sim, as escolhas. "Você é livre para fazer suas escolhas, mas é prisioneiro das consequências", dizia Pablo Neruda. Toda verdade em uma só linha que muitos entendem, mas se recusam a aceitar, como foi o caso de Raul Seixas, que preferia "ser metamorfose ambulante do que ter aquela velha opinião formada sobre tudo".

A TV e as redes sociais reprisaram ao limite as cenas da tragédia que levou mais um ícone da cultura musical brasileira, a cantora e compositora Marília Mendonça. E aqui, quando me refiro à overdose midiática, não o faço pelo viés do juízo de valor. Afinal, vivemos em um país de diversidades, mas também de contradições que, ironicamente, se identificam no luto. Em ocasiões assim é comum que as opiniões extrapolem a tênue linha que separa a realidade do achismo gratuito. À parte a espetacularização da triste notícia, porém, poucas manifestações da chamada crítica especializada revelaram quem foi, de fato, a artista que ficou conhecida como "rainha da sofrência". Talvez não tenha sido o único, mas o sensato cronista Joaquim Ferreira dos Santos[6] traçou um perfil coerente do legado da cantora, que já vinha se ombreando em talento a grandes nomes da cena musical feminina brasileira, como Marisa, Anitta, Adriana Calcanhotto e Marina, e que "agora ri dessa existência bagaceira onde todos correm atrás do que possa ser felicidade". O cronista faz alusão ao legado de Marília, a estrela "que reposicionou a questão feminina e, de mulher para mulher, cantou a nova ordem".

Na linha de frente dessa "nova ordem" está o empoderamento das mulheres que, entre outras conquistas, vem derrubando barreiras seculares — uma delas, quando assumem os mesmos ônus e bônus decorrentes da ascensão a postos de visibilidade na área profissional, até então restritos ao campo machista. Demorou, porque, há quase um século Simone de Beauvoir, empunhando a pioneira bandeira do ativismo feminino, já mostrava o caminho das pedras: "É pelo trabalho que a mulher vem diminuindo a distância que a separava do homem. Somente o trabalho poderá garantir-lhe uma independência concreta." Nesse aspecto, é inegável a força da internet e o impacto de sua capilaridade. Ferramenta imprescindível nessa cruzada, a web expõe, com a mesma intensidade, os meandros das vicissitudes e idiossincrasias do cotidiano humano, aqueles tais "segredos de liquidificador" que Cazuza jamais revelou.

Na linha do tempo, esse vendaval de comoções provocado pela morte de celebridades do mundo artístico ganha proporções incontroláveis e traz à tona histórias que comprovam como é importante o papel desempenhado pelo ídolo e a responsabilidade que ele carrega como formador de opinião porque, afinal, nesse tipo de escolha, gosto não se discute. Imaginem que, já no longínquo ano de 1952, uma incontável massa de fãs, que nem sequer o conheciam pessoalmente, acompanhou em transe de histeria os funerais do cantor Francisco Alves, o "Rei da Voz"[7]. Naqueles tempos, o contato dos fãs com seus ídolos restringia-se aos programas de auditório das emissoras de rádios e, eventualmente, a algum baile de debutantes ou showmícios políticos. A edição do jornal *O Dia* de 29 de setembro de 1952 estimava que cerca de 200 mil pessoas compunham "aquela fabulosa massa humana ligando-se ao destino de um artista por vínculo do mais profundo sentimentalismo, que até parecia não ter morrido apenas um seresteiro de alta classe, mas um místico de poderosa influência sobre a multidão deslumbrada".

∼

Não será mera coincidência a semelhança que tal descrição guarda em relação aos eventos da mesma natureza nos dias atuais, em que, carentes de ídolos ou heróis, referências com quem possam compartilhar o lado bom da vida — a tal felicidade de vitrine, enfim —, as pessoas os acabam encontrando em alguma esquina da realidade paralela. A diferença, olhando para o passado, é que os artistas do rádio — incluídos os intérpretes de audionovela — eram idolatrados pelo público. Não se pagava por afetos nem reciprocidade. Aqueles artistas eram do tipo que, como se diz hoje, "a gente gosta de graça". Quando um deles morria, ainda mais de maneira trágica, como no caso do Rei da Voz, o sentimento da perda era como se o artista fosse do círculo familiar. Aquela usina que espontaneamente produzia felicidade para pobres mortais, transformou-se — e isso é compreensível — em monumental caleidoscópio que mistura os que cantam, os que rebolam na televisão, em reality shows, e arrastam milhões de seguidores nas redes sociais.

Aparentemente, Marília Mendonça vinha sendo o tal "ponto na curva" desse universo em que, dependendo do grau de aproximação, a empatia é capaz de mudar as perspectivas de vida dos fãs mais obcecados pelo ídolo. No seu último show, na cidade de Sorocaba/SP, Marília levou para o palco uma menina portadora de síndrome de Down. Na plateia estava um vendedor de pipocas que garantiu ter superado "dois anos de depressão ouvindo as músicas da cantora, única coisa que o fazia levantar da cama"[8]. Pouco antes de embarcar para o voo fatídico, Marília divulgou o clipe em que interage com vários fãs por telefone. "Tudo o que acontece na minha vida eu devo a vocês."

A recíproca parecia verdadeira. E mostrou que a empatia é um mecanismo inerente aos humanos e que, assim como andar de bicicleta, precisa ser exercitado regularmente. É isso que talvez explique a relação de cumplicidade entre a cantora e seus fãs. Lendo as notícias dos dias que se seguiram à tragédia, impressiona ver como funcionava a simbiose coletiva dos dois lados, movida pela força que exalava das mensagens de resiliência, superação e otimismo cantadas por Marília. Algumas delas, registradas pelo portal *BBC News Brasil*[9], resumem a eloquência dessa relação: "As músicas da Marília me empoderaram", "A amiga que dá bons conselhos", "Me ajudou a superar a ansiedade", "Mulher real", "Sem imaginar, ela me consolou. Me ouviu", "Parte da minha vida", "Gente como a gente", "Nunca gostei de sertanejo, mas me rendi por pura identificação".

Uma das melhores frases que definem o preconceito intelectual é aquela em que ao pedir a opinião de alguém a respeito de determinado livro ou filme a pessoa responde, laconicamente: "Não li, não vi e não gostei." É triste dizer, mas não surpreende ver que pessoas de respeitável currículo pessoal e profissional, formadoras de opinião, tenham manifestado tal ranço no episódio da morte de Marília Mendonça. Em um país de expressiva diversidade cultural e musical como o Brasil, não é crime não gostar de sertanejo, rap, axé ou funk ou música clássica. Mas é quase impossível ficar indiferente à existência desses artistas, tal a exposição e visibilidade que eles têm na mídia. O jornal *The New York Times*, ao repercutir a tragédia da cantora, lembrou que "alguns, nos círculos cosmopolitas do Brasil, desprezam as baladas country de Mendonça e as consideram brega ou cafona".

Então, sendo só "alguns", vale dizer que quem gosta de música brega ou cafona é uma pessoa feliz, mesmo que não seja *ad aeternum*, como teoriza o filósofo Edgar Morin. O pensador francês, que chegou ao centenário de vida em 2021, faz uma abordagem peculiar em relação ao tema. Conhecido como estudioso da complexidade humana, Morin nos ensina que a (busca pela) felicidade não deve ser vista como um problema a ser resolvido no cotidiano da vida. Segundo ele, a felicidade é motivada por algo frágil, passageiro. É assim no amor, ele diz. Se uma das pessoas morre, ou rompe a relação, a outra vai rapidamente da felicidade à infelicidade. Em resumo, para Morin, não se pode sonhar com uma felicidade contínua para a humanidade. "É impossível, porque a felicidade depende de uma soma de condições. Mas se você viver poeticamente encontrará a felicidade."

Bem antes de o filósofo chegar a tal reflexão, em 1953 a criatividade dos poetas/compositores brasileiros João de Barro (Braguinha) e Antônio Almeida já nos ensinava que "quase sempre o que nos dá felicidade são as coisas mais simples da vida". A moda pegou e, hoje, um modesto e anônimo adepto das teorias de Edgar Morin, o mineiro Afonso Martins, alfaiate de primeiro pano e tocador de viola caipira, responde com improviso de poeta repentista quando lhe pergunto o que é felicidade.

Se ocê prometer não ispaiá
Seu moço ieu vô te conta
Felicidade é uma criança pedalando
É um velho decrépito gargalhando
É a velha desdentada fofocando

> *É a moça no rio se banhando*
> *É a mãe a criança amamentando*
> *É um dia de trabalho se acabando*
> *É a noite com estrelas lumiando*
> *É a margem de um rio transbordando*
> *Seu moço, essa tal felicidade*
> *Nem depende da nossa vontade.*

Seria essa a felicidade das pequenas coisas? Para o escritor norte-americano Dale Carnegie (1888–1955), que nos primórdios do século passado foi incensado como precursor e referência dos atuais gurus de autoajuda, "a felicidade não depende do que você é ou tem, mas exclusivamente do que você pensa". Nessa seara, era pragmático: "Sucesso é conseguir o que você quer, felicidade é gostar do que conseguiu." Estaria Carnegie falando de um tipo de felicidade análoga à internet das coisas?[10] A cineasta brasileira Thais Fujinaga arriscou responder a essa inquietação no longa-metragem *A Felicidade das Coisas*, lançado em outubro de 2021 na 45ª Mostra Internacional de Cinema de São Paulo. O filme retrata o microuniverso de uma família da classe média que investiu na compra de uma casa de praia, mas ficou sem condições materiais e afetivas para usufruir o bem adquirido. A trama gira em torno dos perrengues que transformam o cotidiano da família num inferno. O crítico de cinema Enrico Souto considerou a mensagem final dúbia "porque não há como concluir se a busca por essa felicidade vale ou não o seu preço". Mas o enredo da diretora Thais Fujinaga tem, sim, a sua "moral da história". Ela autentica o que afirmava Dale Carnegie e deixa evidente que, quando se trata de felicidade, querer e poder são coisas bem diferentes. Assim, como nestes desassossegos de Fernando Pessoa: "Querer não é poder. Quem pôde, quis antes de poder só depois de poder. Quem quer nunca há de poder, porque se perde em querer."

Esse jogo de palavras que coloca sucesso e felicidade como "inimigos íntimos" lembra uma das mais antigas indagações da humanidade: quem veio primeiro, o ovo ou a galinha? Para a psicóloga Camila Cury, especialista em educação socioemocional, "a felicidade tem de ser algo inteligente" e pode ser construída pelo autoconhecimento a partir da educação no lar. "Quanto mais cedo a gente ensinar que o foco não está no que precisamos ter, mas na consciência do que já temos, melhor." Segundo ela, "a felicidade é o caminho para o sucesso" e não o contrário. Todavia, tomemos a felicidade como circunstância efêmera de um mundo moderno em que "nada foi feito para durar", conforme nos diz o sociólogo polonês Zygmunt Bauman (1925–2017). Em seu legado como estudioso das relações humanas, Bauman desenvolveu o conceito que ficou conhecido como modernidade líquida, expressão que pode ser entendida como o *tempo histórico atual*. A princípio, isso cheira a bicho de sete cabeças. Mas não é.

No *tempo histórico do passado*, que vai até meados do século XX, vivia-se a modernidade sólida. O mundo se movia como se fosse um gigantesco tabuleiro de cartas marcadas pela tradição, usos e costumes. (Certamente o sociólogo está falando aí das sociedades organizadas, e não daquelas tribos de antanho que ainda faziam fogo por atrito, riscando pedras.) A ebulição social que já vinha interferindo nesse *modus vivendi* dos povos desde as últimas décadas do século XIX acabou se espraiando sem controle com a Segunda Guerra Mundial. A quebradeira geral na economia, o advento de novas tecnologias e a globalização promoveram, segundo Bauman, um corte visceral nas relações sociais e de consumo. O coletivo deu lugar ao individualismo das redes sociais, no qual prevalecem as conexões superficiais e as oportunidades são imprevisíveis e incontroláveis. Esse é o tempo da modernidade líquida, diz Bauman, "que gera ansiedade e a sensação de ter perdido algo".

Usar a metáfora do "líquido" foi o achado de Bauman, considerando que nesse estado da matéria as conexões moleculares são mais frágeis do que as do sólido. Porém — e que alívio! —, mais fortes do que as moléculas em estado gasoso. Ainda bem, porque, nesse ritmo em que a modernidade líquida vem fluindo, não será surpresa se aparecer um outro criativo cineasta com a edição atualizada do filme *E Assim Caminha a Humanidade*. Por que trago à baila esse épico do cinema? Exatamente porque o filme (*Giant*, no título original), do premiado diretor George Stevens, lançado em novembro de 1956, retrata um dos cenários abordados por Bauman quando ele fala da transição da modernidade sólida para a modernidade líquida. O elenco, com monstros sagrados da época — Elizabeth Taylor, Rock Hudson, James Dean — e os sets de locação, ofuscam a mensagem do filme que é, justamente, a de mostrar as mudanças sociais e econômicas do período. Ali estão, mesmo que, para alguns, subliminarmente, a ruptura de mentalidade entre as gerações dos personagens, as críticas à guerra e suas contradições, a corrida pelo petróleo, o "ouro negro" que substituiria a cultura agropecuária, a usurpação das terras indígenas, o preconceito em relação aos imigrantes mexicanos. Uma curiosidade trágica marca essa produção: a morte de James Dean, aos 24 anos, em acidente de carro pouco depois de ter gravado sua última cena no filme. Coincidência, ou não, o *Rebelde sem Causa* (*Juventude Transviada*, no título em português do filme lançado após sua morte) encerrou a carreira fazendo aquilo que gostava de alardear, usando uma frase que, segundo o crítico de Cinema, Luiz Nazário[11], o ator ouviu do diretor Nicholas Ray: "Viva rápido, morra jovem e tenha um cadáver bonito." Viveu poeticamente, terá encontrado a felicidade, como sustenta Morin?

Verdade ou mito, a frase é lapidar e poderia mesmo ter sido colocada como epitáfio no túmulo do ator no Park Cemetery, em Indiana. Ela me faz lembrar de uma outra, atribuída a Eça de Queiroz, que serve de epígrafe para a estátua de uma mulher nua em uma das principais praças de Lisboa: "Sobre a nudez crua da verdade, o manto diáfano da fantasia." Possivelmente, a frase remete à parábola da verdade saindo do poço[12].

A pergunta que fica, diante da estupefação popular pela morte precoce ou trágica de celebridades, é a mesma que atordoa os fãs e se repercute pela mídia: por quê? Acaso a fama faz mal? Não estavam prontas para administrar a felicidade que o sucesso lhes concedia? Teriam radicalizado no uso do *no pain, no gain*, ou, em tradução livre, "é preciso conhecer a dor para merecer a felicidade"?

Difícil crer que alguém se satisfaça com a felicidade que se assemelha a uma "vitória de Pirro"[13]. Afinal, como é que Almir Sater e Renato Teixeira explicariam aquela história de que "cada ser em si carrega o dom de ser capaz, de ser feliz"? Tudo isso, obviamente, são reverberações de lições e aconselhamentos da filosofia estoica, que se assentam no que disse Sócrates: "A vida não examinada não vale a pena ser vivida."

Leio, em algum lugar, que aceitar a dor ajuda a pessoa a ser mais feliz. A mim, soa estranho que a dor ajude a reconhecer o prazer. Ou, ainda que, "suportar a dor o torna digno de uma recompensa". Para embaralhar um pouco mais, Proust nos diz que "a felicidade é benéfica para o corpo, mas é a dor que desenvolve os poderes da mente". Como não sou filósofo, prefiro resgatar o recado que Belchior deu em 1976: "A minha alucinação é suportar o dia a dia, e meu delírio é a experiência com coisas reais." Para tentar entender esses paradoxos que ocupam a cabeça de milhões, além da minha, recorro à lucidez do filósofo contemporâneo francês André Comte-Sponville (1952) em seu opúsculo *Le bonheur, désespérément*[14].

Não é um livro de autoajuda. Mas ajuda e muito! O texto contém a íntegra de uma conferência-aula em que Sponville viaja pela história da Filosofia e mostra (citando Montaigne, filósofo do século XVI, seu guru de cabeceira) que "não há ciência tão árdua quanto a de saber viver bem e naturalmente esta vida". Explica e questiona: "Essa ciência não é uma ciência no sentido moderno do termo. É antes uma arte ou um aprendizado: trata-se de aprender a viver; apenas isso é filosofar de verdade..."

Aprender a viver? Seja. Mas então não podemos evitar o verso de Louis Aragon (1897–1982): *Le temps d'apprendre à vivre il est déjà trop tard*... (Quando aprendemos a viver já é tarde demais), popularizada em canção gravada por Georges Brassens. A frase original é de Michel de Montaigne (1533–1592), em seu livro *Os Ensaios*. Milan Kundera diz mais ou menos a mesma ideia no livro *A Insustentável Leveza do Ser*, ao mencionar que a vida é um ensaio.

Se estivesse presente àquela aula magna de Sponville, eu gostaria de ter perguntado a ele:

— Mestre, o senhor também falou daqueles milhões de pessoas desempregadas, que vivem à beira do abismo da vida, que, disse Chico Buarque, ficam "esperando o trem, esperando a sorte, esperando a morte". Quais as perspectivas de felicidade para essa gente?

E ele responderia com o que escreveu em seu livro:

— (Esse)... é mais grave: é o exemplo do desemprego. Todos compreendem que o desemprego é uma desgraça, e ninguém se espantaria se um desempregado lhe dissesse: "Como eu seria feliz se arranjasse trabalho!" O desemprego é uma infelicidade. Mas onde já se viu o trabalho ser uma felicidade? Quando você está desempregado, principalmente se o desemprego dura muito, você pensa: "Como eu seria feliz se tivesse um trabalho!" Mas isso só vale para quem não tem. Para o desempregado, o trabalho poderia ser uma felicidade; mas, quando você tem um trabalho, o trabalho não é uma felicidade: o trabalho é um trabalho[15].

Em suma, Sponville chama a isso de "felicidade em ato", isto é, desejar o que temos, o que fazemos, o que é, ou seja, aquilo que não falta. Fundamentalmente, uma ideia de Platão.

E a epígrafe que Dante colocou na porta do inferno da Divina Comédia: "Abandonai toda esperança, vós que entrais!"? Qual é o significado dela? Bobagem, diria Sponville: "Como querer que os danados não tenham esperança?"[16]

Com esse mote voltemos ao que nos trouxe até aqui, quando abordávamos o conceito da dor que, para Sponville, seria algo imprescindível à felicidade. (Lembrando que assim também falava Espinosa: dor e felicidade são dois lados da mesma moeda.) A sutileza dessa dicotomia — para não perder de vista a essência etimológica de filosofia — pode ser constatada na fábula *A primeira Dor*, da coletânea de contos "Um Artista da Fome", última obra de Kafka. É a história do trapezista que literalmente mora lá em cima, de onde só desce quando o circo vai para outra cidade. Numa dessas mudanças, ele, que em busca da perfeição jamais se queixara daquela vida, revela em prantos ao dono do circo que precisa de mais um trapézio, pois aquele que tem já não o satisfaz.

É clichê, mas vá lá: há sempre uma primeira vez para tudo na vida. A começar pelo ato de sair da bolha em que ficamos até ver os primeiros raios de luz. A ciência ainda não descobriu se o nascituro registra e guarda no subconsciente momentos de dor ou de felicidade. As dores do parto são exclusividade da mãe. O momento mágico também é só dela. O discurso é praticamente o mesmo: "A felicidade que o parto proporciona se compara a poucas coisas, ou melhor, a nenhuma."[17]

Aos que nascem, a natureza só reserva a inalienável certeza da morte. Até lá, é a vida que vai se movendo com seus contrastes e paradoxos, numa bola de neve em que até a primeira vez, seja lá o que for, pode parecer *déjà*-vu. Já falamos disso por aqui naquela história do grafiteiro que pintava os muros da cidade perguntando "qual foi a última vez que você fez alguma coisa pela primeira vez?". Copio a ideia: Qual foi a primeira vez que você foi atrás de fórmulas mágicas, receitas estrambóticas, conselhos espirituais e mandingas, em busca da tal felicidade, tipo um Indiana Jones maluco correndo atrás do graal no rabo do arco-íris? Deu certo? Então, parabéns, porque você é um alienígena. Por aqui, a pessoa quando nasce é simplesmente uma *tábula rasa*[18], ou simplificando, uma folha em branco que deve ir sendo preenchida à medida que se amealham experiências, *savoir-faire, know-how*. O conceito, que vai na contramão do que preconizavam filósofos da antiguidade, foi esmiuçado por John Locke (1632–1704), pai do empirismo britânico em seu *Ensaio acerca do Entendimento Humano* (publicado em 1690).

E a dor da paixão, o que fazer com ela? O sábio Catulo da Paixão Cearense, que não por acaso tem tal sobrenome, respondeu isso há muito tempo. Lá pelo início do século XX, ele já antecipava Sponville quando fez a belíssima letra da canção "Ontem ao Luar": "A **dor da paixão** não tem explicação... é **mister sofrer** para se saber o que no peito o coração não quer dizer." (Grifos do autor.)

Seja pela frustração no amor ou causado por outras circunstâncias, o sofrimento de que fala o compositor maranhense nos leva a deduzir que ele seria cabalmente justificado como um sinal da vontade divina. O mistério da fé tem muitos sinônimos. Um deles pode ser chamado de felicidade. É poderosa bengala que as religiões tradicionais e todas as outras denominações do campo espiritual usam para manter a unidade do rebanho e ampliá-lo. É, para os que creem, o caminho mais curto para Deus, que, nas palavras do Papa Francisco, colocou "no coração de cada homem e de cada mulher o desejo irreprimível de felicidade e de plenitude".

A temática é tão cara para a garimpagem de almas que ele mesmo, Francisco, se rendeu à *blitz* marketológica do Dia Mundial da Felicidade e, em 2019, mandou publicar no portal oficial do Vaticano o decálogo com suas reflexões[19].

Não custa repetir: felicidade é uma commodity de primeira ordem que atrai o interesse de todo ser que respira e que aspira pela vida que pediu a deus e por ele lhe foi prometida. Buscam-na pela fé, vão atrás do santo, mesmo sem a absoluta certeza do milagre. E são muitos(as). Em janeiro de 2020, segundo levantamento publicado pelo Datafolha, os católicos eram 50%, os evangélicos somavam 31%, sem qualquer religião eram 10%. Do resto, havia 1% de ateus declarados, 3% de espíritas, 2% do candomblé e umbanda, 2% de alternativas (Rasta Daime, Cientologia, Happy Science e Satyaprem/Osho etc.) e de judaísmo, 0,3%.

Impossível mensurar, e certificar-se da espontaneidade, mas uma leitura diagonal por publicações de cunho religioso leva a muitos depoimentos de pessoas que dizem ter encontrado a felicidade dentro da religião. Cabe aqui, a meu juízo e curiosidade, uma analogia com o enigma do biscoito: essas pessoas são felizes porque têm uma religião ou é a religião que as faz felizes? E "não acreditar em Deus", como teoriza o filósofo e neurocientista norte-americano Sam Harris, também seria um "atalho para a felicidade". Que tal ver se na prática a teoria funciona?

Centro velho de São Paulo. Praça da Sé, sol a pino, segunda-feira de ressaca, caras amarradas, pandemia da Covid batendo na casa dos 620 mil mortos. A alguns metros do acesso à estação do metrô, o cidadão, terno bem cortado, óculos escuros, megafone em punho, voz empostada, repete como agulha engasgada na vitrola: "Ele está voltando! Ele prometeu. Já posso ver os seus sinais!" Ao lado, o painel improvisado expõe em letras garrafais os salmos da salvação, que prometem felicidade geral e, claro, a porta do paraíso. O "enviado do Messias", como ele se identificava, convida os transeuntes a cantar: "Glória, glória, aleluia, glória, glória, aleluia... vencendo vem Jesus". Um gaiato, vestido de gavião, corta a euforia do irmão e grita: "Vai, Corinthians." O bordão ecoa pela praça. Ali vai um sujeito feliz, a ver pela manchete dos jornais expostos na banca ao lado, que destacam a vitória do Corinthians contra o Santos, no dia anterior.

O enviado faz cara de paisagem. Mantém a fleuma. "Tua é a glória, minha irmã", diz o "pastor" para uma mulher que se aproxima, com uma vasilha de plástico desgastada em busca do que comer. "Glória não enche barriga", diz ela. Ele: "Eu sou o pão da vida, aquele que vem a mim nunca terá fome; aquele que crê em mim nunca terá sede (João, 6:35)". "Onde fica a tua igreja?", replica a mulher. "Me leva lá, preciso de uma sopa, pois que não como há três dias." "Irmã, veja ali", apontando para o painel dos salmos, "o Senhor nos diz, vamos ler juntos: Feliz aquele que se regozija nas alegrias do Senhor. Por isso, por amor de Cristo, regozijo-me nas fraquezas, nos insultos, nas necessidades, nas perseguições, nas angústias. Pois, quando sou fraco, é que sou forte (2 Coríntios, 12:10)."

Ninguém ficou sabendo se o Messias anunciado pelo cidadão apareceu naquele dia. Talvez viesse no dia seguinte. Quem sabê-lo-ia? Mas o tal cidadão estaria sempre ali, como arauto da felicidade prometida. Quanto à mulher, foi resgatada por um padre que estava sempre por ali recolhendo as misérias alheias. Eis o retrato minimalista da realidade. Visto pela perspectiva da religião, ele nada tem em comum com as premissas bíblicas estabelecidas no Sermão da Montanha, assim chamadas de bem-aventuranças. No bom e velho *Caldas Aulete*, isso quer dizer: **1.** Felicidade completa, perfeita. **2.** A felicidade eterna, que os bem-aventurados gozam no céu. **3.** Cada um dos oito preceitos que Jesus Cristo pregou aos seus discípulos e ao povo para poderem os homens alcançar a felicidade.

Textos bíblicos, sabemos, são conhecidos pela riqueza de parábolas, aforismos, recados subliminares e metáforas. Os critérios de entendimento ou interpretação desses preceitos ficam por conta do livre-arbítrio de cada um ou pelo grau de fé e religiosidade que carregam. Mas até que ponto a religião influencia a vida das pessoas, tornando-as "mais felizes" do que aquelas que não têm qualquer tipo de crença? Em artigo que escreveu na conceituada revista eletrônica *The Conversation*, dos EUA, o professor Kayonda Hubert Ngamaba, da Universidade York, do Canadá, divulgou estudos que fez entre 1981 e 2014 para descobrir se os níveis de felicidade e satisfação de vida são os mesmos em diferentes religiões. "Nossos resultados sugerem que protestantes, budistas e católicos romanos são mais felizes e satisfeitos com suas vidas, comparados com outros grupos. Judeus, hindus, muçulmanos e os não religiosos estão no meio-termo, enquanto cristãos ortodoxos apresentam os níveis mais baixos de felicidade e satisfação com suas vidas."[20]

O tema tem sido alvo de muitas pesquisas ao redor do mundo. Os pesquisadores convergem para a mesma conclusão central: o comprometimento com a fé — por sua religiosidade e/ou espiritualidade — proporciona a sensação de uma vida feliz para as pessoas porque elas saberiam lidar melhor com situações adversas. As pessoas frequentam a igreja, o templo evangélico ou se agarram ao candomblé e à umbanda porque acreditam umas, que a religiosidade as aproxima de valores positivos e as fazem sentir-se inseridas no contexto de comunidade; outras, porque entendem que a espiritualidade explica eventos que estão à margem ou acima dos dogmas das religiões tradicionais e nela buscam o sentido de viver.

Numa abordagem diferente da do pesquisador canadense, em 2019, o Pew Research Center, dos Estados Unidos, divulgou um estudo global a respeito da relação entre religiosidade e felicidade. Pelos dados coletados nos EUA e em mais de duas dúzias de países, "as pessoas que são ativas em congregações religiosas tendem a ser mais felizes e mais engajadas civicamente do que adultos não afiliados à religião ou membros inativos de grupos religiosos". Embora constate a conexão entre religiosidade e felicidade, o estudo não crava com absoluta convicção que o fato de ir à igreja ou ao templo tenha influência direta na melhoria de vida das pessoas. "Em vez disso, pode ser que certos tipos de pessoas tendam a ser ativos em vários tipos de atividades (tanto seculares quanto religiosas), muitas das quais podem fornecer benefícios físicos ou psicológicos. Além disso, essas pessoas podem ser mais ativas em parte porque são mais felizes e saudáveis, e não o contrário."[21]

Mas, pensando bem, até onde vai a credibilidade desse tipo de pesquisa? Quais são mais confiáveis: essas aqui retratadas, que abordam tema muito mais complexo, ou as pesquisas eleitorais? A provocação vem a propósito de uma declaração do Papa na Praça São Pedro: "É melhor viver como ateu do que ir à igreja e odiar os outros." O líder da igreja católica fazia referência aos "hipócritas que rezam para ser vistos pelas pessoas". O Papa não redescobriu a pólvora, mas na boca dele qualquer manifestação polêmica faz diferença. Aqui, no sertão da Paraíba, o padre Djacy Brasileiro, blogueiro na internet, não dá trégua quando os identifica no seu rebanho. "São cristãos da boca para fora. Bem profetizou Isaías sobre vós, denunciando: 'Este povo me honra com os lábios, mas seu coração está longe de mim.' (Isaías 58: 5-9)."

Nas missas de antigamente era praxe as pessoas ilustres da cidade serem convidadas a sentar nas primeiras fileiras de bancos, de frente para o altar da igreja, de modo que pudessem ser identificadas pelo celebrante. A deferência nada mais era do que a outra via da mão dupla do acordo tácito em que a Igreja deixava visíveis seus patronos e filantropos — ruralistas, políticos, autoridades, profissionais liberais de prestígio, negociantes sem diploma nem cultura, mas com muito dinheiro e tementes a Deus. Conta-me um velho amigo e ex-coroinha, que nos anos 1960, ao assumir a diocese de uma cidade no interior paulista, o novo bispo quis mudar esse *status quo*. Transcrevo, sem mexer uma palha:

> *Na primeira missa, com toda pompa e circunstância pertinentes à cerimônia que o entronizava no cargo, o bispo fazia uma homilia vigorosa em que defendia a união da comunidade, os direitos humanos e justiça social. Na catedral lotada, ninguém ousava sequer tossir, costume dos mais velhos. Só se ouvia a voz do pastor. E o silêncio ficou sepulcral quando, de repente, o bispo começou a criticar aquelas ovelhas que se comportavam como hipócritas, por ele nominados de "cristãos atrás da porta", numa indireta mais do que óbvia aos distintos cidadãos de primeira classe que ali estavam. Recado dado, a vida continuou sem percalços na paróquia. Até porque, o reverendíssimo só celebrava missas em datas especiais ou quando ele mesmo se agendava.*

Narrativas semelhantes corriam o país no século passado. Nelas, a bem de verdade, observa-se um aspecto comum a quase todas: a benemerência como moeda forte na busca da felicidade eterna, era chamada de esmola e não se restringia apenas a doações para a igreja, mas também a instituições de caridade, de saúde e em "investimentos" nas áreas sociais. A praxe predominava entre os barões do café e, não raro, essa reciprocidade de interesses era sacramentada no testamento dos benfeitores, como o que se extrai da pesquisa elaborada pelo historiador Paulo Sérgio Quiossa[22].

> *... A prática da caridade saía do círculo das irmandades e ganhava o meio social... A dinâmica cristã do auxílio ao próximo se concretizava em atos de doações de diversos gêneros alimentícios e em dinheiro para instituições que abrigavam crianças órfãs e mendigos. As pessoas, assim, buscavam preparar uma passagem para a vida eterna, acreditando estar libertando sua alma de todas as armadilhas terrenas, como o egoísmo, a vaidade e o orgulho. Doar uma parte de seus bens garantiria a segurança da salvação.*

Já no final de sua exposição, Quiossa anexa cópia do testamento original da Baronesa de Bertioga, mulher de um barão do café de Minas Gerais, que mantinha 350 escravos em sua fazenda. A mulher descreve seu currículo de religiosidade, elenca desejos finais, autoriza a libertação de alguns escravos, anuncia a doação de esmolas para uma série de instituições e, como derradeira precaução para garantir que seu passaporte para o céu não seja postergado, arremata: "Lego à minha antiga igreja Matriz de Simão Pereira a quantia de duzentos mil réis para ajuda de conservação e decência da mesma, e bem assim duzentos mil réis para a Matriz de Santo Antônio D'esta cidade... Declaro que, de acordo com meu marido comendador José Antônio da Silva Pinto, e debaixo de sua direção, construímos nesta cidade a Capela do Senhor Bom Jesus dos Passos, a qual acaba de ser construída e completamente paramentada como se acha."

Precursora há mais de 500 anos dessas gambiarras imobiliárias — as tais "indulgências" da Idade Média — que vendem a fé como trampolim para a felicidade, no caso o reino dos céus, a igreja católica não renovou seu repertório e, nesse quesito, vem perdendo terreno na concorrência com as evangélicas. Mas isso, hoje, é só um detalhe que provavelmente não fará diferença para saber se e qual a religião verdadeiramente tem poder de encaminhar seus seguidores à porta da felicidade. O que se sabe é que o mapa da fé no Brasil já não é o mesmo da virada do século. Os católicos ainda mantêm a dianteira, com praticamente metade da população e, como já vimos, os evangélicos estão bem perto de alcançar a posição. O que pode fazer diferença em um cenário não muito distante é: 1. A migração constatada entre as vertentes evangélicas, conforme dados da Pesquisa de Orçamento Familiar do IBGE publicada em janeiro de 2016 pela revista *Istoé*; 2. vem crescendo o universo de pessoas que, mesmo sendo de origem evangélica ou católica preferem dizer que não tem religião; e 3. a adesão de adeptos cristãos ao Candomblé e à Umbanda.

Descontada a influência que cada uma das religiões exerce no projeto de vida pessoal de seus seguidores, e o que elas têm feito para conquistá-los, há pelo menos dois fatores que — segundo o psicólogo norte-americano Michael McCullough, pesquisador de espiritualidade — contribuem para a crença de que a prática religiosa faz as pessoas felizes. A disciplina é um deles. Os que creem e praticam a religião — e isso é corroborado por vários estudos científicos — demonstram ter mais autocontrole e, por isso, "andam na linha". Além disso, diz o cientista, "a fé facilita a árdua tarefa de adiar recompensas, algo fundamental para muita coisa, de fazer dieta a estudar para concursos". A Bíblia, em qualquer versão que se leia, é um vade-mécum recheado de alegorias, metáforas e expressões em sentido figurado. Duas das mais famosas dialogam entre si sobre o "poder da fé". Numa, do Velho Testamento, Moisés abre caminho pelo mar Vermelho para a travessia do seu povo. Outra, no Novo Testamento, é a do Sermão da Montanha. Há metáforas que o tempo e a crença arraigada cuidam de institucionalizar como verdade. "A fé remove montanhas" é uma delas.

Colocar a "mão no fogo" para afirmar que conhece o real significado disso, corresponde a dizer que também sabe qual é o sexo dos anjos. Na Bíblia lê-se que fé é "a certeza de coisas que se esperam e convicção de fatos que não se veem" (Hebreus, 11:1). Ela só não pode falhar (*faiá*, diria Gilberto Gil, que se agarrou à sua para chegar ao reservado clube de "imortais" da Academia Brasileira de Letras). Mas, "andar com fé", como ele escreveu na canção, não tem ligação direta com religiosidade. Pelo menos foi o que Gil disse no programa *Fantástico* depois de eleito para a ABL: "O sentido da fé independe de crenças e religiões. É quando há a percepção e valores e distinções entre certo e errado e bom e ruim. A fé é maior que a religião." É recomendável, pois, que não se tenha fé de mais nem fé de menos. Foi nesse trocadilho cacofônico dos tempos de vovó que me peguei interessado em uma entrevista do "rei" Roberto Carlos ao jornal *Folha de S.Paulo*, em 2004, que ele deu poucos anos depois da morte da mulher, Maria Rita. O cantor que exaltava o amor, a felicidade, a religião e a fé, de repente parece ter apagado o passado. "Eu me considero um cara realista. A fé não remove montanhas. Não muda o curso das coisas, muda você. Mas mover a montanha, não move mesmo. Não me iludo."

Eis a questão que ocupa o tempo e a cabeça de cientistas por todo mundo: como exercer a fé para chegar à felicidade? Lembram-se da versão que propusemos para o enigma do biscoito?

Ok. Coordenador da pesquisa que o Instituto Gallup fez em 2009 com 30 mil pessoas de 12 países da Europa, o economista e pesquisador francês Andrew Clark responde: "Não sabemos se as pessoas vão à igreja porque são felizes ou se são felizes porque vão à igreja." O estudo confirma o que pesquisas anteriores já demonstravam: pessoas que se apegam à espiritualidade sentem-se mais satisfeitas com a vida; ateus, pragmáticos, são mais propensos ao pessimismo. De toda forma, não importa qual seja a religião, ela fornece combustível para alimentar o espírito de coletividade — algo que, segundo Clark, funciona como uma espécie de para-raios psicológico diante de dificuldades financeiras e até como reação ao mítico vazio existencial.

A tese de que a crença é poderosa arma na recuperação de doenças graves já é compartilhada em muitas instituições de saúde e, no Brasil, a referência é o Hospital Israelita Albert Einstein, de São Paulo. Lá, segundo reportagem publicada pela revista *Superinteressante*[23], a primeira coisa que os médicos do setor de oncologia querem saber do paciente é se ele segue alguma religião. "O paciente com fé tem mais recursos internos para lidar com a doença", diz o médico Paulo Lima, coordenador do Serviço de Medicina Integrada. Só não é possível dizer que a fé garante a cura desses pacientes porque a ciência, apesar de todo o empenho, ainda não descobriu onde mora a felicidade. A boa notícia é que, quando o paciente tem alguma conexão religiosa, o cérebro reage de maneira diferente. É o que diz, fundamentado em suas experiências, o físico Nicolas Lori, da Universidade de Coimbra. "Ou seja, o consumo energético de diversas partes do cérebro será diferente dependendo do tipo de relação que temos com Deus." Os mecanismos que processam o conhecimento no cérebro são a intuição e a reflexão. Esse foi o mote para outra frente de estudos desenvolvida na década passada por pesquisadores da Universidade de Harvard, que levantaram uma questão polêmica e curiosa: pessoas que decidem com a intuição tendem a ser mais religiosas do que as reflexivas. A conclusão da pesquisa, que envolveu 1.200 participantes na faixa etária dos 30 anos, derrubou pelo menos a maldosa e preconceituosa insinuação de que pessoas simples, pobres ou de menor grau de escolaridade tendem a aceitar a religião sem ressalvas, enquanto aquelas mais equipadas de escolaridade seriam naturalmente céticas. A premissa faz sentido, disse o psiquiatra da USP, Frederico Leão, um dos entrevistados da reportagem de maio de 2016 que a revista *Veja* publicou sobre o tema. Segundo ele, "é mais simples para os menos racionais acreditar em algo impreciso". Ao jornal *Gazeta*, de Vitória, o professor de Ciências e Religião da Universidade Federal do Espírito Santo, Edebrande Cavalieri, disse ter outra opinião. Para ele, "a questão da fé independe de situação econômica e cultural e pode estar em pessoas riquíssimas ou nas camadas mais pobres".

Todo mundo quer ser feliz. Budistas também. Mas é preciso procurar a felicidade duradoura e genuína. É o que recomenda, no livro *O Hábito da Felicidade,* a escritora portuguesa Tsering Paldron, budista há meio século. Algumas dicas que ela dá no portal do curso de Comunicação da Universidade do Porto: "1. A felicidade não depende de fatores externos, mas unicamente de nós mesmos. 2. Não basta apertar um botão e sermos felizes para sempre. 3. Uma higiene de vida ajuda, porque o corpo e a mente se sustentam mutuamente. 4. É preciso começar por reunir condições de vida mais saudáveis e harmoniosas."

A meditação, que caracteriza a prática budista, não é, segundo ela, a única forma de atingir a felicidade. No budismo existem "inúmeras ferramentas que nos permitem desenvolver os pensamentos e as emoções positivas que substituem naturalmente os negativos".

Se acreditar em um só deus já faz diferença, como até a Medicina e os cientistas desconfiam, imagine a religião que tem vários deles. É o caso do hinduísmo, que tem deuses para todas as opções de apelo e necessidade. Como aqueles da mitologia grega. O principal deles é o que seria a força criadora do Universo, conhecido por Brahma. (Curiosidade: de acordo com a Wikipédia, uma das hipóteses que explicaria a origem da marca de cerveja Brahma teria sido em homenagem ao deus hindu.) Segundo a revista *Galileu* (abril, 2019), há pelo menos 1 bilhão de seguidores do hinduísmo — a terceira maior religião do mundo, mas pouco conhecida na América do Sul e menos ainda no Brasil.

Aqui se faz, aqui se paga. Fazer o bem sem olhar a quem. Tudo o que vai volta. Esses preceitos que se popularizaram a partir da prática budista também são comuns na umbanda e no candomblé, religiões que, diferentemente do que muitos pensam, não são exclusividade de gente pobre, sem poder aquisitivo. Se até há pouco tempo eram frequentadas por pessoas mais velhas, hoje "a umbanda e o candomblé conquistam jovens descolados no Brasil", título de didática reportagem da revista *Marie Claire* (agosto, 2015), por sinal, tipo de publicação dirigida para leitores de classe média e alto grau de escolaridade. Por que a frequência desse tipo de pessoas vem crescendo nessas religiões? Para uma delas, a artista plástica Andréa Tolaini, ex-católica, seria porque "a umbanda dialoga de forma simples e rápida com você, não tem nenhuma metáfora ou mensagem rebuscada". Também nascido em família católica, o publicitário Rafael Mota diz que peregrinou por várias religiões e se encontrou na umbanda porque nela a hierarquia não é de cima para baixo, como nas outras. A produtora cultural Karen Keppe tem visão parecida como seguidora do candomblé. "Nos cultos africanos, bem e mal estão sempre juntos." E, além do lado espiritual, diz o sociólogo Reginaldo Prandi, as religiões africanas oferecem pelo menos três atrativos para esses novos seguidores: "A umbanda, assim como o candomblé, tem três coisas boas da vida: música, dança e comida."

A proliferação do protestantismo desde que, há mais de 500 anos, Martinho Lutero liderou o movimento que abalou as catacumbas da igreja católica, resultou no surgimento de um sem-número de outras denominações que seguem os ideais de ruptura do padre alemão. Há tantas religiões atualmente que cada um escolhe aquela que quer chamar de sua. Basta mudar uma vírgula aqui, usar um sinônimo ali, para diferenciar-se da outra, produzir um layout bacana, bolar um texto-cabeça de lavagem cerebral e slogans sedutores que sejam palatáveis aos futuros interessados, arregimentar um grupo de asseclas e ascetas e pronto! Todas vendem felicidade.

No fim das contas, é bom que seja assim se pensarmos que hoje se vive em mundo de diversidades. Basta não pensar que felicidade é mercadoria do tipo que vira oferta do dia. Nunca é demais lembrar que somos donos de nossas escolhas e vontades. Na religião — e já vimos por aqui — pode-se muito bem degustar cada uma delas até chegar àquela que nos diga ao coração, à alma, ou a nada. Há, por exemplo, a Cientologia, nascida da ficção, que arrasta celebridades como Tom Cruise, seu garoto-propaganda. Padres católicos entrevistados pela *Folha de S.Paulo* em 1996 diziam que o surgimento da seita era um sinal do "fim do século". E era mesmo. Um deles, monsenhor Carlos de Souza Calazans, vaticinou: "Pode ter certeza de que vão surgir muitas outras." E surgiram mesmo. Vender a felicidade virou banalidade.

> "Felicidade é a certeza
> de que a nossa vida não está
> se passando inutilmente."
> (Érico Veríssimo)

05.

A FELICIDADE NA FILOSOFIA

"Quanto maior é a sua sabedoria mais os homens se afastam da felicidade."

(Erasmo de Roterdã)

A vida tem luzes e tem sombras. Ninguém consegue ser cem por cento feliz cem por cento do seu tempo de vida. Thomas Hobbes, o filósofo inglês que viveu entre 1588 e 1679, era um pessimista convicto, um homem das sombras. Ele descreveu o homem, em seu estado natural, como um ser egoísta e inseguro, que não conhece leis nem tem conceito de justiça. E mais: em estado natural, o homem segue as suas paixões e desejos. Por isso mesmo é que existe o processo civilizatório, que serve para fazer com que o homem se adapte — e, se possível, se afeiçoe — ao convívio social. Aliás, eu já disse em meu livro *Direitos Humanos*[1], que as ideias de Hobbes virtualmente não fizeram ninguém feliz. Ele era monarquista demais para os que defendiam o contrato social, como Rousseau, e, para os monarquistas, era influenciado demais pelo contrato social. Mas, apesar do seu pensamento complicado e idiossincrático, influenciaria a filosofia e a ciência política por gerações. Spinoza é um de seus discípulos mais notáveis.

Esclareço que não é escopo deste livro a análise aprofundada das teorias filosóficas desenvolvidas pelos pensadores que selecionei para citar aqui. Por isso vou me ater a algumas considerações que cada filósofo promoveu sobre o tema da felicidade.

Rousseau (que viveu entre 1712 e 1778) desenvolveu, mais tarde, um pensamento diametralmente oposto ao de Hobbes. Defendia a tese de que o homem, em seu estado natural, é bom, e que é a sociedade, com seus desvios, que o corrompe.

Mas, seja bom ou mau, o homem quer ser feliz. E aqui não estamos discutindo ética ou moral, mas felicidade, pura e simplesmente. O professor que ministra uma aula que causa entusiasmo nos alunos e instiga neles o interesse pelo prosseguimento da pesquisa, volta para casa feliz. Da mesma forma, o ladrão que obtém uma boa "colheita" da casa de sua vítima, também volta para casa feliz. De certa maneira, podemos dizer que um componente para a obtenção da felicidade é a ambição. De novo, não se trata de julgar meios, métodos e objetivos, mas apenas refletir sobre situações que levam à felicidade, essa passageira e efêmera sensação que muitos poetas cantaram e cantarão.

Os poetas são uma espécie de filósofos. Também eles buscam compreender e definir o que seja a felicidade — e o que nos causa a falta dela.

Carlos Drummond de Andrade publicou uma crônica, em 1966, ano do 2º Festival de Música Popular Brasileira da TV Record. Haviam ficado empatadas no certame duas canções: "Disparada", de Geraldo Vandré e Téo de Barros, e "A banda", de Chico Buarque de Holanda. O poeta de Itabira ficou de tal maneira encantado pela candura da canção de Chico Buarque que escreveu sobre ela. Um trecho nos fala de perto ao que este livro procura deslindar, que é a busca da felicidade. Vejamos:

> Pois de amor andamos todos precisados, em dose tal que nos alegre, nos reumanize, nos corrija, nos dê paciência e esperança, força, capacidade de entender, perdoar, ir para a frente. Amor que seja navio, casa, coisa cintilante, que nos vacine contra o feio, o errado, o triste, o mau, o absurdo e o mais que estamos vivendo ou presenciando.

Então parece que o caminho para a felicidade passa pelo amor. E amor, esse *fogo que arde sem se ver*[2], requer a coragem da entrega, a renúncia a sentimentos passados, o reconhecimento da própria alma, o enfrentamento do medo. Disso fala o poeta gaúcho Mário Quintana, ao comentar sobre a adolescência da vida, nesta breve pensata "Enfrentando o medo"[3]:

> *A vida é tão bela que chega a dar medo,*
> *não o medo que paralisa e gela,*
> *estátua súbita,*
> *mas este medo fascinante e fremente*

de curiosidade que faz o jovem felino seguir
para a frente farejando o vento ao sair,
a primeira vez, da gruta.
Medo que ofusca: luz!
Cumplicentemente, as folhas contam-te um segredo
velho como o mundo:
Adolescente, olha! A vida é nova...
A vida é nova e anda nua
— vestida apenas com o teu desejo!

O maior poeta da língua italiana, Dante Alighieri, no seu poema alegórico *A Divina Comédia*, traz um conceito de felicidade que tem por base a doutrina de Hugo de São Victor, um monge da Abadia de São Victor, em Paris. Para ele, a felicidade consistia em ter luz e doçura — *Lumen et dulcedo*. É a análise que fez Orlando Fedeli[4]. Luz é a verdade, considerada luz intelectual, porque a maior felicidade do ser racional está na posse da verdade, diz esse autor católico. Mas, como o homem tem corpo, a felicidade perfeita exige também a doçura, isto é, que os sentidos recebam o bem proporcionado a eles, sempre subordinado e regulado pelo intelecto, portanto de acordo com a lei natural.

Em sua obra *Didascálicon*[5], Hugo de São Vítor afirma que ler é um modo de viver, um afeto de amizade, um ato moral e social, um ócio reparador, restaurador e inspirador. A leitura como sabor da Sapiência (que para o autor é Deus) dá consolo a quem a procura, felicidade a quem a encontra, beatitude a quem a possui: a procura da Sapiência é o máximo conforto na vida. Quem a encontra é feliz, e quem a possui é beato.

A ideia de conseguir a felicidade na busca da sabedoria já estava em Pitágoras. Considerado o primeiro, Pitágoras preferiu ser chamado "filósofo", contrariando o costume da época de chamar os pensadores de *sophoi*, ou seja, sábios. Ele se considerava um amigo da sabedoria, e não um sábio. Era alguém que procurava a sabedoria, rejeitando a ignorância.

Sabedoria não se aprende em escola, e basta ver os nossos caipiras e moradores do interior, que carregam um cabedal de conhecimentos tradicionais que superam, em vários aspectos, qualquer universidade. A sabedoria nas relações humanas é um esplêndido exemplo. De certa maneira, a comunicação do que seja o estado de felicidade revela uma narrativa — que é reconto do fato sob a visão do narrador. Vejamos, como exemplo, uma anedota que vale a pena ser contada aqui.

Um empresário saiu de Ribeirão Preto (cidade do interior do Estado de São Paulo, a cerca de 350km da capital), no seu aniversário, e foi jantar em São Paulo. Quando o maïtre perguntou se estava satisfeito com a comida, ele comentou:

— Tenho que estar feliz! Eu vim de Ribeirão Preto somente para jantar aqui!

— Isso não é nada — respondeu o maïtre, sorrindo. — Eu vim especialmente da França para servir o senhor.

Cada um desses dois personagens estava feliz ao se comunicar. Estabeleceram uma ligação de prazer entre o raciocínio, a exposição das ideias, a observação do outro. A frase pronunciada pelo primeiro incentivou o segundo a criar um discurso para prosseguir a conversa, inteligente e alegremente. Então, podemos supor que esse momento de felicidade tem a ver com realização, com alegria.

Em suma, com prazer.

O que nos leva aos hedonistas. Epicuro, por exemplo, fazendo uma elipse no tempo.

Os registros nos mostram que Epicuro, mais ou menos no ano 306 a.C. (e digo mais ou menos porque, da obra desse filósofo, só nos chegaram pequenos trechos), comprou uma casa em Atenas, onde iniciou uma escola de filosofia, que em breve ficaria conhecida como o Jardim de Epicuro. O filósofo ensinava que, para alcançar a verdadeira felicidade baseada numa vida de prazer, era necessário se libertar dos males da crença em deuses e da ideia de morte, pois são crenças fundadas na felicidade inacessível durante a vida e no sofrimento insuportável. E ensinava que a felicidade está exatamente no prazer e na serenidade. Para os hedonistas, desde Aristipo de Cirene, a finalidade da vida humana era buscar os prazeres sensoriais, corporais e intelectuais. Sabemos que, na Idade Média, a Igreja Católica — contrária ao hedonismo — proibiu o prazer, enquanto, no Renascimento, foi resgatado.

Abro um parêntese.

Na Revolução Tecnológica que rege as décadas mais recentes, o prazer é quase sinônimo de consumo. Zygmunt Bauman, o pensador polonês, escreveu vários livros tratando do que chamou de "modernidade líquida", os vínculos afetivos que se formam e se diluem com facilidade. A sociedade de consumo, em que as pessoas são induzidas a comprar por meio de técnicas nem sempre justas, foi chamada de indústria cultural — exploração das artes com objetivo de lucro —, por pensadores importantes da Escola de Frankfurt, como Theodor Adorno, Walter Benjamin, Herbert Marcuse e Jüger Habermas.

Em Habermas, por exemplo, a autocompreensão da modernidade é subjetiva e em consequência os direitos humanos são subjetivos. Vejamos um trecho do que pensava: "(...) a modernidade se orgulha de seu espírito crítico que não aceita nada como evidente, a menos à luz de bons motivos. 'Subjetividade' possui ao mesmo tempo um sentido universalista e individualista. Toda pessoa merece o mesmo respeito de todos. Ao mesmo tempo ela deve ser reconhecida como fonte e como última instância de cada reivindicação específica de felicidade."

Esses pensadores concluíram que felicidade não é tema de estudo da economia. Tampouco da sociologia ou da antropologia.

Eu, por minha vez, afirmo que a felicidade é um problema filosófico. O médico e psiquiatra austríaco Sigmund Freud, mesmo tratando da felicidade como estado psíquico, abordou o tema com base na filosofia.

Prazer é fruição. Na psicologia, Freud chamou de fruição estética de uma obra de arte a manifestação de um desejo reprimido, por isso, constituindo um prazer preliminar, superficial e subsidiário de outro tipo de satisfação. A psicologia atual desmente essa conotação negativa da fruição, com os trabalhos do historiador austríaco Ernst Gombrich, que estudou profundamente a história da arte, e de Jean-François Lyotard, que estudou os signos de linguagem das obras de arte, especialmente pintura e escultura.

Mas vamos refletir um pouco mais sobre o pensamento de Freud, principalmente no seu livro *O Mal-estar na Civilização*[6]. Afinal, o que ele pensou, disse e escreveu formou o pilar da moderna psicologia humana e social. Para ele, o ser humano procura a felicidade, quer ser e permanecer feliz. De duas maneiras: pela eliminação da dor e pela vivência do prazer. Pensando de maneira geral, felicidade se refere mais à obtenção do prazer do que à ausência da dor. Epicuro revisitado. Para Freud, felicidade — isto a que chamamos felicidade — significa a satisfação de necessidades ou desejos represados, em episódios no tempo, o que significa que não é uma condição duradoura. Se durar, deixa de ser felicidade e passa a ser simplesmente bem-estar.

O que causa surpresa no pensamento de Freud é a argumentação que faz para ponderar que é mais comum o sofrimento do que a felicidade, e sustenta que o ser humano é ameaçado pelo próprio corpo, que adoece e envelhece, é ameaçado pelo mundo exterior, com suas forças esmagadoras, e finalmente é ameaçado nas suas relações com outras pessoas. Jean-Paul Sartre diria, mais tarde, que "o inferno são os outros". Para escapar de todas essas ameaças, o homem tende a se isolar, se afastar dos demais. Isto fica muito claro nas relações virtuais que temos hoje — as pessoas se escondem atrás de uma tela e, basicamente, falam para si mesmas, mesmo quando trocam mensagens em grupo. Podem, a qualquer momento, fechar o computador e desaparecer do convívio. Fenômeno que parece ser sinal dos tempos.

Freud alertava para o fato de que uma das maneiras comuns — e estamos falando do início do século XIX — de muitas pessoas se isolarem e ao mesmo tempo obterem prazer é pelo uso de substâncias químicas, como álcool, medicamentos e narcóticos. Desnecessário lembrar que existem rituais muito antigos que louvavam o benefício dos estupefacientes sobre o raciocínio e até sobre a libido. Basta verificar os relatos literários e históricos do uso do ópio, em países asiáticos, ou do haxixe, no Oriente Médio e outros países — na Índia, por exemplo, o haxixe era considerado um presente dos deuses. Ou, nos séculos mais recentes, o láudano, uma tintura de ópio com efeito sedativo. Tudo para imediatos, mas efêmeros, momentos de satisfação dos instintos, ou de "felicidade", que ao final levam a uma nocividade colossal.

Segundo o criador da psicanálise, a própria mente tem processos químicos (patológicos, inclusive) que ajudam a conseguir os dois efeitos (isolamento social e prazer) ao mesmo tempo. Uma delas é a mania, que Freud assegurava conceder um estado análogo ao da embriaguez. Outro é a paranoia, condição na qual é escolhido um inimigo (pessoa, lugar, situação) que deve ser combatido e eliminado a todo custo. Freud dizia que cada um de nós age, às vezes, de modo similar ao paranoico, buscando "corrigir" algum aspecto do mundo com o qual não concorda ou que não está em conformidade com o seu desejo. Não existe o ditado que sentencia que "de médico e louco, todo mundo tem um pouco"?

Freud chama a esses estados psíquicos de "uma delirante modificação da realidade", com o fim de assegurar a felicidade e ao mesmo tempo de proteger-se do sofrimento.

Em psicologia, há o chamado "paradoxo da felicidade": todo ser humano quer ser feliz, mas se perguntado o que é a felicidade, não sabe definir.

O prazer, e aqui abandonamos a digressão sobre o pensamento de Freud, também é uma fruição estética. A beleza das coisas, dos ambientes, das obras de arte, da música, ou mesmo dos gestos e das atitudes. A Bauhaus, escola alemã de design, está completando 100 anos, e foi o elemento de orientação da arte europeia nas primeiras décadas do século XX. Foi uma escola fundada em 1919 pelo arquiteto Walter Gropius, na cidade de Weimar, na Alemanha, com a intenção de valorizar artes que até aquele momento eram consideradas "menores", como a cerâmica, a tecelagem e a marcenaria. O ideal da Bauhaus era incentivar o espírito de comunidade por meio da arte. Deve-se à Bauhaus a multidisciplinaridade na arte moderna e graças a ela surgiram artistas do talento de Andy Warhol, na pop art, por exemplo. Um dos conceitos mais importantes da Bauhaus foi concebido pelo diretor Mies van der Rohe[7], que, por amor à simplicidade, cunhou a frase "menos é mais".

A felicidade conforme os filósofos da Antiguidade clássica

Desde os primórdios da Grécia Antiga, quando surgiu a filosofia como noção e como sistema de pensamento, os gregos buscaram entender o significado da felicidade. De um modo ou de outro, os filósofos consideraram que todos os homens almejavam a felicidade e conduziam suas vidas na perseguição desse estado de espírito.

Platão ("o que tem os ombros largos") recebeu esse apelido pelo seu treinador, à época em que praticava lutas. Em maior ou menor medida, é considerado o pai do pensamento filosófico ocidental. Pensava a felicidade como "a música que dá alma aos nossos corações e asas ao pensamento". Era um devoto da razão, como se pode depreender desta sua frase: "Buscando o bem de nossos semelhantes, encontraremos o nosso." Trocando em miúdos, considerava a felicidade o resultado de um conjunto de iniciativas da própria pessoa: simplicidade, autenticidade e honestidade na busca da justiça e da sabedoria. O objetivo da vida, para ele, era adequar o espírito para a busca do belo — e beleza era a pureza, a virtude e a temperança: "Quem comete uma injustiça é sempre mais infeliz que o injustiçado." Mas não basta preparar o espírito, dizia Platão; é preciso obter os meios para alcançá-lo. O desejo da felicidade move o homem, porque na medida em que um desejo é satisfeito, outro surge, e é na satisfação justa e moderada dos desejos que reside a felicidade. Muito do que Platão escreveu foi baseado nos diálogos de Sócrates com seus seguidores.

A ideia central do pensamento de Sócrates estava na afirmativa de que "virtude é saber". Esta exige não ser apenas necessário, mas suficiente para o comportamento virtuoso, saber o que é bom ou mau para si mesmo por uma simples razão: todos desejamos nossa própria felicidade. "Se soubermos o que contribui para tanto, então não haverá nada — a menos que forçado pelas circunstâncias — que nos impeça de fazer o que deva ser feito."

Em seus livros, todos escritos na forma de diálogos, Platão nos ensinou o que Sócrates pensava. Reproduziu diálogos do seu mestre com vários discípulos. Em "Górgias", num diálogo com Polo, um sofista, Sócrates responde: "Logo é falso, conforme parece, que a felicidade seja curar-se de um mal, senão que não o haver adquirido em absoluto." Numa conversa com Protágoras, Sócrates afirmava que a contribuição do prazer para a felicidade é apenas um complemento, porque a busca da felicidade pode ser penosa. ("Viver bem quer dizer levar uma vida boa, uma existência feliz.")

Aqui, verifica-se uma retomada da questão em Epicuro de Samos, para quem a perseguição do prazer está condicionada a um prévio cálculo sobre a sua conveniência, ou seja, a moderação do prazer. No diálogo *Filebo*, Platão estabelece uma distinção entre prazer e felicidade — prazer se refere aos sentidos e felicidade se refere à inteligência. Novamente a razão.

Mas foi em Aristóteles que a razão se sobrepõe, na busca da felicidade. Afirma ele, em seu livro *Moral*: "O bem supremo, o melhor bem é um fim último e perfeito, e o fim último e perfeito do homem não pode ser outro que não a felicidade." No livro *Política*, ele reforça: "A felicidade está sempre em proporção à virtude; os fatos e a razão o comprovam. Os bens de que o homem pode gozar se dividem em três classes: bens que estão fora da sua pessoa, bens do corpo e bens da alma, consistindo a felicidade na reunião de todos eles." No livro *Ética a Nicômaco*, Aristóteles recomendou que a felicidade consista na moderação.

No teatro grego, vejamos como Sófocles já tratava do tema. Em várias de suas peças, e tomemos Antígona como exemplo, o coro afirma, em determinado momento, que a sensatez é a atitude mais importante para a felicidade, "porque, contra os deuses, não se pode ser soberbo". Os gregos antigos se escoravam na sua cosmogonia para explicar o homem e seus anseios, e os mitos eram a ferramenta[8]. Sofrer e vencer, sofrer e decair, sofrer e alcançar, tudo está nos mitos — Prometeu, Teseu, Sísifo, Narciso, Hércules, Orfeu e Eurídice e outros.

Se, em Platão, a abolição da propriedade privada, dentro do âmbito de uma classe social, impede o egoísmo e a luta entre os homens, em Francis Bacon (1561–1626), com a invenção da "casa de Salomão[9], já na sociedade industrial, a existência de uma sociedade perfeita conduz de tal modo a vida que a felicidade e o progresso se derivam de sua atuação necessária, com base na ciência. A utopia é de uma racionalidade extremada, porque opõe aquilo que é a aquilo que deve ser[10].

Parece — e os sistemas ético-morais dos filósofos antigos contradizem Freud — que a felicidade não é apenas a satisfação dos instintos e dos desejos, mas a realização plena, completa. Quero me reportar às mitologias, que são construções de base filosófica para explicar o mundo, a humanidade e as atitudes humanas.

Na mitologia egípcia, anterior à civilização grega, Osíris é um deus benevolente que assegura a felicidade para todos os seus protegidos.

Na mitologia nórdica, o deus maior de Asgard (o céu dos deuses), Odin, será morto na Batalha de Ragnarök — algo como o juízo final do cristianismo — e nesse dia a humanidade recomeçará, sendo a Terra repovoada por um casal e terá início uma era de felicidade para os homens.

Na mitologia chinesa, existe um deus específico para a felicidade: Fu Xing, também o senhor da sorte e das oportunidades.

Na mitologia persa (no território que hoje é o Irã), Abracax é o mais antigo dos deuses e responsável por fazer os homens felizes. Credita-se a ele o dom de conceder desejos, desde que seu nome fosse composto em forma de pirâmide invertida, num ritual. É do nome desse deus e desse ritual que se originou a palavra "abracadabra", tida como chave mágica para que se curasse de doenças ou impedir de contraí-las.

Na mitologia africana do povo Lunda (reino que formou um império que durou quase um milênio, entre 1050–1887), em alguns países como Angola, Zâmbia e Congo, o deus ancestral se chama Kalunga, e foi quem criou o mundo. É um deus justo, sábio e amoroso, e pode conceder a felicidade aos homens. Na mitologia iorubá, é costume rezar a Ogun para trazer felicidade.

Para a etnia indígena Munduruku, brasileira, a felicidade é medida pelo tempo. Para eles, o presente é um presente que recebem da natureza, por isso não desenvolveram a noção (típica do capitalismo) de amealhar bens e riquezas para usar no futuro. A felicidade está em bem-viver, segundo nos informa o escritor Daniel Munduruku, que recentemente se candidatou à cadeira de Alfredo Bosi na Academia Brasileira de Letras. Diz ele: "Muitas das etnias indígenas não têm a palavra futuro, nos seus idiomas. E não criaram a palavra porque o futuro não existe, é especulação. Felicidade é ver a chuva cair, a planta crescer, a natureza ser generosa. Meu avô me dizia que, se o momento atual não fosse bom, não se chamaria presente."

Trouxe essas referências porque as mitologias têm certo "parentesco", quando se trata de definir, conceituar ou, enfim, buscar a felicidade.

Durante o Império Romano, Sêneca (04 a. C. – 65 d. C.), filósofo estoico, escreveu o diálogo *De Vita Beata*[11] ("A Vida Feliz" ou "Da Felicidade"), dirigido ao seu irmão Gálio. No livro, Sêneca afirma que a busca da felicidade é a busca da razão. Uma das frases expressivas do livro é esta: "Investiguemos o que há de melhor para ser feito e não o que é mais praticado; o que conduz a obter felicidade duradoura e não o que só reflete aprovação popular, aquela desqualificada intérprete da verdade."

Outro romano, o imperador Marco Aurélio (121–180), dedicou-se à filosofia. Foi um estoico. Produziu um livro que é considerado uma das obras-primas da literatura universal[12]. Não falou especificamente de felicidade, mas uma de suas frases chama a atenção, no *Livro II*: "Não é fácil ver um homem desacreditado por não ter sondado o que se passa na alma de outros. Mas quem não segue com atenção os movimentos de sua própria alma, forçosamente é infeliz."

A felicidade para alguns filósofos do cristianismo

O cristianismo não leva esse nome por acaso. Refere-se ao pensamento de Jesus, que foi chamado o Cristo, que os seguidores consideram o maior revolucionário da humanidade. Jesus disse que a felicidade pode ser entendida como uma finalidade ou uma abdicação. Para ele, o apóstolo Marcos escreveu (assim diz a Bíblia): "Senhor, eu creio; ajude minha descrença!"[13]

Penso que seja necessário lembrar que Buda foi o inspirador do cristianismo, o que já foi afirmado por vários filósofos, entre ele Carrin Dunne[14]. Escreve Carrin Dunne: "De um ponto de vista cristão, vejo Buda como um precursor que prepara os caminhos de Jesus; de uma perspectiva budista, vejo Jesus como o verdadeiro sucessor de Buda." O livro foi concebido compondo diálogos imaginários entre Jesus e Buda, apresentando convergências e analogias entre as duas doutrinas. Para os seguidores do budismo, a felicidade mora dentro de cada pessoa, mas é impossível de ser alcançada se a pessoa não for capaz de superar a dor e a insatisfação. Sublimando o sofrimento, alcança-se a liberdade e, em decorrência, a felicidade.

Nos primeiros séculos da era cristã, surgiu Agostinho de Hipona, bispo e depois santo. Para ele, que viveu entre os anos de 354 e 430, a felicidade consistia na eliminação de paixões, angústias e dissabores, para purificar o espírito e viver bem. Usava o método da dialética, que recuperou do neoplatonismo de Plotino (autor de *Enéadas*[15]). O livro de Santo Agostinho, *A Vida Feliz*[16] é o que trata mais amplamente do tema, embora em *Confissões* e em *Cidade de Deus* tenha detalhado seu próprio caminho de vida para chegar à virtude, condição para a felicidade. Sua produção está centrada na chamada era patrística, quando foram produzidas as chamadas verdades do cristianismo pelos Padres da Igreja (a filosofia cristã chamada Patrística). Ele proclamou que todos os homens querem ser alegres e felizes, mas a verdadeira alegria só vem de Deus. Os chamados da carne — a matéria — podem confundir o homem e levá-lo a fazer aquilo que pode fazer, mas não o que realmente quer fazer. Para ele, Deus é a felicidade porque é a verdade e a felicidade reside na verdade.

O romano Boécio (480–524) foi um filósofo neoplatônico e é considerado um dos fundadores da filosofia cristã do Ocidente. No seu livro *A Consolação da Filosofia*, ele afirma que todo ser humano age para um fim, que é a felicidade: "Esta é o maior de todos os bens e encerra em si todos os demais, de tal modo que, se algum lhe faltasse, já não seria o maior, porque ficaria fora dele alguma coisa que poderia ser desejada." Para ele, a felicidade é o estado em que nada falta. Guimarães Rosa diria, muito mais tarde: "Felicidade se acha é em horinhas de descuido..."[17]

Anselmo de Cantuária (1033–1109) — ou Anselmo de Canterbury — é considerado o pai da escolástica. Como os principais pensadores cristãos medievais, considerava que a felicidade não está neste mundo, mas na salvação da alma.

Para Santo Tomás de Aquino, a felicidade completa exclui todo o mal e não deixa de fora desejos por satisfazer. Na *Suma Teológica*, o chamado Doutor Angélico dizia que "o homem moderado não evita todos os prazeres, mas só os imoderados e que não convêm à razão". Isto é: nem todo prazer é mau. Já dissemos que na Idade Média o prazer era proibido pela Igreja. Como um dos mais importantes nomes da escolástica[18], Tomás de Aquino contradisse a tradição de sua época (meados do século XIII), de que a felicidade consistia na obtenção de riquezas, honra e poder. A bem-aventurança, segundo ele, é sim o objetivo e fim da existência humana. Enquanto Santo Agostinho se baseava em Platão, Santo Tomás de Aquino ancorou seu pensamento nas ideias de Aristóteles.

Para Baruch Espinoza (1632–1677), filósofo holandês, felicidade é o gozo de uma alegria eterna e estável com Deus — em três níveis: afetivo, cognitivo e ético. Afetivo porque é na vivência dos afetos que a pessoa se afirma como autônoma. Cognitivo porque alcançar a felicidade está em conhecer a alegria, elemento fundamental para estimular o pensamento e a ação. E ético porque requer a compreensão de si mesmo e entendimento do outro. Espinoza defendia a liberdade religiosa, o que lhe valeu repulsa de muitos teólogos. Em 1662 publicou um de seus trabalhos mais importantes: *Breve Tratado de Deus, do Homem e do Seu Bem-Estar*.

John Locke (1632–1704) e Leibniz (1646–1716), na virada dos séculos XVII e XVIII, identificaram a felicidade com o prazer, um "prazer duradouro".

O pensamento de Aristóteles foi resgatado pelo Iluminismo, na França do século XVII. Não se desejava mais a visão teocêntrica disseminada na Europa desde a Idade Média, mas o predomínio da razão. O homem era mais do que os deuses que ele mesmo criou. Passou-se a considerar que, se todos fizessem a sua parte para formar uma sociedade justa, com direitos iguais para todos, a felicidade comum seria alcançada.

A felicidade para alguns filósofos modernos

O francês Blaise Pascal (1623–1662), mais conhecido como físico e matemático, foi também filósofo. É o autor da famosa frase: "O coração tem razões que a própria razão desconhece", contida em seu livro *Pensamentos*, de 1670. Era cristão, e o trazemos aqui para lembrar que, no seu tempo, inaugurava-se a chamada filosofia moderna, que rompia com os preceitos da Escolástica. Já havia surgido o empirismo, preconizando a experimentação e as ciências, com o inglês Francis Bacon (1561–1626)[19], e o racionalismo, com o francês René Descartes (1596–1650)[20], que extrapolava a ciência, defendendo que o conhecimento é adquirido por meio da razão, sem que haja a participação dos sentidos.

Para Immanuel Kant (1724–1804), no seu livro *Crítica da Razão Prática*, felicidade é "a condição do ser racional no mundo, para quem, ao longo da vida, tudo acontece de acordo com o seu desejo e vontade". A felicidade, portanto, consiste na satisfação de todas as nossas inclinações, sendo essa satisfação medida em intensidade e em duração. Kant afirmou que o homem é livre, mas defendeu que o Bem Supremo está no dever, na obrigação moral da submissão à lei, no que chamava de imperativo categórico: "Age de tal modo que a máxima da tua vontade possa valer sempre ao mesmo tempo como princípio de uma legislação universal."[21]

Schopenhauer (1788-1860), no seu livro *O Mundo Como Vontade e Como Representação*[22], assim definiu a felicidade: a satisfação sucessiva de todo o nosso querer, cuja essência é a vontade de viver. E afirma o que considera ser a vontade: o querer consciente do ser humano de dominar e ter posse, o seu desejo de reprodução e seu instinto de sobrevivência. Para esse alemão, felicidade não é a aquisição do prazer, mas a superação do sofrimento. O que ele chama de felicidade não é mais do que a interrupção temporária de um processo de infelicidade. E não é resultado da virtude — até os criminosos podem alcançar a felicidade, se tiverem vontade firme.

Charles Fourier (1772-1837), filósofo francês, é considerado um dos pais do cooperativismo. Dizia que o homem precisa e deve ser feliz. Mas desenvolveu uma tese, no mínimo extravagante, sobre o amor e sua relação com a felicidade. Disse ele que o amor se confunde com a religião: "É na embriaguez do amor que o ser humano acredita elevar-se ao céu e partilhar a felicidade de Deus. A ilusão não é tão nobre e tão religiosa nas outras paixões; elas não elevam tão alto o estado de embriaguez dos sentidos e da alma; elas nos aproximam bem menos da felicidade divina e são menos capazes de fornecer o embrião de uma religião da identificação com Deus, uma religião que seja bem diferente das religiões civilizadas, já que estas são cultos da esperança em Deus e não de associação à sua felicidade."

A alegria acompanha; a alegria não se move. A frase é de Friedrich Nietzsche (1844-1900), e o que ele pretendeu dizer foi que a felicidade não existe em si mesma — é apenas efeito de uma ação agradável e prazerosa. Ele defendia que atividades realizadas para aumentar diretamente o prazer não costumam ter retorno expressivo. Para o filósofo, o que o homem busca, na essência, é compreender o significado e o sentido das coisas. A verdade não é objetiva, dizia ele, ao criticar a filosofia. E a tal felicidade, entendida apenas como aquilo que dá prazer, segundo suas observações irônicas, é invenção do utilitarismo inglês de Jeremy Bentham e

John Stuart Mill, um pensamento hedonista que preconiza a maximização da felicidade, por meio do bem maior imediato, do enriquecimento da sociedade e do desenvolvimento individual. Nietzsche pensava que chegar à alegria em geral implica sofrer pelo caminho, e que realmente importante é compreender o significado da vida. Seu pensamento foi bastante influenciado pela obra de Schopenhauer, o grande pessimista.

O psicólogo contemporâneo Viktor Emil Frankl (1905-1997), judeu austríaco que passou por quatro campos de concentração nazistas, escreveu em 1946 um best-seller internacional[23] em que relata experiências esmagadoras de pessoas que foram capazes de continuar vivendo por terem captado o significado — e não por terem atingido a felicidade. Frankl foi o criador da Logoterapia, uma iniciativa terapêutica baseada na desreflexão (forma de desviar a atenção do paciente de si mesmo e assim fazê-lo pensar nos outros), na intenção paradoxal (fazer o paciente buscar experimentar exatamente aquilo que mais teme, como temores e fobias, usando o humor) e nos diálogos socráticos.

Mas nem todo mundo concordou com Nietzsche. Martin Heidegger (1889-1876) escreveu um livro com notas robustas a respeito do pensamento de Nietzsche, nem sempre concordantes[24]. Bertrand Russell (1872-1970), por exemplo[25], afirmou que o pensamento de Nietzsche é completamente negativo e destruidor de ídolos. O filósofo inglês dedicou ao tema a obra *A Conquista da Felicidade* — resumindo seu pensamento, felicidade é a eliminação do egocentrismo. Como ele, há muitos pensadores que consideram que a obra de Nietzsche foi um trampolim para o fascismo. O escritor João Scapino[26], num artigo publicado originalmente em 1945, é feroz. Sobre a religião da Alemanha da Segunda Guerra, escreveu que "Hitler é o seu deus, e Nietzsche é o seu profeta". Isso porque Hitler teria se apropriado da obra *Vontade de Poder* para fundamentar o seu *Mein Kampf*, que sugeria como necessárias a crueldade e a agressividade para a política de expansão da Alemanha nazista. Mussolini teria seguido as mesmas ideias, na Itália, instaurando o fascismo.

Para Karl Marx (1818–1883), a felicidade tem caráter individual. O revolucionário socialista reconhecia que não existe uma noção universal de felicidade, numa sociedade dividida em classes antagônicas. A classe capitalista dominante opera pela repressão e, sem igualdade, a noção de felicidade não pode também ser igual para os oprimidos. O modo de produção despersonaliza o indivíduo, impondo limites por meio da divisão de classes. O desejo de Marx era que o homem conseguisse alcançar a felicidade, libertando-se e escapando do conceito de classes criado pela sociedade capitalista.

Pensadores contemporâneos

No livro *Sobre a Felicidade*[27], escrito em 1947, o teólogo e filósofo francês Pierre Teilhard de Chardin (1881–1955) escreveu o seguinte: "Que é a felicidade? [...] para muitos de nós, a conclusão prática para todos esses debates é que é inútil continuar procurando. Ou o problema é insolúvel — não há felicidade verdadeira neste mundo —, ou então comporta uma infinidade de soluções particulares, é indeterminado."

No mesmo livro, o padre lista as que considera as três atitudes fundamentais, na vida: evitar o pessimismo, viver encontrando satisfação no momento presente e sentir-se arrebatado em direção ao futuro. Assim, segundo ele, obtém-se a felicidade por meio da tranquilidade, porque o homem feliz é aquele que pensa, sente e deseja menos. Também, a felicidade é alcançada pelo prazer, pela fruição mais completa possível do momento presente. E, em terceiro, lugar, o atingimento da felicidade pelo crescimento — porque a felicidade não é senão o efeito ou a recompensa por uma ação corretamente orientada.

O filósofo alemão Herbert Marcuse (1898–1979), da chamada Escola de Frankfurt, analisou profundamente as obras de Marx, Hegel e Freud, na relação utópica entre razão e felicidade[28]. Discutia a diferença entre "busca da felicidade" e "realização da felicidade". Para ele, em parte discordando da "razão objetiva" (por meio da sensibilidade) e "razão instrumental" (por meio da tecnologia) de Max Horkheimer (1895-1973) e Theodor Adorno (1903-1969), a felicidade é conceituada como a satisfação das verdadeiras necessidades de todos os homens em um contexto de liberdade. Conclui, em relação aos escritos dos seus antecessores: "Há sobretudo dois momentos que vinculam o materialismo à correta teoria da sociedade: a preocupação com a felicidade dos homens, e a convicção de que esta felicidade seja conseguida somente mediante uma transformação das relações materiais de existência." Foi a grande crítica à racionalidade usada em trabalhos de fábrica para todas as atividades sociais, com o fim de obter eficiência e produtividade, com objetivo de lucro. Com isso o homem perde individualidade e, em consequência, liberdade, porque todos agem como massa, rebanho, movidos pela indústria cultural. E crê que é feliz, mas é uma felicidade falsa.

Citemos o filósofo dinamarquês Sören Kierkegaard (1813-1855), embora não seja contemporâneo, porque seu pensamento teve grande influência em pensadores do nosso tempo. Sua filosofia questionava o fato de a felicidade na sociedade de sua época ser sempre ligada ao prazer (distração, como preferia dizer) e ao status. Para ele, um pensador cristão, considerado pela academia como o primeiro existencialista, a felicidade é atingida por meio do autoconhecimento e da solidariedade: "A porta da felicidade abre só para o exterior; quem a força em sentido contrário acaba por fechá-la ainda mais."[29]

Outro existencialista, Jean-Paul Sartre (1905-1980), era ateu, ao contrário do seu inspirador Kierkegaard. Negava valor à religião como elemento de apoio à realização do homem. Segundo ele, o próprio homem constrói o sentido da sua vida, e, portanto, da própria felicidade. E essa construção passa pelo sofrimento e pela angústia interior.

Mais próximo dos nossos tempos, o filósofo francês Clément Rosset (1939-2018) é um seguidor das ideias de Schopenhauer e Nietzsche, e sobre filosofia escreveu com espírito crítico e com ironia. Para ele, não existe a felicidade romântica, idealista, típica de romances do século XIX e dos filmes "água com açúcar" de Hollywood, mas a felicidade trágica, inescapável[30].

O filósofo espanhol Julián Marías (1914-2005) escreveu sobre a felicidade[31]. Foi aluno de José Ortega y Gasset e colaborou com o mestre para criar o Instituto de Humanidades. Tratou sobre o tema da felicidade sob perspectiva histórica e sociológica. Pensava um pouco diferentemente de Gasset — este considerava a felicidade o esforço de seguir um caminho que levasse ao prazer, sensível e intelectual, isto é, a felicidade ocorre quando "a vida projetada" e a "vida real" coincidem.

Outro espanhol, Miguel de Unamuno (1864-1936), dizia que só o sofrimento nos torna humanos. Por isso, uma das vantagens de não ser feliz é que se pode almejar a felicidade. E o verdadeiro sentido da existência humana é escapar da dor e seguir buscando a certeza da imortalidade, pela razão e não pela fé.

A felicidade e a infelicidade

As redes sociais, em muitos casos, abriram as portas do rancor, da amargura e da infelicidade, o que contrasta com as imagens sorridentes de gente que transpira felicidade, especialmente na plataforma Facebook — que não muito distante no tempo deverá ser substituída por algo novo, a exemplo do que já ocorreu há alguns anos com o finado Orkut. Não precisamos de muito esforço para enxergar, nos textos e nas imagens, distribuídas pelas redes sociais, manifestações de ansiedade e até de depressão. Qual a razão de tanta gente infeliz, nesse nosso tempo de velozes mudanças, precisando desesperadamente buscar ajuda, por meio de livros e mensagens de autoajuda?

Existe um campo de estudo chamado psicologia positiva, que analisa cientificamente as razões que levam pessoas a prosperar. Se é que prosperidade pode ser considerada, isoladamente, sinônimo de felicidade.

Parece que há fundamento científico para explicar a "capacidade" de algumas pessoas de serem felizes, e a "incapacidade" de outras para obter o mesmo sucesso. Vou me valer de um texto publicado na *BBC Internacional*, de autoria da psicóloga irlandesa Jolanta Burke, professora da Universidade de Medicina e Ciências da Saúde em Dublin[32].

A partir de um estudo publicado pela *Review of General Psychology* em 2005, Jolanta discutiu o resultado da pesquisa, que informa que 50% da felicidade das pessoas é determinada por seus genes — algo extraordinariamente curioso em vista do que temos visto até aqui: tem gente que jamais vai experimentar muitos períodos de felicidade. Isso porque há, segundo cientistas da genética molecular, um efeito de interação entre a genética e o ambiente. Ou seja, uma criança que passou fome e privações pode ter os genes modificados. Por outro lado, os genes influenciam o comportamento, que por sua vez interferem no ambiente.

Eis o que diz a pesquisadora: "Natureza e experiência são interdependentes e se afetam de forma mútua constantemente. É por isso que as pessoas criadas no mesmo ambiente podem responder a ele de forma diferente, o que significa que a presunção da genética comportamental de um ambiente igualitário não é mais válida."

A pesquisa diz mais: 10% da felicidade das pessoas depende das circunstâncias; os outros 40% são resultados de "atividade intencionais", ou seja, de sua capacidade de mudar e se adaptar ao ambiente. Diz a pesquisadora que, quanto mais a pessoa for positiva, mais probabilidade terá de ser feliz. No fundo, a conclusão é, de certo modo, maliciosa. Se a pessoa não é feliz, a culpa é dela.

Talvez uma história que circula pela internet, mais especificamente no site LinkedIn, ilustre (o leitor que decida!) os achados da psicóloga irlandesa. Trata-se de um depoimento do magnata nigeriano do petróleo, Femi Otedola, concedido a uma emissora de rádio. O entrevistador quis saber o que havia deixado o bilionário mais feliz, em toda a sua vida. Eis o relato:

Passei por quatro estágios de felicidade na vida e finalmente entendi o significado da verdadeira felicidade.

A primeira etapa foi acumular riquezas e meios. Mas nesta fase não consegui a felicidade que queria.

Em seguida, veio a segunda etapa de coleta de objetos de valor. Mas percebi que o efeito dessa coisa também é temporário e o brilho das coisas valiosas não dura muito.

Então veio a terceira fase de obtenção de grandes projetos. Foi quando eu tinha 95% do fornecimento de diesel na Nigéria e na África. Também fui o maior proprietário de navios da África e da Ásia. Mas mesmo aqui não obtive a felicidade que tinha imaginado.

A quarta etapa foi quando um amigo meu me pediu para comprar cadeiras de rodas para algumas crianças com deficiência. Quase 200 crianças. Comprei imediatamente as cadeiras de rodas, mas o amigo insistiu que eu fosse com ele e fizesse a entrega diretamente às crianças. Fui com ele e dei uma cadeira de rodas para cada criança, com minhas próprias mãos. Vi o estranho brilho de felicidade nos rostos dessas crianças, sentadas, se movendo e se divertindo. Era como se tivessem chegado a um local de piquenique.

Eu senti uma alegria REAL dentro de mim. Quando decidi ir embora, uma das crianças agarrou minhas pernas. Tentei libertar minhas pernas suavemente, mas a criança olhou para meu rosto e segurou minhas pernas com força. Abaixei-me e perguntei à criança:

— Precisa de mais alguma coisa?

A resposta que essa criança me deu não só me deixou feliz, mas também mudou completamente minha atitude em relação à vida. Esta criança disse:

— Quero me lembrar do seu rosto para que, quando me encontrar com você no céu, eu possa reconhecê-lo e agradecê-lo mais uma vez.

Esse foi o momento mais feliz da minha vida.[33]

A filósofa capixaba Viviane Mosé (1964), em entrevista concedida em 2019[34], declarou que existe uma "ditadura da felicidade" na sociedade de consumo. Com uma visão pessimista, ela afirmou que "a felicidade é um tipo de modelo, ou um tipo de produto que deve ser adquirido a qualquer custo. Mas mais do que isso, a ideia em si de felicidade, mesmo que uma pessoa nunca tenha pensado sobre isso, sempre foi o lastro, a sustentação do consumo. Tem sempre uma oferta subliminar de paraíso contida em cada apelo publicitário. [...] A ideia de felicidade é, enfim, herdeira da ideia de paraíso celeste: não espere o paraíso, diz a época da pós-bíblia, adquira-o agora, em mil vezes sem juros. Isso tudo gera não apenas consumo, mas decepção, frustração, dor."

Umberto Eco (1932–2016), em artigo publicado em 2014[35], mostra uma visão bem parecida, registrando que a ideia da felicidade individual impregna o reino da propaganda e do consumismo. Prossegue o mestre italiano: "Nós tendemos a pensar na felicidade em termos individuais, não coletivos. De fato, muitos de nós não parecem muito preocupados com a felicidade dos outros, tão envolvidos estamos na busca que tudo consome da nossa própria."

Sobre os males da sociedade de consumo, que desconstrói a noção de felicidade, o filósofo francês Edgar Morin se manifestou duramente, em 2011, usando como exemplo a indústria norte-americana do cinema: "Hollywood já proclamou a sua receita há muito tempo: *a girl and a gun*. Uma moça e um revólver. O erotismo, o amor, a felicidade, de um lado. Do outro, a agressão, o homicídio, a aventura."[36] Edgar Morin ainda vive, no momento em que este livro é escrito, e conta um século de idade — nasceu em 1921.

Todos esses pensadores, críticos do capitalismo selvagem, parecem ter inspiração em Herbert Marcuse (1898–1979), o filósofo alemão que denunciou em 1964 a falsa ilusão de felicidade a que chamou de "formas de dominação existentes nas sociedades industriais avançadas", traçando analogias entre o comunismo soviético e o capitalismo ocidental[37].

Porém este capítulo merece uma história com um tom mais feliz. E, para isso, vou de novo buscar a literatura em meu apoio.

Clarice Lispector escreveu um livro de contos. A história de abertura se chama "Felicidade clandestina"[38]. Trata de uma menina rica que promete emprestar a outra, pobre, o livro *Reinações de Narizinho*, de Monteiro Lobato. Por uma estranha necessidade de fazer a outra sofrer, a riquinha diz que pode emprestar o livro e pede à outra que vá à sua casa. A pobrezinha vai e recebe a resposta de que o livro fora emprestado a outra criança e que ela voltasse no dia seguinte. A tramoia se repete por dias e dias seguidos até a mãe da riquinha perceber a trama e mandar a filha entregar o livro, que jamais tinha sido emprestado e servia apenas para judiar da pobrezinha. A mãe, certamente horrorizada pela perversidade da filha, diz: "Fique com ele pelo tempo que quiser."

A autora descreve uma rara sequência de cenas de felicidade, no trecho que selecionei:

> *Chegando em casa, não comecei a ler. Fingia que não o tinha, só para depois ter o susto de o ter. Horas depois abri-o, li algumas linhas maravilhosas, fechei-o de novo, fui passear pela casa, adiei ainda mais indo comer pão com manteiga, fingi que não sabia onde guardara o livro, achava-o, abria-o*

por alguns instantes. Criava as mais falsas dificuldades para aquela coisa clandestina que era a felicidade. A felicidade sempre ia ser clandestina para mim. Parece que eu já pressentia. Como demorei! Eu vivia no ar... Havia orgulho e pudor em mim. Eu era uma rainha delicada.

Às vezes sentava-me na rede, balançando-me com o livro aberto no colo, sem tocá-lo, em êxtase puríssimo.

Não era mais uma menina com um livro: era uma mulher com o seu amante.

Como disse William Shakespeare: "É mais fácil obter o que se deseja com um sorriso do que à ponta da espada."

"Não possuir algumas das coisas que desejamos é parte indispensável da felicidade."
(Bertrand Russel)

06.

A FELICIDADE NA ADOÇÃO

> "A experiência da adoção é uma eterna felicidade. Nossas vidas mudaram em 360°. A felicidade é plena."
>
> (Josianne e Dimitrius)

Em tempos de intolerância e obscurantismo em relação a temas ainda considerados tabu, é reconfortante ver manifestações como a do casal que, após fracassadas tentativas de engravidar, adotou dois bebês, uma menina e um menino. A notícia, extraída do portal da *Rádio Canção Nova*[1], reflete a reação de pais e mães que vivem a mesma expectativa. Com resiliência, mas também bafejadas por bons ventos, muitas dessas histórias podem ter um final *à la maktub* — aquela expressão de origem árabe que significa "destino, já estava escrito". É o caso dos personagens que assinam a epígrafe de abertura deste texto, Josianne e Dimitrius. Após sete anos de espera, ganharam Safira. No meio do caminho decidiram que um casal seria ideal, e veio Ícaro.

Imerso nesse tema, fico elucubrando que tamanho será, de verdade, lá no âmago das pessoas envolvidas, o impacto emocional quando se descobrem legitimadas de sua existência pelo encontro com o outro. É incrível como essas histórias são ricas em detalhes que mesclam miríades de sentimentos. A tal ponto que ouso recorrer ao pleonasmo da canção do Roberto Carlos para dizer que esses detalhes "são coisas muitos grandes pra esquecer". Como Maria Luiza, que queria ser mãe de uma menina, poderia esquecer suas origens, tendo sido ela mesma uma garotinha adotada? Que não poderia engravidar porque tinha ovário policístico e o marido era infértil. Que, já divorciada, saber que o segundo marido também era filho adotivo. Todas essas indagações seriam sublimadas quando, no dia 24 de maio de 2018, oito anos depois de iniciada sua cruzada para ser mãe adotante, Maria Luiza recebeu a notícia que nunca se aquietara em seu coração. No dia seguinte foi buscar Maria Clara na maternidade, a mesma de onde ela, Maria Luiza, e o seu irmão saíram para serem adotados. Resumidamente, essa é a síntese do texto que a jornalista Luiza Souto assina, com as tintas da emoção, para o portal *Universa UOL*[2].

A dica da orientadora do cursinho preparatório para candidatas à mãe adotante abriu a cabeça de Juliana, moça da comunidade religiosa do Vale do Paraíba/SP. Queria bebê, como Maria Luiza, mãe de Maria Clara. Ou, no máximo, criança de até seis anos. Ouviu lá no curso que a adoção tardia tem tudo para dar certo, "desde que as crianças se sintam verdadeiros filhos amados e desejados pelo casal". Foi assim que o marido, a trabalho em outra cidade, soube de um casal disponível para adoção: uma menina de 12 anos e o irmão, de 8. Juliana ficou intrigada com os elogios da assistente social aos irmãos. "Se essas crianças são tão boas, por que estão até hoje no abrigo?"

A história de Juliana teve um final feliz. Mas nem tudo são flores e enxovais no caminho de famílias que optam pela adoção, muito menos para crianças e adolescentes que sonham em ter um lar para chamar de seu. A fila da adoção é uma *via crucis* de mão dupla. As histórias de quem passou pela experiência retratam as várias faces de uma realidade que, se não é exclusiva do sistema social e jurídico do Brasil, aqui evidenciam-se com muito mais impacto. Registram a saga de famílias que buscam crianças para adotar. E histórias de crianças condenadas ao próprio destino, quando não, abandonadas e maltratadas dentro da própria família que as adotam. Exemplo clássico — para não fugir à regra de analogias com o cinema e a literatura — é o personagem do filme *Coringa*, o palhaço Arthur Fleck[3].

O previsível roteiro de violência e terror que move o filme deixa na linha do subtexto a mensagem de que o personagem, como filho adotivo que era (sem saber), viveu em uma família como se fosse estranho. E vítima de violência doméstica. O rescaldo desse

"Não é de dinheiro, roupa, carro nem casa bonita que eles necessitam, mas de amor."

histórico teria contribuído na transição do "filho do abandono" para o personagem do Coringa, como conclui em sua avaliação a psicóloga Lorena Candelori Vidal, da ANGAAD — Associação Nacional de Grupos de Apoio à Adoção[4]:

> Em busca de si, Arthur descobre que a mãe havia escondido sobre sua adoção e que também sofria de sérias condições psiquiátricas, lhe causando ao longo da infância, inúmeras vivências de maus-tratos e negligências. Após inúmeras cenas em que vemos Arthur se despedaçando, psiquicamente, o rompimento com o que acreditava ser sua origem se torna o ponto mais sensível para a morte de Arthur e o nascimento do Coringa. Alguém que expõe o avesso: o cruel das relações, das mentiras, das incoerências, da violência. Nesse sentido, torna-se bastante pertinente a identificação das pessoas de Gotham City com o Coringa. Pessoas que usam máscaras de palhaços e celebram a ascensão de um anti-herói que passou a dar uma cara, pintada, generalizada, para a manifestação de muitas dores, muitas insatisfações. O que isso pode nos dizer sobre abandono? Sobre Arthur Fleck não ter sido efetivamente adotado, por sua mãe, pela sociedade, mas ter se tornado um símbolo para os cidadãos descontentes da cidade fictícia?

A adoção, não conhecida assim, claro, é um dos galhos da árvore genealógica hominídea dos nossos ancestrais. Leitores de obras bíblicas acreditam na versão do livro sagrado para explicar que Jesus era filho adotivo de José, o marido da mãe dele. Não me atrevo a comentar a veracidade dessa milenar informação, se é fato ou fake, porque o nosso trabalho tem viés laico. Da mesma forma não descerei a opiniões quanto ao episódio em que, para salvar o filho da perseguição do faraó aos filhos varões de judeus, a mãe de Moisés o colocou dentro de um cesto de papiro e o jogou nas águas do rio Nilo, onde se banhavam as mulheres da corte. E eis o novelo de ironias: uma delas era a filha do faraó, que recolheu o cesto e levou o menino para criar, mas o entregou para ser amamentado por outra mulher, a quem a princesa contratou sem saber que era... a mãe de Moisés. Também a mitologia grega é farta de histórias assim. Uma delas: Hércules era filho biológico do mulherengo Zeus, mas foi criado por Anfitrião, que ao voltar da guerra de Tebas, aceitou orgulhosamente ter sido traído por sua mulher, Alcmena, com o deus do Olimpo. Na ficção moderna e das HQs, quem não conhece a saga do Super-Homem, o menino que veio de outro planeta e foi adotado por um casal de fazendeiros?

De volta à Terra. Aqui, uma heroína de carne e osso, Simone Biles, ginasta dos Estados Unidos, surpreendeu o mundo do esporte quando, favorita a estabelecer recordes de medalhas nas Olimpíadas de Tóquio em 2020, simplesmente desistiu de disputar quatro competições, alegando que estava preocupada com sua saúde mental. Houve quem julgasse o gesto como um certo quê de estrelismo e prepotência. Outros decretaram que ela havia amarelado. A menina já havia sido o foco das atenções nas Olimpíadas de 2016, no Rio de Janeiro, quando falou abertamente sobre sua condição de filha adotiva. Poucos parecem ter entendido do que ela falava. Aos três anos, a mãe foi internada em uma instituição que cuida de drogados. Simone levada para o orfanato. Em Tóquio, ela voltou a falar dessa trajetória pessoal de vida. Disse que provavelmente não seria quem é hoje se não tivesse passado pela experiência do abrigo e depois adotada pelos avós. Marilyn Monroe, eterna diva do cinema, tem história semelhante à da atleta norte-americana. A atriz que conquistou Hollywood e encantou o mundo também viveu em orfanatos até ser adotada por uma amiga de sua mãe, internada com problemas mentais.

> *A vida é sempre a mesma para todos:*
> *rede de ilusões e desenganos.*
> *O quadro é único, a moldura é que é diferente*

Esses versos de Florbela Espanca (1894–1930), uma das figuras eminentes da literatura portuguesa, a mim me parecem interpretar aquele arquétipo atribuído a Carl Jung de que "a vida é feita de escolhas". Mas como sabê-lo — a menos que, no caso de crianças à beira do abandono, entre em cena o velho *maktub*? Nosso Milton Nascimento, sempre avesso à tietagem pública, foi mensageiro recente de um episódio que confirma essa intuição. Vale a pena dividir a história dele. Nascido numa favela carioca, ficou órfão do pai, que abandonou a família, e da mãe que morreu quando ele tinha dois anos. Levado pela avó para Três Pontas, adotou a mineirice. Logo ele seria adotado pelo casal para quem a avó trabalhava. A mãe adotiva era professora de música. Feito artista, Milton, em 2005, conheceu o adolescente que viria a adotar. O processo foi longo e concluído apenas em 2017. No Dia Nacional da Adoção, em 25 de maio de 2018, o tímido Bituca foi às lágrimas quando apresentou Augusto no programa *Conversa com Bial* (TV Globo)[5]. Convidada para a gravação do programa, a jornalista e escritora Rita Lisauskas registrou em sua coluna no *Estadão* o clima de emoção que dominou o palco e a plateia naquela rara confissão pública do compositor. Ela não sabia, mas o rapaz sentado a seu lado era o filho de Milton. No telão, os pais adotivos, Lilia e Josino, falecidos, falam sobre a adoção e contam como foi a infância de Milton. Ele se emociona e chora. No palco, acompanhado dos atores Bruno Gagliasso e Giovanna Ewbank, também pais adotivos, Milton canta "Além de Tudo"[6], que compôs para o filho. Não termina aí: no Dia dos Pais de 2020, Milton foi surpreendido com a mensagem do filho, que gravou um vídeo nas redes sociais e o presenteou com a certidão oficial que reconhecia definitivamente a paternidade de Augusto. No post, o rapaz resume a epopeia e termina dizendo que "pai não depende de sangue, cor ou gênero. Pai depende de amor, dedicação, e vontade de estar presente"[7].

As primeiras narrativas dessa ligeira digressão nos remetem à linha do tempo, e mais claramente ao período que antecede a globalização tecnológica, para lembrar que a adoção, no formato que hoje conhecemos, era vista como um daqueles tabus sociais que flutuavam pelo imaginário coletivo, como a peste negra, a cólera, a lepra, aborto e menstruação, entre outros. Alguns deles ainda pululam por aí, desafiando a medicina, como a esquizofrenia e o autismo. Assusta, mas não surpreende, tendo em vista que ainda hoje há quem defenda com unhas e dentes a versão de que a Terra é tão plana quanto o formato de uma panqueca e que o homem

— imagine! — jamais pisou na Lua. Mas, aí, já é outra história, à margem do escopo deste livro.

No campo científico, esse "fenômeno" social vem sendo desmistificado graças à evolução de pesquisas que avaliam os diversos fatores do processo de adoção e suas consequências em relação aos futuros vínculos afetivos. Uma delas, desenvolvida pela Universidade de Harvard, dedicou-se durante 20 anos a dissecar os efeitos dos "filhos do abandono", com enfoque específico para crianças que permanecem muito tempo em abrigos e orfanatos, tema que foi abordado pela psicóloga Lorena Vidal ao analisar o perfil do personagem do filme *Coringa*. O estudo ficou conhecido como "Órfãos da Romênia", alusão às atrocidades impostas a 170 mil crianças pela ditadura de Nicolae Ceaușescu nos anos 1980.

> *Os dados a seguir foram compilados a partir do texto original publicado pelo site oficial do Bucharest Early Intervention Project*[8].
>
> *As crianças romenas "viviam" isoladas em instituições precárias, lotadas, desnutridas e submetidas a todo tipo de abuso físico. Os pesquisadores americanos selecionaram 136 crianças entre 6 meses e 2,5 anos, abandonadas em instituições governamentais nos primeiros anos de vida, todas sem problemas neurológicos ou genéticos. Metade dessas crianças, escolhidas aleatoriamente, foi transferida para um acolhimento de alta performance criado especialmente para este estudo e a outra parte permaneceu nas instituições precárias e superlotadas. Os resultados dos estudos, medidos inicialmente até os 12 anos de idade, sugerem que a institucionalização precoce leva a déficits profundos em muitos domínios, incluindo comportamentos cognitivos (o QI) e socioemocionais (apego), atividade e estrutura cerebral*

e uma incidência muito elevada de transtornos psiquiátricos e deficiências. Elas vêm sendo avaliadas periodicamente e, em uma segunda fase, serão reexaminadas aos 16 anos, para determinar se a intervenção tem efeitos mais duradouros e se existem outros períodos sensíveis para a recuperação e quais são os mecanismos associados a essa mudança.

A pesquisa, segundo a publicação romena, trabalhou com outros recortes de comportamento. Todos convergiram para uma só conclusão: crianças e jovens institucionalizados, privados de afeto, vínculos e estímulos, têm seu desenvolvimento geral comprometido, muitas vezes de maneira irreversível. Os resultados também corroboram pesquisas anteriores em que psicólogos, educadores e cuidadores constataram, na prática, que o abandono nos primeiros anos de vida pode agravar os traumas psicológicos e retardar o desenvolvimento neurológico das crianças. Essa percepção havia sido o foco de estudos pioneiros que na década de 1950 levaram o psicanalista britânico John Bowlby (1907–1990) a desenvolver a Teoria do Apego[9]. Essa teoria estuda o vínculo entre bebês, pais e cuidadores e outras vertentes das relações humanas. Bowlby tinha convicção de que os problemas de comportamento são originados das experiências da primeira infância. Usando vários mecanismos de avaliação, entre eles exames de eletroencefalograma (EEG), que mapeiam a atividade cerebral, a linguagem e a cognição, os estudos descobriram que existem períodos sensíveis que regulam a recuperação. Ou seja, quanto mais cedo uma criança for colocada em cuidado especial, com uma família, melhor será sua recuperação. Embora os períodos sensíveis para a recuperação sejam variáveis, os resultados do estudo sugerem que a colocação antes da idade de dois anos é fundamental. Dois destaques relevantes da pesquisa:

"Aos 30, 40 e 52 meses, o QI médio do grupo institucionalizado apresentou pontuação entre 70 e 75, enquanto o das crianças adotadas mostraram cerca de 10 pontos a mais. Não foi surpresa que o QI de cerca de 100 foi o padrão médio para o grupo que nunca ficou nas instituições." E: "As crianças encaminhadas ao acolhimento familiar antes do fim do período crítico de dois anos se saíram muito melhor que os que permaneceram em uma instituição quando testadas mais tarde (aos 42 meses), em quociente de desenvolvimento (QD), medida de inteligência equivalente ao QI, e na atividade elétrica cerebral, conforme avaliação por eletroencefalograma (EEG)."

Pesquisas como essa, da Teoria do Apego, evidenciam que projetos de adoção mal encaminhados podem ser a causa de rupturas indesejadas. É inevitável que também deixem traumas. Um caso recente aqui no Brasil pode ajudar a entender por quê. Falo do menino Josué, de três anos, que vivia desde o início de 2020 com a família da influenciadora digital Sarah Poncio, recém-separada do marido. Ela aguardava a decisão da Justiça quando a mãe biológica recuou e pediu a devolução do garoto. Nas redes sociais, Sarah Poncio desabafou: "Estou quebrada por dentro, como se minha casa tivesse sido invadida e meu lar, que sempre me proporcionou segurança, tivesse sido violado." A mãe biológica justificou sua decisão dizendo que ficou "mal psicologicamente e que, por isso, precisa do contato com a criança". A família da ex-futura mãe adotiva ficou indignada e, pela troca de farpas enunciada nas redes sociais, a tendência sugeria que o caso teria desdobramentos desagradáveis.

Por que fracassou o processo de adoção de Josué, independentemente de a mãe biológica ter o direito de reaver a guarda da criança? O que já se sabia é que a influenciadora digital era mãe biológica de outros dois meninos, gerados no casamento desfeito. Portanto, a iniciativa de adotar Josué não foi motivada por suposta infertilidade do casal. Disse a mãe: "A decisão de adotar Josué foi baseada na esperança de resgatar uma criança em situação de vulnerabilidade social, provendo um lar adequado, repleto de amor e carinho. Todo o processo correu com o respaldo da lei, além da aprovação e bem entendimento de ambas as partes." De todo modo, foi criada uma situação excepcional, tendo em vista que, dizem os especialistas, a devolução em adoções malsucedidas (legais ou não) reflectem os conflitos familiares e possivelmente suscitarão outros. Considerando o quadro de legalidade do episódio cabe perguntar: quando, e em que condições, pode a mãe biológica reaver a guarda do filho, como é o caso em tela?

A advogada Mariana Serrano parte do princípio de que o ato de adoção não ficou configurado. Segundo ela, "a família Poncio acolheu uma criança em situação de vulnerabilidade, o que é muito nobre, mas não é adoção". No caso de Josué, diz ela, o ciclo dos procedimentos burocráticos não foi concluído, o que permitiu à mãe biológica retomar o direito ao filho. É a mesma opinião da advogada Debora Ghelman: não houve o trânsito em julgado. Ela acrescenta, entretanto, uma observação que ainda não havia sido explorada no noticiário do caso até o momento em que escrevo estas linhas. A mãe biológica estaria juridicamente no seu direito de reaver a criança, "desde que comprove" ter condições para criá-la[10].

O enredo da adoção de Josué, com os desdobramentos esperados, daria um filme. Aliás, pelas características de dramaticidade que carrega, há muito tempo que a temática tem sido "prato cheio" para os roteiristas de cinema e televisão. As pessoas nascidas antes da geração Z, conhecidas também como *millenials*, certamente ouviram pelo menos falar na famosa novela *O Direito de Nascer*, dramalhão cubano dos anos 1940 que eternizou o personagem Albertinho Limonta. Primeiro, como radionovela, foi transmitida aqui no Brasil no início dos anos 1950. Na década seguinte, adaptada para novela, foi a primeira grande atração internacional da TV Tupi. Refrescando a memória: filho de mãe solteira é rejeitado pelo pai, odiado pelo avô e acaba sendo compulsoriamente adotado pela criada negra, Mamãe Dolores. A mãe biológica se refugia em um convento, e Albertinho, o filho, forma-se médico e irá salvar da morte o avô que nem conhecia.

De novo Oscar Wilde e Aristóteles: a vida imita a arte ou é a arte que imita a vida? Enredos de filmes e novelas são inspirados no cotidiano e, por isso, é comum que quem acompanhe essas atrações sempre veja afinidade com os personagens. Também não é raro ficção e realidade se cruzarem dentro da mesma história. Vejam o que o ator Cauã Reymond, que já foi filho adotivo em outras novelas (*A Regra do Jogo* e *Avenida Brasil*), descobriu como protagonista de *Um Lugar ao Sol*, que estreou na tela da *Globo* em 8 de novembro de 2021. Ele faz o duplo papel de gêmeos que ficam órfãos assim que nascem. Um deles é adotado por uma família rica. Algum tempo depois, o pai biológico deixa o outro no orfanato, onde ele come o pão que o diabo amassou. A vida em paralelo dos gêmeos conduz a trama da novela. Na vida real, o enredo funciona como uma espécie de catarse para Cauã, que viu na trajetória de seus personagens semelhanças com a vida da mãe, Denise, que também foi adotada na infância e teve filhos gêmeos, ele e o irmão Pavel.

A população de crianças e adolescentes desvalidas pelas "trapaças da sorte" chega a 47 mil no cadastro do Conselho Nacional de Justiça. Nos abrigos institucionais, sob responsabilidade direta do governo federal, eram pouco mais de 30 mil em outubro de 2020, distribuídas em 4.533 unidades pelo país. Detalhe: apenas pouco mais de 5.154 crianças estavam legalmente aptas para adoção. São Paulo é o estado que acolhe a maior parte desse contingente: 13.418 crianças e adolescentes à época do levantamento. Fora do sistema oficial, o acolhimento é feito por ONGs, entidades filantrópicas e da iniciativa privada. Embora de ambos os lados haja mais dificuldades do que facilidades no processo de adoção, o Poder Judiciário entende que está fazendo sua parte e até agilizando os trâmites burocráticos como, por exemplo, audiências online e capacitação de agentes do direito. O desembargador do TJ do Rio Grande do Sul, José Antônio Daltoé Cezar, presidente da Associação Brasileira dos Magistrados da Infância e da Juventude, considera que está em curso no país uma visão integral do acolhimento e, que, nesse contexto, o Conselho Nacional de Justiça tem sido cada vez mais eficiente na celeridade e aprimoramento dos cadastros de adoção. A Justiça, porém, trabalha com dados objetivos, é pragmática. Na adoção prevalecem critérios puramente subjetivos, que são guiados por um sentimento inalienável de doação, algo que se sobreponha inclusive ao amor e à nobreza do gesto.

Outro caso que foi parar nos tribunais, mas este na direção oposta à do menino Josué, envolveu dois irmãos que já estavam com a família da mãe adotante quando o marido dela morreu e a mulher devolveu as crianças para a família biológica. A Justiça de Campo Largo, na região metropolitana de Curitiba, deferiu a ação liminar impetrada em 2018 pelo Ministério Público local, aceitou a devolução dos meninos e condenou a mulher a pagar a pensão alimentícia dos dois no valor de 30% dos seus salários e impingiu-lhe multa de R$50 mil como reparação moral.

Experiências bem-sucedidas mostram que os laços do coração em muitos casos são até mais fortes do que as relações consanguíneas. Uma das pioneiras no estudo das adoções no Brasil, a psicóloga paranaense Lidia Weber coleciona vários exemplos de famílias acolhedoras com filhos adotivos que são mais felizes do que aquelas em que há pais biológicos. Em um dos seus recentes artigos que publicou como colaboradora do Instituto Geração Amanhã[11], a doutora Weber disserta sobre a Teoria do Apego e nos oferece lições que contribuem para o entendimento dessas intrincadas relações para quem as vê como meros expectadores. Fala, por exemplo, da diferença entre *acolher* e *adotar*. "O ato de acolher é provisório e a adoção é definitiva. Por outro lado, quando uma criança vai para uma família acolhedora, o objetivo principal é tentar reintegrá-la à sua família de origem. Só quando isso não é possível é que se parte para adoção, nesse caso, para os pretendentes habilitados no Sistema Nacional de Adoção e Acolhimento, o SNA.

Filhos de Ninguém?

Nem sempre foi assim. Para o bem e para o mal, o histórico da adoção de crianças e adolescentes tem enredos semelhantes aqui e em qualquer lugar do mundo. Visitar o passado pode nos levar a concluir que a evolução das normas e tecnologias que regem as relações familiares à luz do poder público não acompanhou o ritmo de desenvolvimento contemporâneo quando se fala em políticas sociais. Acredite quem quiser, até meados do século XX ainda havia no Brasil uma geringonça mecânica chamada Roda dos Expostos, que funcionava como única alternativa para a sobrevivência de crianças abandonadas, jogadas em lixões ou à beira de rios. Seres humanos enjeitados.

A morte da mãe no seu parto iria marcar a vida de Rousseau. Perto dos 16 anos, o menino deixou Genebra e foi viver num abrigo para aprendizes católicos. O escritor e filósofo que viria a ser defensor ferrenho da liberdade e da educação pública como pressupostos para a felicidade, que foi preceptor de crianças, que escreveu obra referencial como "Emílio", não soube o que fazer com os filhos que teve com Thérèse Levasseur, menina humilde que acolheu e dela fez sua amante. Manteve o segredo até próximo da hora de morrer, quando escancarou todas as mazelas morais de sua tormentosa vida pessoal no livro *Confissões*,

> "A família acolhedora não pode estar cadastrada no Sistema Nacional de Adoção, portanto não pode adotar. O contrário também se aplica: pretendentes à adoção não podem inscrever-se em serviços de acolhimento familiar."
>
> (Lidia Weber)

> "O homem nasce bom e a sociedade o corrompe."
>
> (Jean-Jacques Rousseau)

autobiografia que inaugura essa categoria de narrativa na literatura mundial e publicada após quatro anos de sua morte. Rousseau é evasivo e pouco convincente quanto aos motivos pelos quais "abandonou os próprios filhos, lúcida e friamente a um melancólico destino", como escreve Wilson Lousada no prefácio da obra que consultamos[12]. O que se sabe, é que ele deixou as crianças na Roda dos Expostos do orfanato de Enfants Trouvés (Crianças Encontradas) de Paris.[13]

Curioso para sondar as razões que movem um cidadão de primeira classe a abandonar seus filhos — e, não bastasse, nome incensado pela intelectualidade contemporânea —, viajei pelos escaninhos virtuais que levam até a intimidade de Jean Jacques Rousseau. Nesse périplo pelo Museu Rousseau[14] e na biblioteca da SIAM (*Société Internationale des Amis du Musée*), de Paris[15], descobrem-se algumas pegadas deixadas pelo nebuloso episódio. Elas confirmam as duas versões mais recorrentes que tentam desnudar essa faceta do universo subterrâneo de Rousseau: ele abandonou os filhos por considerar que seriam um estorvo ou para que pudessem ser mais bem-educadas? Fatos. O primeiro filho nasceu no inverno de 1746, um ano depois de Rousseau ter conhecido Thérèse. A criança foi depositada pela parteira na roda dos expostos." Em carta que escreveu para Madame de Francueil (reproduzida no livro *Confissões*) o filósofo relata em detalhes como e por que entregou os filhos à Roda. "O meu terceiro filho foi posto na roda, como os primeiros, e o mesmo sucedeu com os dois seguintes; porque, ao todo, tive cinco." E continua: "Ao entregar os meus filhos à educação pública, (...) ao destiná-los a serem operários ou camponeses em vez de aventureiros ou caçadores de fortuna, julgava praticar um ato de cidadão e de pai; e considerava-me membro da república de Platão. De então para cá, os remorsos do coração ensinaram-me que me tinha enganado."

Mais à frente, serpenteia pela vaguidão: "Se eu os tivesse deixado para a Sra. D'Épinay ou para a Sra. De Luxemburgo, que, por amizade, ou por generosidade, ou por qualquer outro motivo, gostariam de cuidar deles no futuro, teriam sido mais felizes? Foram criados pelo menos como pessoas honestas? Eu não sei, mas tenho certeza de que teriam sido levados a odiar, talvez trair seus pais: é melhor cem vezes que não os tivessem conhecido." Ele confessa, porém, que não ousou revelar à Madame de Francueil o motivo que considerava mais pertinente à consecução de gesto. Como não podia (ou alegava) ele mesmo cuidar das crianças, Rousseau não quis transferir tal missão para Thérèse ou à mãe dela. "Estremeço ao entregá-los a esta família malcriada para serem criados ainda pior. Os riscos de criar enjeitados eram muito menores. Este motivo da decisão que tomei, mais forte do que todos os que mencionei na minha carta à Madame de Francueil, foi, porém, o único que não ousei dizer-lhe."

Ninguém jamais soube o que houve com os filhos de Rousseau. O único registro de que ele os tivesse procurado remete ao dia 12 de julho de 1761, quando, suspeitando que estava à beira da morte, pede a Thérèse que procure Madame de Luxemburgo e a ajude a encontrar seus filhos em Enfants Trouvés. Rousseau morreu em 2 de julho de 1778.

Suas *Confissões* desencadearam uma onda de intrigas e críticas, mas principalmente azedaram de vez as relações com Voltaire. Os dois formavam com Montesquieu a trindade do iluminismo francês. Enfurecido, Voltaire, para quem "felicidade é a única coisa que podemos dar sem possuir", descarrega todo o seu veneno em carta para M. de Chabanon, um violinista amigo íntimo e crítico de Rousseau no campo musical. "Vejam Jean-Jacques Rousseau, que arrasta consigo a bela jovem Levasseur, sua lavadeira, de cinquenta anos, de quem teve três filhos[16], que, no entanto, abandonou para se dedicar à educação de Lord Émile e para ser um bom carpinteiro." Tem-se a impressão de que Voltaire, polemista por natureza, demonstra certo despeito quando usa a desdita de Rousseau para ratificar a sua visão de que "todo homem é culpado do bem que não fez".

Quase um século depois, Victor Hugo (1802–1885) resgata essa passagem da vida de Rousseau e a reedita pela boca dos personagens de Os Miseráveis, escrito em 1862. É sarcástico no comentário de Cofeyrac quando ele passa com Marius e Enjolras pela rua em que Rousseau morou com Thérèse. "Prestem atenção. Esta é a rua Plâtrière, agora chamada Jean-Jacques Rousseau, por causa de uma família singular que morou lá há cerca de sessenta anos. Eles eram Jean-Jacques e Thérèse. De vez em quando, pequenos seres nasciam ali. Thérèse os deu à luz. Jean Jacques os deu à luz." Então, foi repreendido por Enjolras: "Silêncio na frente de Jean-Jacques. Este homem, eu o admiro. Ele negou seus filhos, que assim fosse; mas ele adotou o povo."[17]

Quem saberá que desígnios da natureza podem julgar atitudes como a de Rousseau? A filósofa portuguesa Olga Pombo, autora de impecável linha do tempo biobibliográfica de Rousseau[18] conclui seu trabalho com um registro curioso e enigmático sobre os minutos que antecedem o desenlace dele: "Nas costas de uma carta de baralho Rousseau escreveu: *Se há algum homem verdadeiramente feliz sobre a terra, ninguém o citará como exemplo, porque ninguém senão ele o saberá.*"

A estrovenga que ficou conhecida como Roda dos Expostos, ou dos Enjeitados, preservava o anonimato dos pais, mas não proibia, a quem quisesse, deixar um bilhete com informações a respeito da criança. Não consta que Rousseau tenha tomado tal iniciativa, como foi o caso, por exemplo, de outra mãe que, no dia 27 de junho de 1922, deixou o recém-nascido Antonio Moreira de Carvalho na Roda dos Expostos da Santa Casa de Misericórdia do Rio de Janeiro:

> *Recebam-me. Chamo-me Antonio. Sou um orfãozinho de pai, porque ele abandonou a mim e a minha mãe. Ela é muito boa e me quer muito bem, mas não pode tratar de mim. Estou magrinho assim porque ela não tem leite, é*

muito pobre, precisa trabalhar. Por isso, ela me pôs aqui para a irmã Úrsula tratar de mim... Não me entreguem a ninguém porque minha mãe algum dia vem me buscar. [...] Estou com sapinho e fome. Minha mamãe não sabe tratar de sapinho e não sabe o que me dar para eu ficar gordinho. Minha mãe agradece os bons tratos que me derem.[19]

Notícias de ontem

O intendente geral da Polícia do Reino, Pina Manique, reconheceu oficialmente a instituição da roda através da Circular de 24 de maio de 1783, com o objetivo de pôr fim aos infanticídios e acabar com o tenebroso comércio ilegal de crianças portuguesas na raia, onde os espanhóis as vinham comprar. (...) A roda dos enjeitados passou a existir também em todas as terras, vindo a perder sua importância e uso com o advento do Liberalismo em Portugal, na primeira metade do século XIX.[20]

Só no Rio de Janeiro, entre os anos de 1738 e 1888, 47.255 crianças foram deixadas na Roda dos Expostos, segundo dados do Ministério do Império, conforme publicação do blog *Rio Secreto*[21].

Outra vez, a imitação da vida, por vários ângulos.

Na recente novela *Escrava Mãe*, da TV Record (2016–2017) a personagem Rosalinda (Luiza Tomé) revela que aos 14 anos foi abusada sexualmente por um amigo do seu pai, engravidou, foi expulsa de casa e quando a criança nasceu deixou-a na roda dos enjeitados. A história se repete com a filha de 15 anos, que não conhecia Rosalinda. A menina deixa Violeta (Débora Gomez) na porta da casa da avó. Em *Haja Coração* (TV Globo, 2021) outra peça da dramaturgia nacional, Adonis (José Loreto), abandonado ainda bebê num abrigo, descobre a mãe adotiva e entra em parafuso.

O personagem de Loreto é apenas um dos envolvidos nessa imensa teia de perguntas sobre o passado, buscando nelas as respostas para suas origens. "Se você não é parte da solução, então é parte do problema." Parodiando o ex-pantera negra Eldridge Cleaver, que cunhou a frase, quando se está dentro do problema a busca pela solução é o caminho natural. Foi o que fez o jornalista gaúcho Alexandre Lucchese, que decidiu tornar pública sua história de filho adotivo e reuniu várias outras de pessoas que, como ele, não viam espaço na mídia tradicional ou nas redes sociais para contá-las. A dele: "Cresci em uma família que me cerca de carinho, soube desde a infância que fui adotado, e o assunto nunca foi um tabu na minha casa. Mas sempre escondi de mim mesmo o interesse de saber mais sobre minhas origens... Comecei a fazer um processo de psicanálise e entendi que isso, de repente, era uma coisa mal resolvida na minha vida e precisava descobrir um pouquinho mais."

No livro que lançou[22], Lucchese registrou histórias como a de Silvia Letícia Souza. Estava num abrigo quando foi adotada aos 13 anos, 12 deles perambulando pelas ruas de Porto Alegre. Como em outros casos aqui já relatados, a mãe morreu em consequência de drogas. Diz que não guarda mágoas dela. "A convivência com a minha mãe de origem me ensinou coisas, e minha família agora está me ensinando muitas outras." Hoje, Silvia é professora de ensino infantil. O autor também colheu o depoimento de Lia Cecília.

> *Apesar de saber desde os nove anos que é filha por adoção, (Lia) jamais manifestou desejo de conhecer familiares biológicos. Só descobriu suas origens na idade adulta, após ler uma reportagem sobre sua tia, Mercês Castro, que buscava a sobrinha desaparecida. Lia é filha de um guerrilheiro do Araguaia, morto em combate. Ela foi apropriada por militares e deixada em um internato para moças. A identidade de sua mãe biológica ainda é desconhecida.*

Contar a verdade de suas origens à criança adotada ainda é dilema para os pais que a acolhem. A jornalista mineira Luciana Moreira se viu nessa encruzilhada quando adotou Marcelo porque ela não podia engravidar. Até o dia em que o colocou na cama para dormir e inventou a fábula do menino que morava na nuvem e de lá observava a moça que vivia a chorar porque não conseguia ter um bebê. Decide que será o filho dela, mesmo avisado por um anjo que terá de nascer da barriga de outra mulher. "Eu contava a historinha toda noite, e o Marcelo já sabia até de cor. Um dia ele falou: *Mamãe, esse sou eu!* Foi muito emocionante." A jornalista decidiu compartilhar sua experiência como inspiração para outras famílias na mesma situação: escreveu um livro e propôs-se a levar seu projeto para as escolas.²³

Relatos como esses vão paulatinamente deixando o armário obscurantista em que seus personagens viveram desde os primórdios do *Homo sapiens,* vítimas das sequelas que, ao longo do tempo, foram exacerbadas pelos efeitos dos conflitos bélicos/ideológicos ao redor do mundo, notadamente aqueles produzidos pelas duas guerras mundiais. O que estou a dizer aqui não é nenhuma novidade, mas tão somente a reiterada e indignada lembrança das narrativas pungentes como, por exemplo, aquelas que envolveram milhares de famílias vítimas do Holocausto. Ainda hoje as que sobreviveram continuam procurando pelos filhos desaparecidos no hediondo episódio que deixou uma nódoa irremovível na memória da humanidade. Que fim levaram essas crianças? O que se sabe é que estão espalhadas pelo mundo, adotadas formal ou informalmente, ou então vítimas de sequestro e tráfico.

> *A busca pela família significava muito mais do que simplesmente o reencontro com familiares. Para muitas crianças, o encontrar com seus pais e familiares também podia trazer a traumática descoberta de sua verdadeira identidade. As que ainda eram bebês quando foram deixadas aos cuidados de pessoas e instituições, não tinham quaisquer lembranças de seus pais biológicos e nem sabiam que eram judias; a única família que elas haviam conhecido era aquela com a qual haviam convivido durante os anos da Guerra. Consequentemente, quando os familiares ou organizações judaicas as encontravam, muitas delas ficavam descompensadas e resistiam às mudanças.*²⁴

Quando, por um arroubo das circunstâncias atribuídas ao que chamamos de destino (de novo ele, o *maktub*), uma delas se descobre diante da inquietante pergunta, o mundo novamente fica de cabeça para baixo enquanto não lhe der a resposta. É o que se deduz, por exemplo, da peregrinação de Maria, a personagem do filme *O Dia em que Eu Não Nasci*²⁵, que vi recentemente. Serei sucinto: Maria, filha de um casal de alemães, que ela pensa serem seus pais biológicos, está no aeroporto de Buenos Aires, esperando conexão para o Chile. De repente, ecoa pelo saguão uma canção de ninar cantada por uma jovem mãe. Mesmo sem saber nada de espanhol, passa a acompanhar a letra da música, como se fosse velha conhecida. E era. O *insight* deflagra uma cadeia de eventos que dormiam em seu subconsciente e que a deixam intrigada e emocionalmente abalada. Refém do vendaval de inesperadas emoções, Maria liga para o pai, na Alemanha, perde seu passaporte no aeroporto e também a conexão para o Chile, o que a obriga a ficar em Buenos Aires. O pai vem da Alemanha para, supostamente, socorrê-la. Atarantado pela dimensão e velocidade que o episódio vai ganhando, e sob pressão da filha, acaba por revelar-lhe: seus pais biológicos foram vítimas da ditadura argentina quando ela contava três anos. A postura do pai adotivo, por insinuar que ela perderá tempo remexendo o passado — como se estivesse escondendo que a adoção fora forjada — e do policial que a ajuda, mas estranhamente omite sua identidade profissional, não impedem que Maria continue sua busca pelas ruas de Buenos Aires até encontrar seus tios biológicos. O comportamento de ambos é uma crítica que o filme faz às atrocidades e aos entulhos autoritários gerados pelo nazifascismo.

    A terra de ninguém que emergiu dos destroços econômicos e sociais da segunda guerra mundial seria campo fértil para o surgimento de práticas ilícitas e de piratas modernos que, entre outros crimes, investiram nas brechas da ainda incipiente legislação que abarca os direitos da criança. Um deles está logo na abertura da carta de princípios da ONU, quando foi criada, em outubro de 1945:

> *Nós, os povos das Nações Unidas, decididos: a preservar as gerações vindouras do flagelo da guerra que por duas vezes, no espaço de uma vida humana, trouxe sofrimentos indizíveis à humanidade...*

    Para reiterar esse compromisso, em 11 de dezembro de 1946 nascia o Fundo das Nações Unidas para a Infância. Atentem para o que reza o primeiro parágrafo do site oficial da entidade:

O Fundo das Nações Unidas para a Infância (UNICEF) recebeu da Assembleia Geral da ONU o mandato de defender e proteger os direitos de crianças e adolescentes, ajudar a atender suas necessidades básicas e criar oportunidades para que alcancem seu pleno potencial. O UNICEF é guiado pela Convenção sobre os Direitos da Criança[26] e é o principal defensor global de meninas e meninos.

A Convenção, aprovada em 1989, obriga os países signatários do documento a honrar os compromissos estabelecidos na Declaração Universal dos Direitos da Criança, assinada em 1959. Entre eles, o texto *reconhece* que "a criança, para o pleno e harmonioso desenvolvimento de sua personalidade, deve crescer no seio da família, em um ambiente de felicidade, amor e compreensão", admite que em todos os países do mundo há crianças vivendo em condições excepcionalmente difíceis e que "precisam de consideração especial"; enfatiza a importância da "cooperação internacional para a melhoria das condições de vida da criança em todos os países em desenvolvimento, e, no Artigo 11, destaca:

1. Os Estados Partes devem adotar medidas para combater a transferência ilegal de crianças para o exterior e a retenção ilícita das mesmas fora de seu país.
2. Para tanto, os Estados Partes devem promover a conclusão de acordos bilaterais ou multilaterais ou a adesão a acordos já existentes.

Hoje eu nasci pela segunda vez
Não se pode minimizar os resultados obtidos por esse arcabouço jurídico e social universal, mas também não há como empurrar para debaixo do tapete a realidade que ainda persiste em decorrência dos resquícios do "flagelo" da guerra, como a fome, a miséria e o tráfico de crianças. Esse crime, que está presente praticamente todos os dias na imprensa mundial, foi um dos destaques da edição do dia 3 de janeiro de 2021 do jornal *O Globo*: "Sequestrada e levada para a França ainda bebê, jovem realiza sonho de achar família." A manchete atualizava a saga da cineasta Charlotte

Cohen — agora Isabella dos Santos — que buscava suas origens há 20 anos, desde que descobriu não ser filha legítima do casal de franceses com quem morava em Paris. Tinha dois meses quando foi vendida por 15 mil euros para o mercado internacional de adoções ilegais pelos patrões de sua mãe, empregada doméstica. O casal de italianos Franco e Guiomar Morselli também dirige o orfanato Menino Jesus, no bairro de Santana, em São Paulo.

O caso, com perdão da palavra, é escabroso, típico da máfia, e acabou sendo um dos principais alvos de investigação da Comissão Parlamentar de Inquérito, a CPI do Tráfico de Pessoas que em 2014 ouviu Isabella dos Santos — ainda Charlotte Cohen — e o casal Franco e Guiomar Morselli. O depoimento dela foi fundamental para que a adoção ilegal passasse a ser considerada crime de tráfico de pessoas no país. "Isso já tinha sido uma grande vitória para mim", disse Isabella à repórter do UOL, Daniela Garcia, no início de abril de 2017, uma semana depois de ter recebido o resultado do exame de DNA:

> Eu consegui encontrar num banco de dados de São Paulo o prontuário do dia que eu nasci, 30 de abril de 1987. Eu vi um bebê com tipo sanguíneo B negativo, e constava como endereço da minha mãe a casa da Guiomar. Achei, então, o nome Jacira dos Santos, 21 anos. Foi tudo se encaixando. Descobri esse prontuário em novembro de 2016. Aí eu cheguei na minha irmã pelo Facebook e mandei uma mensagem. E ela me respondeu: "A minha mãe, realmente, teve uma filha em 1987 que tiraram dela. Ela trabalhava na casa da dona Guiomar. Você se chamava Isabella... Depois desse contato, minha irmã veio com uma tia. Eu tinha que fazer o exame de DNA comparado ao da minha tia, porque a minha irmã não tem o mesmo pai. O resultado deu positivo. Saiu na sexta-feira, 24 de março."[27]

Há muitos mais, como fez Charlotte Cohen, procurando suas origens, tentando reconfigurar suas vidas. As redes sociais têm sido a ferramenta mais amigável dessa engrenagem psicológica, que exige paciência e resiliência. No Facebook, a página "Procuro meus pais biológicos", criada em 2012, contava mais de 3 mil seguidores até o início de janeiro de 2021. O roteiro dos casos é quase sempre o mesmo, mas a história do usuário que se identifica como o criador da página, Jorge Silva de Santana, é peculiar e oferece um argumento pouco conhecido em relação ao pensamento do senso comum quando o assunto é adoção. Vejam por que, no angustiante texto (preservada a grafia original) que ele escreveu em 24 de agosto de 2014:

> *Eu me chamo Jorge Silva De Santana, Nasci em Santos, SP no dia 17/10/1958 às 23:10 horas na Rua Da Constituição,224 no Segundo Subdistrito de Santos, SP, mas fui separado dos meus pais ainda criança no tempo do Isolamento Compulsório que foi lei entre as décadas 1920 e 1970 por causa da Hanseníase eu nunca conheci meus pais e nunca tinha conhecido familiar nenhum esse ano com ajuda de Deus em primeiro lugar e em segundo lugar dessa página que minha esposa criou para tentar me ajudar a encontrá-los nos encontramos um casal de irmãos meus por parte de pai e algumas Tias e Primas(os) e descobrimos que meu pai é falecido desde 1979 mas sobre minha mãe não descobrimos absolutamente nada nem dela nem da minha família biológica Materna.*

O isolamento compulsório foi a medida profilática mais drástica do governo brasileiro para combater a Hanseníase, doença contagiosa de origem bacteriana, conhecida por lepra e estigmatizada pela crendice popular como maldição ou praga divina. (Esse mito bíblico povoou o imaginário de muitas crianças no século passado. É simbólica e emocionante a cena do filme épico *Ben-Hur*, de 1959, em que o personagem de Charlton Heston vai ao Vale dos Leprosos e de lá sai carregando a mãe no colo.)

Em dois artigos específicos, a Lei nº 610, publicada em 13 de janeiro de 1949 no Diário Oficial da União, determina como será o isolamento familiar: Artigo 15 — Todo recém-nascido, filho de

> "Foi violentado em seu direito de viver. Vive sem vontade, morre sem saber..."
>
> (Gabriel, o Pensador, em *Não Dá pra Ser feliz*)

doente de lepra, será compulsória e imediatamente afastado da convivência dos Pais. Artigo 16 — Os filhos de pais leprosos e todos os menores que convivam com leprosos serão assistidos em meio familiar adequado ou em preventórios especiais.

A lei continua sendo alvo de críticas pela rigidez com que foi executada, o que talvez explique por que até hoje o cidadão Jorge Silva de Santana ainda não saiba que fim levou sua mãe biológica. É o que se intui pela leitura de dois parágrafos elucidativos que pinçamos de artigo publicado no portal *Justificando*:

> *Tal política sanitária e, principalmente eugenista, tinha como objetivo limpar as cidades, expulsando os "indignos" do convívio social. Nessa toada, não só os doentes de hanseníase foram excluídos, mas também as mulheres traidoras, as solteiras desvirginadas, meninas violentadas pelos seus patrões, homossexuais, militantes políticos, mendigos, bem como os acometidos pela timidez, foram protagonistas da barbárie ocorrida neste período.*
>
> *Como se não bastasse toda a degradação sofrida por aqueles adoentados que eram isolados compulsoriamente, seus filhos também foram atingidos por esse estigma. Apesar de nascerem perfeitamente saudáveis e sem nenhum indício da doença, estes foram, imediatamente, afastados de seus pais e levados aos preventórios, onde cresciam cercados pela mácula da hanseníase. Ademais, durante tal período, eram levadas a "estadias" em casas de famílias, onde eram submetidos, desde a tenra idade, a trabalhos análogos à escravidão, quando não explorados e abusados sexualmente. Isso tudo sob os "cuidados" dos respectivos tutores.*

O debate em torno do anonimato na adoção — falar dos pais biológicos ou guardar segredo — ganhou mais intensidade tanto no círculo acadêmico quanto no âmbito da gestão de políticas públicas a partir de 1993, quando a Convenção de Haia decidiu normatizar a adoção transnacional. No Artigo 1º, descreve seus objetivos, um deles o de "instaurar um sistema de cooperação entre os Estados contratantes que assegure o respeito às mencionadas garantias e, em consequência previna o sequestro, a venda ou o tráfico de crianças. No Artigo 2º, permite que uma criança com residência habitual em um Estado Contratante ("o Estado de origem") tiver sido, for, ou deva ser deslocada para outro Estado Contratante ("o Estado de acolhida"), quer após sua adoção no Estado de origem por cônjuges ou por uma pessoa residente habitualmente no Estado de acolhida, quer para que essa adoção seja realizada no Estado de acolhida ou no Estado de origem.[28]

Desde que veio à luz, o texto suscita controvérsias no campo jurídico do Direito Privado. Na seara acadêmica, as pesquisas e estudos desenvolvidos preocupam-se primordialmente com os efeitos sociais e culturais do tratado de Haia. Em pesquisas que fez na Europa, Ásia e América Latina, a antropóloga Barbara Yngvesson, do Hampshire College de Massachussetts, constatou que a dificuldade do idioma é uma evidente barreira complementar na adoção. No estudo, que ela nomeou de "Parentesco reconfigurado no espaço da adoção"[29], um dos depoimentos colhidos é o da menina etíope Sarah Nordin. Adotada por família sueca, ela estudou numa escola em que havia muitos imigrantes. Era vista como um deles, até mesmo por seus amigos suecos. "E eu não conseguia decidir a que lado pertencia. Era muito difícil porque as pessoas implicavam muito comigo."

"Aceitar a mãe de nascimento é um dos desafios mais difíceis que os pais adotivos devem superar", disse à pesquisadora a assistente social Ingrid Stjerna, experiente em adoções internacionais. Na opinião da antropóloga britânica Ann Marilyn Strathern, "a decisão dos pais em contar ou não ao filho sobre sua origem não é apenas individual, mas baseada em pressuposições culturais, de modo que, num contexto em que a abertura é considerada um valor, há uma pressão social para que os pais falem abertamente sobre este tipo de informação".

Quem melhor para avaliar e indicar os caminhos do que quem já os percorreu? Adotada com dez dias de vida, a autora norte-americana Sherrie Eldridge é uma das pioneiras da causa e, com essa expertise, assegura que a perda para o adotado é:

> *diferente de outras perdas que podemos esperar sofrer na vida, como a morte e o divórcio. A adoção é mais difusa, menos reconhecida socialmente e mais profunda.*

Esta é uma das reflexões do ideário de Eldridge em seu best-seller.[30] Segundo Eldridge, pessoas adotadas passam por sentimentos ambivalentes e dolorosos em algum momento da vida que não podem ser explicados por psicólogos ou especialistas como ela.

No Brasil, uma das recentes vertentes entre os grupos de apoio à adoção é a chamada constelação familiar, espécie de abordagem terapêutica desenvolvida pelo ex-padre alemão Bert Hellinger. A metodologia, embora exaltada por profissionais terapeutas, ainda gera controvérsias. Conforme o portal *Tua Saúde*[31], é considerada uma pseudociência, "pois não existem comprovações científicas da sua eficácia e, por isso, não é aprovada pelo Conselho Federal de Psicologia e nem pelo Conselho Federal de Medicina. No entanto, é reconhecida e oferecida pelo SUS, como parte do Programa Nacional de Práticas Integrativas e Complementares (PNPIC)".

Mesmo com essas reservas, tem atraído considerável clientela no nicho de famílias que têm filhos adotivos. O processo terapêutico na constelação familiar é sistematizado em três quesitos: hierarquia, pertencimento e equilíbrio. Na dinâmica de grupo os familiares não participam diretamente: são representados por pessoas que não conhecem. O papel de cada um é interpretar que tipo de emoção está contido no comportamento da pessoa que ele representa na cena. O formato, salvo melhor juízo, guarda semelhanças com o coaching da adoção. "A constelação familiar não tem como meta curar doenças e sim relacionamentos", alerta a psicoterapeuta Isabella Couto, adepta da filosofia de Bert Hellinger, que explica a relação custo-benefício da constelação familiar em seu livro *Ah. Agora Entendi*.

> "Todo ser humano precisa da verdade sobre a sua existência para apropriar-se desta e organizar-se dentro de sua própria vida."
>
> (Cintia Liana Reis, psicóloga, autora do livro *Filhos da Esperança*)

> "É muito melhor viver sem felicidade do que sem amor."
>
> (William Shakespeare)

07.

A FELICIDADE NO DIREITO: CONCEITOS AO LONGO DO TEMPO

"Parece que existe até um movimento bobo para que a felicidade seja um direito do ser humano, oficializado, como casa, comida, dignidade e educação... Mas ela é um estado de espírito. Não depende de atributos físicos. Nem de inteligência..."

(Lia Luft)

A vida não se restringe a uma relação de causa e efeito, como preconizava a doutrina de Isaac Newton. Há uma série de complexidades que faz do viver uma eterna surpresa — e não seria esse o lado bom da vida, o não saber o que cada dia nos reserva?

O objetivo do direito é assegurar a satisfação possível para partes que disputam questões e buscam entendimento. Satisfação, a rigor, não é nunca sinônimo de felicidade. Portanto, não existe, a priori, uma relação imediata entre o direito e a felicidade, porque o direito organiza as sociedades e garante que as liberdades individuais coexistam, enquanto a felicidade fica adstrita ao foro interno. Mas a moralidade pode garantir que o direito intervenha e crie, pelo atingimento da satisfação possível, um vínculo com a felicidade, definida então como uma situação de "não infelicidade". Será assim quando a lei, segundo a doutrina epicurista, fornecer a todos os bens necessários: teto, água potável, remédios vitais e até educação.

Em teoria, a finalidade do Estado é promover o bem comum da sociedade, ou seja, condições que permitam aos indivíduos alcançar e manter o seu bem-estar individual. O que se espera é que, se o Estado propiciar segurança, educação, saúde, trabalho, previdência, moradia e transporte, o próprio indivíduo será capaz de, satisfeitas as suas necessidades básicas, buscar atingir, por esforço próprio, a sua felicidade. Visto isso, a "felicidade oficial" deve ser, a partir de direitos já constituídos, ter capacidade de tomar impulso para alcançar tudo o que se deseja, além daquilo que já se tem.

A relação se torna perniciosa quando, de maneira positiva, a lei pretende ser — e passa a ser — garantia da felicidade de todos.

O direito não pode ser regido pela moral. A moral é um terreno instável. Lembro-me de ter visto o filme *O Veredito — Inocente*, uma produção alemã de 2016, do diretor Lars Kraume, que debate o julgamento de um major que derrubou um avião com 164 passageiros, sequestrado por terroristas, impedindo que fosse atirado contra um estádio onde estavam 70 mil pessoas. A maioria das pessoas aprovaria a atitude do major. Mas havia o senso moral que mandava sopesar a supremacia da proporção entre vidas salvas e vidas sacrificadas, ignorando o que a constituição alemã afirma, de que nenhuma vida é mais importante que outra. O que nos remete ao dilema do ferroviário, proposto por Hans Welzel e ampliado por Philippa Foot. Imagine-se um funcionário de uma ferrovia, encarregado de operar uma alavanca que serve para desviar o percurso de um trem. Esse funcionário vê um trem desgovernado se aproximando. Não há como parar o trem e, em seu atual curso, vai atingir cinco trabalhadores que fazem reparos na estrada de ferro. Se o funcionário mover a alavanca e desviar o trem, porém, este mudará a direção para outro trecho da via onde está apenas um trabalhador — também fazendo reparos na estrada de ferro, mas em outro ponto. O dilema moral do trabalhador é mover a alavanca ou não mover a alavanca. Ou morrerá uma pessoa, ou morrerão cinco. Pode parecer cartesiana a decisão, mas envolve escolhas morais que estão além da lei.

Aí está. Completada a digressão, teve gente querendo transformar a felicidade em lei, como se fosse possível realizá-la por meio de decreto. Não é exatamente isso, porque seria exagero mesmo para o mais idealista dos membros do Congresso. O que se pretendeu, na realidade, com a proposta de emenda, de que trataremos adiante, foi incluir a palavra "felicidade" na Constituição.

Mas "vamos por partes", como diria Jack, o estripador.

Introdução

Deixando de lado os referentes transcendentais e religiosos, fiquemos com o senso comum de considerar a noção de felicidade essencialmente como uma questão mais de estudos filosóficos e menos dentro do reino da lei. É tradição, desde Aristóteles — e o

Iluminismo veio confirmar —, pensar a felicidade, em termos filosóficos, como o "Supremo Bem¹". Diz Edson Bini, no prefácio que fez à sua tradução de *Ética a Nicômaco*:

> *Para Aristóteles, o bem soberano é a felicidade, para onde todas as coisas tendem. Ela é caracterizada como um bem supremo por ser um bem em si. Portanto, é em busca da felicidade que se justifica a boa ação humana. Todos os outros bens são meios para atingir o bem maior que é a felicidade².*

Felicidade, pois, como o propósito primário do homem, e não como um direito ou liberdade.

Tratando de nomenclatura, o equivalente linguístico da palavra felicidade, em grego, é *eudaimonia*. O prefixo "eu" significa "bom", e "daimon" significa "demônio". Demônio, que a civilização atual pensa como uma entidade da corte diabólica, era, para os gregos, uma espécie de semideus ou gênio. Cada ser humano tinha o seu próprio demônio, como um anjo da guarda. Quem lograva a boa sorte de ter um "bom demônio", era feliz. Mas ai daquele que recebia um "mau demônio" — jamais alcançava a felicidade.

Eu já mencionei os 13 estados que, no Congresso norte-americano de 4 de julho de 1776, disseram que existiam direitos fundamentais, um dos quais não era a felicidade, mas a busca da felicidade, o que não é a mesma coisa. Na cabeça dos nossos irmãos do Norte, cuja civilização é sobretudo individualista, todos podem buscar fundamentalmente a felicidade, portanto, é de se supor que não a tenham. Essa é outra noção. Em todo caso, o texto de 1776 é mais político do que legal. Teve como base, no trecho que se refere à busca da felicidade, o texto da Declaração de Direitos do estado da Virgínia, de 16 de junho de 1776 (praticamente pioneira em relação aos Direitos Humanos):

> *"Os homens nascem igualmente livres e independentes, têm direitos certos, essenciais e naturais dos quais não podem, por nenhum contrato, privar nem despojar sua posteridade: tais são*

> o direito de gozar a vida e a liberdade com os meios de adquirir e possuir propriedades, de procurar obter a felicidade e a segurança".

Repito que o texto é mais político do que legal. Entretanto, a mesma observação pode ser feita sobre Aristóteles, que postula o fim do coletivo, da sociedade, defendendo sim a satisfação do indivíduo, afirmando que a felicidade adviria de um processo espontâneo: cada indivíduo deve buscá-la, desde que seja fundamentalmente livre para fazer essa procura. Tanto no Estagirita quanto nos norte-americanos, existe uma ligação muito forte entre a felicidade e a liberdade de buscá-la. O conceito de referência é: se somos livres, somos livres para buscar a felicidade. Mas usando a liberdade para buscar a felicidade própria, e não a alheia. No caso dos norte-americanos, essa noção está escancarada na sua teoria de mercado familiar — o agente econômico usa sua liberdade para buscar sua própria riqueza e não a de outros. Na análise aristotélica, da mesma forma, a sociedade tem um fim coletivo, que é permitir que a felicidade individual prevaleça.

A busca da felicidade, se nos remetermos à Convenção Europeia dos Direitos do Homem e à jurisprudência do Tribunal Europeu dos Direitos do Homem, é direito fundamentalmente individualista. Pois, também, definições egocêntricas de felicidade.

Voltemos aos textos de Aristóteles. Referindo-se à glória militar, ele considera que o herói defende a cidade e que é feliz por fazer isso por ela. Assim, a felicidade não é o objeto direto de sua ação, mas dela resulta. Por exemplo, a glória do período de ouro da cidade-estado de Atenas colocou Péricles em um estado de felicidade que ele não buscou, mas que, no entanto, lhe deu alegria. Mas se a felicidade for entendida como um objeto direto de atração pelo indivíduo, não se concretizará se não houver publicidade, divulgação para a sociedade. Todos precisam saber, porque daí surgirá o fenômeno da superabundância. Isto é, na busca pelo bem da cidade, se a felicidade não vier para todos (superabundância), pode haver riscos. O exemplo clássico é um político que não busca mais o bem da cidade; contenta-se em buscar o seu prazer pessoal na carreira política — e com isso afeta a felicidade de seus eleitores.

Sejamos realistas. Altamente desejável, mas excessivamente vaga e extremamente imprecisa — eis a felicidade. Immanuel Kant disse, por exemplo, que o conceito de felicidade não existe: é tão indeterminado que, apesar do desejo que todo homem tem de ser feliz, não há quem consiga dizer, em termos precisos e coerentes, o que realmente deseja e o que definitivamente almeja. Acresça-se, pois, à noção de liberdade, uma outra: a noção de vontade, cuja importância todos medem no imperativo categórico da filosofia kantiana. Enfim, ser feliz, para um pensador kantiano, animado pela autonomia da vontade, é fazer o que se quer. Se fizermos o que queremos, nos encontraremos em estado de felicidade.

Vejamos a argumentação — parte dela, pelo menos — de Juliano Ralo Monteiro[3], ao se referir à Proposta de Emenda à Constituição nº 19, de 2010, chamada "PEC da Felicidade":

> ... para Aristóteles, a felicidade é a finalidade da natureza humana, como dádiva dos deuses, a felicidade é perfeita. Para o Filósofo, a felicidade é um bem supremo que a existência humana deseja e persegue, salientando, porém, Aristóteles que a felicidade depende dos bens exteriores para ser realizada. Deste modo, é na busca da felicidade que se justifica a boa ação humana, sendo os outros bens meios para atingir o bem maior: felicidade[4].

A "PEC da Felicidade" foi uma iniciativa do senador Cristovam Buarque (e outros), em 2010, que pretendeu alterar o artigo 6º da Constituição Federal para incluir o direito à busca da felicidade por cada indivíduo e pela sociedade, mediante a dotação pelo Estado e pela própria sociedade das adequadas condições de exercício desse direito. A justificativa foi de considerar os direitos previstos na constituição como direitos sociais essenciais à busca da felicidade. O senador considerou a PEC necessária porque a Constituição de 1988 não citou, formalmente, o direito do acesso à felicidade em seu texto.

Justificou o senador Buarque a sua proposta nos seguintes termos: "[...] os direitos deixaram de transmitir os sentimentos que deveriam representar, sendo necessário criar um novo paradigma na elaboração e na execução de políticas públicas." Segundo ele, o direito de ser feliz está atrelado aos direitos sociais e não ao subjetivismo de cada qual.

Tramitou a PEC por quatro anos e, sem ser levada à votação, terminou arquivada ao final da legislatura, em 2014, e seguiu aguardando previsão do artigo 332 do Regimento Interno do Senado Federal[5]. A proposta não foi feliz.

Entretanto, voltou à pauta sete anos depois e, no dia 10 de novembro de 2021, foi aprovada pela Comissão de Justiça e Cidadania do Senado (CCJ), segundo informou o jornal *O Estado de S.Paulo*, com a seguinte redação, no seu art. 6º:

> *São direitos sociais, essenciais à busca da felicidade, a educação, a saúde, a alimentação, o trabalho, a moradia, o lazer, a segurança, a previdência social, a proteção à maternidade e à infância, a assistência aos desamparados, na forma desta Constituição.*

O projeto — que no momento em que este livro é escrito ainda deve ser aprovado em plenário pelo Senado e depois pela Câmara dos Deputados — "não obriga o Estado a garantir a felicidade de seus cidadãos", disse o jornal. Segundo Cristovam Buarque, a proposta visa acima de tudo a "mudar a percepção da sociedade sobre a dignidade humana".

Beatriz Rubin contra-argumenta: "Já na proposta de Cristovam Buarque, pode-se pressupor que existem direitos sociais essenciais à busca da felicidade ('e ponto'). Entretanto, a busca da felicidade, em si, não parece assegurada, o que, automaticamente, anularia todo o objetivo desse artigo constitucional."[6]

Atender uma sociedade pluralista, que tem necessidade de consistência, adaptabilidade e universalidade do direito, acaba sendo um grande desafio. O direito tenta equilibrar as velhas regras e os novos princípios constitucionais que organizam a sociedade, o que parece interessante para recodificar o direito no Brasil.

Sobre o tema, vejamos o que diz, em artigo, Juliano Ralo Monteiro:

> *De que adiantaria falarmos em direito à felicidade se a maioria da população brasileira não tem acesso à educação ou a alimentação? Se a situação da saúde é precária? Se grande parte da população não tem acesso a bens de consumo que diariamente são induzidos a consumir pelos meios de comunicação? Se a maioria da população não possui, em suma, bens que garantam higidez física, mental e espiritual? Distante, se encontra dessa forma, o estado de uma consciência plenamente satisfeita. A esse respeito já declarou Norberto Bobbio na década de 70, ao afirmar que o problema grave de nosso tempo, com relação aos direitos humanos, não é mais o de fundamentá-los, e sim o de protegê-los[7].*

Sigamos, porque há vozes discordantes.

Para Francisco Viana, a felicidade é uma questão metafísica prática, ligada à coletividade e não apenas ao indivíduo[8]. Ele defende que o tempo livre se tornou o grande termômetro do ser feliz: dispor do tempo livre, e não precisar viver em função da sobrevivência, seria um sinônimo de felicidade.

Charles Fourier, filósofo francês que é considerado um dos pais do cooperativismo, também é pela coletividade. Mas desenvolveu uma tese no mínimo extravagante, sobre o amor e sua relação com a felicidade. Disse ele que o amor se confunde com a religião: "É na embriaguez do amor que o ser humano acredita elevar-se ao céu e partilhar a felicidade de Deus. A ilusão não é tão nobre e tão religiosa nas outras paixões; elas não elevam tão alto o estado de embriaguez dos sentidos e da alma; elas nos aproximam bem menos da felicidade divina e são menos capazes de fornecer uma espécie de identificação com Deus, por meio de uma religião que seja bem diferente das religiões civilizadas, já que estas são cultos da esperança em Deus e não de associação à sua felicidade."

Para o Marquês de Beccaria, tido como o maior representante da Escola Clássica do Direito Penal, a lei deve nos conduzir à felicidade comum, entendida como a realização dos interesses absolutos e gerais do homem, e essa felicidade está intimamente ligada à igualdade entre os cidadãos[9].

Ilustrativamente, vale registrar trecho de artigo de Saul Tourinho Leal, de 2018: "[...] o Conselho de Estado, na sua primeira reunião, em 2 de junho de 1822, exigiu a convocação de uma Assembleia Geral Constituinte e o fez com a seguinte passagem: 'Senhor, este é o momento em que se decide a felicidade ou a ruína do Brasil... Leis europeias podem trazer a felicidade para europeus, de maneira alguma, porém, a (sul) americanos'. O documento foi assinado pelos procuradores-gerais da província do Rio de Janeiro, Joaquim Gonçalves Ledo e Joaquim Mariano de Azevedo Coutinho, e pelo governador geral do Estado Cisplatino, Don Lucas Jose Obes."[10]

Mas havia, e continua havendo, um paradoxo dentro da própria sociedade: a igualdade *erga omnes* formal (ou seja, a que vale para todos, indistintamente) é defendida em uma sociedade não igualitária. E isso nada mais faz do que realçar ainda mais as desigualdades, pois a lei, "igual para não igual", como costumam dizer pesquisadores que estudam aspectos da exclusão social, é usada por poucos privilegiados e atinge duramente os pobres. E que, por serem pobres, cometem os "crimes de miséria e desespero".

Já vimos em Hobbes que o homem, desde o início, renunciou a uma não pequena parte de sua liberdade original, para entregá-la ao soberano, certamente não como um presente, mas numa espécie de contrato, em que recebia em troca a "máxima felicidade dividida em tantos quanto possível". Era contrário ao raciocínio — que considerava simplista — de Francis Bacon e Robert Boyle, que achavam que bastava observar os fenômenos da natureza para alcançar conclusões filosóficas e científicas.

Beccaria, 200 anos depois de Hobbes, via na sociedade de seu tempo, século XVIII, apenas uma massa de gado, metaforizando homens reduzidos à condição de animais e para quem não há liberdade nem felicidade "quando as leis permitem que em alguns casos o homem cesse de ser pessoa e se torne coisa". Aterrador é que, quase 300 anos depois, a mensagem de Cesare Beccaria ressurge, contemporânea e necessária: devemos acordar da anestesia de mente-corpo, servirmo-nos da razão e, apoiados na lei, buscar uma justiça laica e não arbitrária, e assim viver como cidadãos conscientes e concretamente iguais perante a lei e desfrutar daquela felicidade comum, que no panorama moderno nos parece apenas uma utopia inatingível.

Há 23 séculos, Epicuro já afirmava em sua obra *Carta sobre a Felicidade* que o propósito da filosofia é propiciar uma vida feliz. O homem deseja, quer atingir coisas e objetivos, alguns necessários, outros absolutamente inúteis. É dos desejos necessários, realizados, que surge a felicidade. Dizia Epicuro que não existe vida feliz sem prudência, beleza e justiça, e que não existe prudência, beleza e justiça sem felicidade. São Tomás de Aquino sustentava que toda a pessoa age por um fim que é um bem: a felicidade. Como diz Maria Berenice Dias, foi este pensamento que influenciou Hobbes, Locke e Rousseau a criarem a figura do pacto social para assegurar os direitos naturais e manter a paz.[11]

John Locke (1632–1704) associou virtude, felicidade e prazer. Disse, em seu livro[12], que a ética é o instrumento de busca das regras e medidas das ações humanas que levam à felicidade. Para ele, Deus uniu inseparavelmente virtude e felicidade pública para o sucesso e preservação da sociedade. Ou seja, cada um deve seguir as boas práticas em benefício de todos.

A felicidade e o tempo de lazer

Hoje em dia fala-se em ócio criativo. Mas observa-se que, dos antigos pensadores gregos aos marxistas do final do século XIX, o tempo de lazer já era visto como um tempo afastado das atividades "biológicas" de trabalho e de descanso. Ao dedicar tempo ao lazer, o homem pôde desenvolver suas aptidões mais propriamente humanas: política, cultura, arte e esporte, entre outras. Em grego, a palavra lazer é *scholè*, que deu origem à palavra "escola". Depois dos excessos quase escravagistas da Revolução Industrial, o taylorismo e, mais modernamente, a automação, permitiram aumentar gradualmente o tempo de lazer, porque entendeu-se possível produzir tanto ou mais em menos tempo.

Com isso, os trabalhadores puderam gozar férias remuneradas, direito à aposentadoria, e pôde-se proibir o trabalho infantil. Os patrões relutaram — o empresariado é cruel e consideravam o lazer um incentivo à preguiça — mas o mercado percebeu rapidamente o valor econômico desse tempo que o trabalhador poderia dedicar a consumir outras coisas além do sumamente necessário para a sua vida.

O tempo de lazer sofreu uma dupla transformação: por um lado, é um tempo de consumo (ótimo para o mercado); por outro, um tempo de "entretenimento", que permite olhar para outro lado, esquecer os aborrecimentos da vida real e ficar absorvido no espetáculo. O poeta romano Juvenal já não criticava a prática de dar *panem et circenses* (pão e circo) ao povo, para fazê-lo trabalhar com mais eficiência?

> *O espetáculo subjuga os homens vivos a tal ponto que a economia os subjuga totalmente. Nada mais é do que a economia se desenvolvendo por conta própria. (...) Para levar os trabalhadores à condição de produtores e consumidores "livres" do tempo-mercadoria, o pré-requisito tem sido a expropriação violenta de seu tempo.*[13]

Para Karl Marx, só se conhece uma sociedade quando se analisa o tempo livre de que podem dispor seus cidadãos, para que não se transformem em apenas máquinas da mão de obra capitalista. Porque:

> *A verdadeira felicidade do povo implica que a religião seja suprimida, enquanto felicidade ilusória do povo. A exigência de abandonar as ilusões sobre sua condição é a exigência de abandonar uma condição que necessita de ilusões. Por conseguinte, a crítica da religião é o germe da crítica do vale de lágrimas que a religião envolve numa auréola de santidade*[14].

Mas esse tempo livre, segundo Viana, viria também de um mundo de trabalho justo e equilibrado. Porque sem a distribuição de riqueza o que há é a exploração dando lugar à dignidade e resultando na diminuição da necessidade que o homem — no sentido de humanidade — tem de produzir para viver e considerar, tratando a mão de obra humana mais do que mera mercadoria.

Norberto Bobbio (1909-2004) critica a retórica marxista. Num de seus artigos, o filósofo lamenta "uma determinada concepção de sociedade e de Estado, de economia e de política, da ideia, tão velha quanto a história humana, de que todos os males de que sofrem as sociedades evoluídas derivam da posse individual dos bens e de que o advento do reino da felicidade depende da supressão da propriedade privada e da instauração de um regime econômico fundado exclusivamente na propriedade coletiva".[15] Para ele, o papel do Estado é a garantia da liberdade, da paz e do bem comum.

Umberto Eco, por sua vez, demonstra cinismo: "Não acredito na felicidade — estou lhe dizendo a verdade. Acredito na inquietude. Ou seja, nunca estou feliz por completo. Sempre preciso fazer outra coisa." Em outro artigo, disse isto: "Nós tendemos a pensar na felicidade em termos individuais, não coletivos. De fato, muitos de nós não parecem muito preocupados com a felicidade dos outros, tão envolvidos estamos na busca que tudo consome da nossa própria."[16]

O brasileiro Miguel Reale também não acreditava na felicidade, que considerava uma ilusão. Disse ele, num livro dedicado ao tema[17]: "A felicidade é um valor racional que se fundamenta em sentimentos de ordem e equilíbrio e em vivências harmônicas de carácter psíquico e social. Não em estados eufóricos e jubilosos momentâneos." Disse mais: "A felicidade procede de uma decisão racional, de um juízo deliberativo, pelo qual a consciência conclui (emotiva, mas sobretudo logicamente) ser feliz ou estar em estado de felicidade."

A relação imediata entre o direito e a felicidade

Não há. A felicidade reside no foro interno, enquanto o direito governa o foro externo. O direito é prático e a felicidade está no campo do desejo. O direito trata do comportamento e é a base da ordem social para que se façam coincidir as liberdades (rememoremos Abraham Lincoln: "Minha liberdade termina onde começa a liberdade do outro"). Portanto, a felicidade só pode se realizar se entrar em cena um terceiro conceito: a moralidade. Com base nesse princípio, o direito analisa comportamentos e os pune, sanciona ou premia. A felicidade está nos sentimentos, e estes o direito não se atreve a analisar.

O direito trata do que é certo ou errado. Ou melhor: o direito trata do que, em determinado momento, é considerado certo ou errado. Novamente evocando Isaac Newton, mesmo no direito não há uma simples relação de causa e efeito. Os costumes mudam, os homens mudam. Por isso, a definição mais aproximada da verdade é esta: o direito busca harmonizar as liberdades, e evitar as desavenças entre os titulares dessas liberdades. É a definição que o professor François Terré dá ao direito[18]. Aliás, uma definição negativa de felicidade, porque o direito não garante a felicidade, apenas pretende proteger do infortúnio os desvalidos e os mais fracos. Segundo o professor Terré, o direito tenta fazer coexistir espaços de liberdade nos quais se exerçam e se observem as ações. Por exemplo, espaço político, familiar, econômico (o mercado). A função política do direito é tentar promover essa arquitetura social.

Hobbes postulava um conceito oposto ao aristotélico, de que a felicidade é a obtenção das coisas que de tempos em tempos os homens desejam — a vida é movimento e os homens nunca deixarão de ter desejo, ou medo, ou sensações. Assim, segundo Hobbes, como o ser humano nunca deixa de desejar e o desejo sempre pressupõe um fim mais longínquo, a felicidade não seria uma atividade e nem um fim último ou supremo, mas sim o sucesso contínuo na obtenção dos objetos do desejo[19].

Grande parte dos magistrados contemporâneos entende que o Estado não pode criar óbices à busca da felicidade[20]. Está implícita, nessa consideração, que proibir ou criminalizar casamentos inter-raciais ou homoafetivos constitui violação ao direito constitucional da busca da felicidade.

O direito intervirá por razões morais, para garantir que não existam situações de não felicidade (ou de infelicidade). O direito ordena, mas há quem não cumpra — grande parte do empresariado é cruel, eu já disse.

Ives Gandra Martins defende a tese da garantia dos direitos sociais como meio essencial à busca da felicidade:

> *Na teoria clássica, a finalidade do Estado é promover o bem comum da sociedade, considerado como o conjunto de condições que permite aos indivíduos atingirem o seu bem particular. Se o Estado propicia segurança, educação, saúde, trabalho, previdência, moradia e transporte, o indivíduo tem as condições mínimas para atingir a felicidade, a que todos os homens tendem. No entanto, é preciso fazer a distinção entre fins e meios. O bem comum é a finalidade e os direitos sociais os meios para promovê-lo. Nesse diapasão, não se pode colocar a felicidade como direito a ser garantido pelo Estado. O que é dever do Estado é assegurar os meios para que cada um possa chegar à felicidade. Com efeito, ninguém pode dizer a outro seja feliz, quando esse sentimento não brota de dentro. Pode-se ter tudo e não ser feliz, pois a felicidade é um sentimento de plenitude, que, como dizia Aristóteles, ao dedicar o Livro I de sua* Ética a Nicômaco *à questão da felicidade, apenas se alcança pela posse do bem adequado à natureza humana*[21].

Aí está. O direito, na concepção epicurista, deve ser responsável por definir que o Estado forneça os bens absolutamente necessários para as pessoas, como o comer e o morar. Pesquisadores contemporâneos, entretanto, como Beatriz Rubin, acreditam que a felicidade, a liberdade e a reprodução constituem também necessidades básicas.[22]

A Declaração dos Direitos do Homem e do Cidadão de 1789 se refere, no seu preâmbulo, à "felicidade de tudo[23]" (ou felicidade geral), entendendo que a questão está ligada à felicidade pública. Menções relacionadas a esse fundamento podem ser encontradas em todos os discursos proferidos por Robespierre (1758-1794), defendendo o sufrágio universal e a igualdade de direitos — a emblemática trilogia de *liberté*, *egalité* e *fraternité*[24].

Existe, nos textos constitucionais posteriores à Declaração de Independência dos Estados Unidos, uma certa hesitação entre a busca da felicidade individual e a busca da felicidade coletiva. A felicidade coletiva tem por princípio as ideias utilitaristas (a "felicidade maior") de Jeremy Bentham (1748-1832). Até porque, ao que parece, a busca da felicidade é uma questão política, como John Stuart Mill (1806-1873) definiu, ao evoluir as ideias de Bentham — da base da quantidade para a base da qualidade. Nas sete constituições brasileiras, a palavra felicidade não aparece. Mas infere-se, pelos enunciados dos direitos sociais inscritos especialmente na Constituição de 1988, que felicidade é dignidade, uma visão eminentemente kantiana[25]. Mas vamos nos lembrar que a filosofia anglo-saxônica, nos séculos XIX e XX, já havia trazido também um olhar de fraternidade sobre o tema. O inglês Bertrand Russell (1872-1970) escreveu *A Conquista da Felicidade*, defendendo — em resumo — que felicidade é a eliminação do egocentrismo.

Hans Kelsen (1881-1973) comparou a justiça com a felicidade[26], afirmando que a ânsia por justiça é de fato a eterna busca do homem pela felicidade. Porém o indivíduo, isoladamente, não alcança a justiça, que representa a felicidade coletiva, assegurada pela ordem social.

Hannah Arendt (1906-1975) estudou também o conceito de felicidade pública[27], analisando as duas constituições revolucionárias: Estados Unidos (1787) e França (1789).

Pensador dos nossos tempos, o filósofo espanhol Julián Marías dedicou um livro ao tema[28]. Estudou os diferentes conceitos de felicidade desde a Antiguidade, e concluiu que, por ter evitado cuidar desse assunto, a sociedade contemporânea está sendo bastante infeliz.

Ainda mais próximo dos nossos dias, John Rawls (1921–2002), na sua teoria da justiça equitativa[29], considera a felicidade como um valor em si mesmo, portanto, autossuficiente. Não é um objetivo, mas a concretização do desígnio, diz ele. O princípio da diferença é que deve nortear a distribuição dos recursos na sociedade, com vistas à satisfação de todos.

Escreve Zygmunt Bauman: "Poderíamos até dizer que nossa era moderna começou verdadeiramente com a proclamação do direito humano universal da busca à felicidade."[30]

Ronald Dworkin (1931–2013), professor em Oxford, rebateu a felicidade coletiva regida conforme os postulados do positivismo, defendendo o liberalismo igualitário (individualista). Contrapôs-se até mesmo ao seu antecessor na cátedra, H. L. A. Hart (1907–1992), ao mencionar que, além das normas e das regras, existem as diretrizes políticas a nortear decisões judiciais.

Vê-se, pois, que o direito e o Estado são os entes a quem os jusfilósofos apontam o dever de buscar assegurar o direito à felicidade — teoricamente com o consentimento dos governados. Mas está longe a unanimidade, entre os pensadores. Talvez Nelson Rodrigues tivesse razão, ao considerar que toda unanimidade é burra...

A felicidade individual e coletiva em alguns textos constitucionais

O dinamarquês Alf Ross (1899–1979), professor de direito da Universidade de Copenhague, que trago aqui para ilustrar o pensamento escandinavo sobre o tema, afirmou sempre que a felicidade está na liberdade e na igualdade, respeitadas as condições individuais.[31] Para ele, a justiça tem o papel de limitar e harmonizar desejos e interesses.

Mas é difícil encontrar unanimidade nas certezas.

O sociólogo francês Jean Baudrillard (1929-2007) escreveu: "Todo o discurso sobre as necessidades assenta numa antropologia ingênua: a da propensão natural para a felicidade. Inscrita em caracteres de fogo por detrás da menor publicidade para as Canárias ou para os sais de banho, a felicidade constitui a referência absoluta da sociedade de consumo, revelando-se como o equivalente autêntico da salvação."[32]

Por seu lado, o economista hindu Amartya Sen vincula o grau de felicidade mensurado pelo desenvolvimento com liberdade — aliás o título do seu livro clássico[33].

A pesquisadora C. Rojas, num estudo sobre o pensamento de Amartya Sem, disse: "[...] a felicidade, base para a aferição do desenvolvimento de um país, é um dever do Estado, não cabendo falar na subsidiariedade deste sem que se configure afronta ao texto constitucional, à eliminação das principais privações à liberdade e óbice ao desenvolvimento nacional. [...]"[34] A referência, aqui, é a FIB (Felicidade Interna Bruta), de que já tratamos neste livro.

A Constituição da República Portuguesa, embora não consagre a palavra felicidade, assegura, no artigo 9º, que são tarefas fundamentais do Estado: "Socializar os meios de produção e a riqueza, através de formas adequadas às características do presente período histórico, criar as condições que permitam promover o bem-estar e a qualidade de vida do povo, especialmente das classes trabalhadoras, e abolir a exploração e a opressão do homem pelo homem."

A Constituição alemã, chamada de Lei Fundamental da República Federal da Alemanha, também não consagra a palavra felicidade, mas estabelece liberdade e dignidade como os principais direitos fundamentais da pessoa. Vejamos o que diz o artigo 1º: "A dignidade da pessoa humana é inviolável. Constitui obrigação de todas as autoridades do Estado o seu respeito e proteção. O povo alemão reconhece, em consequência, os direitos invioláveis e inalienáveis do homem como fundamento de toda comunidade humana, da paz e da justiça do mundo." A Lei Fundamental Alemã teve duas grandes inspirações — que também influenciaram a concepção ocidental do direito. Um dos expoentes foi Rudolf Von Ihering (1818–1892), que defendeu em seu livro *A Luta pelo Direito*, que a paz social só pode ser alcançada através da busca, ou luta, pelo direito. Antes dele, Friedrich Von Savigny (1779–1861), referia-se ao direito como um organismo vivo, ligado aos costumes e crenças de grupos sociais. Para ele, era desnecessário um código de leis imutáveis.

A Constituição da República Italiana não menciona a palavra felicidade, mas confirma o princípio da solidariedade política, econômica e social.

Vai na mesma direção a Constituição da Espanha, que prescreve o seguinte, em seu artigo 10º: "A dignidade da pessoa humana, os direitos invioláveis que lhe são inerentes, o livre desenvolvimento da personalidade, o respeito à lei e aos direitos do semelhante constituem o fundamento da ordem política e da paz social."

A Constituição Política dos Estados Unidos Mexicanos, de 1917, ainda vigora. Está assentada sobre o princípio da igualdade. Não menciona a palavra felicidade, mas foi uma carta essencial para o moderno constitucionalismo.

Todas essas cartas têm um traço de linguagem comum: mencionam na sua fraseologia expressões como interesse geral, interesse público, bem comum, coletivo e outras que fazem vislumbrar a intenção do legislador de remeter à pura e simples questão da felicidade pública, embora façam menção ao bem-estar individual. Por trás da felicidade coletiva, a noção de que há uma felicidade para cada um.

Jean Carbonnier (1908–2003), jurista francês, declarava: "A cada família um direito. [...] A família não é organizada pela lei, mas pelo amor." A partir dessa concepção, promoveu a reforma do direito de família no Código Civil francês, dizendo que vale mais a sensibilidade do juiz do que a regra inflexível da lei para definir a felicidade[35]. Tem razão o jurista, porque a noção de felicidade pressupõe uma dose alta de subjetividade.

Leis costumam ter o seu quinhão de caráter político, por isso não devem dizer o que significa ser feliz. Esse perigo latente de deixar a cargo da lei definir a felicidade é que explica o cuidado das principais constituições de expressar não a obrigação do Estado de promover a felicidade, mas de garantir as condições mínimas para que cada cidadão busque a felicidade da maneira que mais lhe convier.

Marcelo Neri, economista da Fundação Getúlio Vargas e que foi presidente do Ipea (Instituto de Pesquisa Econômica Aplicada) entre 2012 e 2014, coordenou um estudo ouvindo pessoas de 160 países e concluiu que existe uma forte correlação entre níveis de renda e de felicidade, "salvo no Brasil, onde as pessoas são muito mais felizes, apesar da baixa renda". O relatório mostrou também que os brasileiros são o país mais otimista da terra quanto à sua felicidade futura[36].

Talvez por isso Rui Barbosa fale de felicidade enquanto "doçura":

> *A felicidade está na doçura do bem, distribuído sem ideia de remuneração. Ou, por outra, sob uma fórmula mais precisa, a nossa felicidade consiste no sentimento da felicidade alheia, generosamente criada por um ato nosso.*[37]

"Creiam-me, o menos
mal é recordar; ninguém se fie
da felicidade presente; há nela
uma gota da baba de Caim."

(Machado de Assis)

08.

A FELICIDADE NA SOCIOLOGIA

> "O mal está por toda a Terra e uma de suas formas é a Felicidade."
>
> (Fernando Pessoa)

A busca da felicidade está fadada ao fracasso. O autor desse presságio é o filósofo e ensaísta francês Pascal Bruckner[1], que esteve fazendo conferências no Brasil em 2014 para falar do seu livro *A Euforia Perpétua — Ensaio sobre o Dever da Felicidade*. Numa delas, convidado do projeto Fronteiras do Pensamento, Bruckner estabeleceu a premissa que baliza todo o seu pensamento, a partir de evidências já enunciadas por outros filósofos. Primeiro, que a ideia de felicidade vem do cristianismo, das raízes filosóficas grega e latina. Assim, segundo ele, é impossível haver felicidade porque as pessoas estão sendo castigadas pelo pecado original. "E, por esse motivo, devemos trabalhar o quanto pudermos, durante o breve intervalo de nossa existência, pela redenção. Este era o conceito de felicidade para os nossos ancestrais."

Nesse sentido, Bruckner evoca conceitos largamente disseminados como, por exemplo, o de que "numa sociedade hedonista como a nossa, não sabemos mais exatamente qual papel atribuir à doença, ao luto, às tristezas e à morte". Então, é cáustico: "Estamos profundamente nus diante desses fenômenos que se abatem sobre nós." Crítico do multiculturalismo, Bruckner se posiciona ao lado das minorias étnicas, religiosas e culturais, reforçando o debate iluminista.

> *Nossa concepção de felicidade hoje é fundada sobre uma ilusão. Anexamos a felicidade à grande epopeia prometeica da existência. Pensamos que a felicidade pode ser objeto de uma filosofia ou de uma terapia, e que nós podemos encomendá-la como pedimos um prato em um restaurante. E que ela depende apenas da nossa vontade. Assim, temos uma visão não simplesmente consumista da felicidade, pois se fosse suficiente comprar um objeto*

para ser feliz seria muito mais simples. Mas nossa concepção é construtivista, como uma casa que devemos edificar ao longo da nossa existência. As fundações na infância, a calçada, depois o teto, a velhice. Uma concepção que me parece muito ingênua.[2]

A felicidade é um elemento que pertence ao passado; é um elemento que pertence ao futuro; mas que não pode, em caso algum, fazer parte do presente.

À vista desse e dos demais enunciados de Bruckner, penso ser razoável sopesá-los com o pensamento de antropólogos e sociólogos a respeito do sentido da vida em comunidades ancestrais, chamando também ao debate os protagonistas diretamente envolvidos no tema, como os indígenas, por exemplo. Leio na obra do escritor e líder indígena Daniel Munduruku[3] uma primeira contradição quando ele diz que os adultos do seu povo jamais fazem aos seus curumins a pergunta que é recorrente entre as famílias brancas: "O que você vai ser quando crescer?" Não a fazem, entre outros motivos, porque, diz Munduruku, a palavra futuro não consta no vocabulário do povo dele. "Nós só temos o passado e o presente. Educamos nossas crianças dentro dessa perspectiva. O tempo inteiro ele busca no passado os sentidos para atualizar sua existência no presente." Essa convicção, segundo ele, está no conceito do que o povo indígena chama de "pensamento circular". Ele mesmo exemplifica: para o povo indígena, o hoje é como uma roupa que foi feita sob medida para viver o agora. "Amanhã a gente troca, quando o amanhã virar hoje." A noção de felicidade, nesse contexto, segue a tradição dos ancestrais. "Meu avô sempre lembrava que precisávamos saber duas coisas para sermos felizes: não se preocupar com as coisas pequenas; e a segunda: todas as coisas são pequenas."

Nos livros que publica ou palestras que faz Brasil afora e no exterior, Daniel Munduruku sempre ressalta que seu objetivo é mostrar "o que a sociedade brasileira perdeu ao rejeitar os valores indígenas", como disse em entrevista ao portal *Brasil de Fato*[4]. Essa lição de sabedoria, também reverberada por outras lideranças indígenas, me despertou a necessidade de acompanhar, de alguma forma, a desenvoltura com que as novas faces de vários segmentos do campo cultural, filosófico e literário passaram a ganhar espaços na sociedade, no universo acadêmico e na mídia. E, principalmente, qual a importância da ancestralidade em todo esse processo?

O estudo da ancestralidade, propriamente dita, não se resume, nos dias atuais, ao campo científico, que identifica as origens genéticas do homem. Pesquisas realizadas por conceituadas universidades dos Estados Unidos e da Europa, concluídas há pouco tempo e publicadas pela revista inglesa *Nature*, estudou o DNA de 800 indivíduos da Idade do Bronze[5]. As descobertas abrem novas perspectivas para saber o que deu origem às migrações transnacionais, como a que povoou o sul da Grã-Bretanha entre os anos 1300 e 800 a.C. Os pesquisadores tinham pela frente outro desafio: descobrir o *locus* da origem dos migrantes que, à primeira vista, podem ter vindo da França. O trabalho, na análise inicial, considerou que "não houve uma invasão violenta ou um evento migratório isolado, mas sim uma conexão de vários séculos devido a casamentos mistos, pequenas movimentações familiares e comércio".

A ciência — e nesse caso específico, a genética — tem sido a tábua da salvação para praticamente todas as indagações da humanidade. Não seria diferente quando foi acionada a procurar respostas sobre a ancestralidade e, afinal, acabar descobrindo que ambas têm muito mais em comum do que se poderia imaginar. O que parecia filme de ficção até meados do século passado, hoje basta um teste de DNA para qualquer pessoa que tem dúvida quanto à sua origem biológica ou quer esmiuçar sua árvore genealógica. A ancestralidade é um dos vetores obrigatórios no atual debate em torno das discussões que envolvem a diversidade social e cultural.

As respostas têm sido surpreendentes desde que o dramaturgo, frustrado com o vexame da seleção canarinho — o fatídico Maracanaço de 1950, que já abordamos em capítulo anterior — cunhou a expressão "complexo de vira-latas" que, segundo ele, explicaria o sentimento de inferioridade dos brasileiros em relação a outros povos. Ele imaginava que a conquista de um título de tal magnitude no esporte mais popular do planeta seria um contra-ataque (desculpem o trocadilho) à altura aos nossos detratores e poderia ao menos minimizar a indigência tupiniquim aos olhos do mundo em áreas vitais como educação e cultura.

Salvo engano, a manifestação de Nelson Rodrigues, ainda que aparentemente um arroubo verborrágico, nada mais foi do que a exteriorização do vulgar "nó entalado na garganta" da história dos povos da América Latina. Não há como falar de ancestralidade sem saber as origens dos povos que emigraram de suas terras. Dos primórdios da miscigenação de indígenas e africanos escravos, até a vinda de caucasianos e asiáticos. Portanto, para falar de imigração precisamos entender de onde e por que vieram. Como e por que o Brasil abriu suas fronteiras para outros povos. Essa narrativa, lamento dizer, tem relação direta com uma das páginas mais infelizes da humanidade e ainda é faceta vergonhosa muito presente na história do Brasil: a escravidão, "a mais terrível de nossas heranças", como escreveu Darcy Ribeiro.

Não há como ignorar que a onda imigratória guarda relação direta de causa e efeito com o processo de escravidão que vigorou no Brasil desde que as caravelas portuguesas aportaram por aqui. Iniciada a colonização em terras brasileiras, trataram os conquistadores de criar uma nova rota para o tráfego de pessoas escravizadas, *expertise* que já dominavam no caminho para as Índias. Estima-se, pelas estatísticas mais confiáveis, que pelo menos 5 milhões de africanos foram desembarcados em terras brasileiras no período que vai do descobrimento até meados do Império. Mais de 1 milhão apenas entre 1801 e 1862, segundo a pesquisa

> O brasileiro é um Narciso às avessas, que cospe na própria imagem. Eis a verdade: não encontramos pretextos pessoais ou históricos para a autoestima.
>
> (Nelson Rodrigues)

Trans-Atlantic Slave Trad, da Universidade de Cambridge, Inglaterra.

Vinham em condições desumanas, como aqueles que antes eram enviados para a Inglaterra e para os Estados Unidos. Confinados em porões fétidos e mal ventilados, subnutridos, vítimas de castigos e expostos a todos os tipos de doença. Pelo menos 10% morriam durante o caminho e sucumbiam baleados ou à faca em motins frustrados, quando não eram atirados aos tubarões. Em 1850, Estados Unidos e Inglaterra proibiram o tráfico internacional de pessoas, decisão que foi acompanhada por Pedro II com a lei Eusébio de Queiróz, seu ministro da Justiça, que tornava ilegal o tráfico de pessoas para escravizar. Mas, por aqui, foi uma lei "para inglês ver" (aliás, a expressão tem origem naquela época). O tráfico continuava com a mesma força, o que levou o movimento abolicionista a encurralar Pedro II. Entre eles estava o jovem Castro Alves (1847–1871), que escreveu um longo poema narrando os horrores vividos pelos africanos nos navios negreiros:

> Era um sonho dantesco... o tombadilho
> Que das luzernas avermelha o brilho.
> Em sangue a se banhar.
> Tinir de ferros... estalar de açoite...
> Legiões de homens negros como a noite,
> Horrendos a dançar...
> Negras mulheres, suspendendo às tetas
> Magras crianças, cujas bocas pretas
> Rega o sangue das mães:
> Outras moças, mas nuas e espantadas,
> No turbilhão de espectros arrastadas,
> Em ânsia e mágoa vãs!

Quando a Lei Áurea foi aprovada no Senado do Império, alemães, italianos, franceses e africanos livres já andavam por essas terras tropicais. Correspondiam a 3,8% da população de 10 milhões de habitantes que o Brasil tinha em 1872, de acordo com números do primeiro censo da história do país. Os escravizados somavam 15,24%, enquanto havia 4% de índios e 38% se declararam brancos. A maioria absoluta era de quem se dizia preto ou pardo: 58%. A pesquisa foi considerada como uma das ações inovadoras da política do imperador.

Numa rápida visita a outro capítulo da história do Brasil, constata-se que ali pelo final do século XIX o café era a menina dos olhos do PIB nacional, carro-chefe da exportação do país, com status de *commodity* no contexto mundial de negócios. A tal ponto que, além de poder e riqueza, os grandes latifundiários, donos das terras e dos escravizados, passaram a constituir a nova elite do país. Eram os barões do café, um afago de Pedro II em agradecimento àqueles homens que sustentavam a economia do Império. É verdade que os dividendos gerados pelas exportações do café embalaram o crescimento e a urbanização das regiões dos maiores polos produtores, como São Paulo e Rio de Janeiro. Mas, ainda assim, havia uma pedra na sapatilha dourada do imperador, que continuava às voltas com a forte pressão dos movimentos abolicionistas, àquela altura engrossada pelo apoio da princesa Isabel e dos cafeicultores paulistas oposicionistas ao seu pai.

Até então, as iniciativas parlamentares apoiadas pelo governo imperial com o suposto objetivo de passar uma borracha no passado escravocrata do país foram meramente paliativas, ao gosto dos latifundiários. Serviram apenas para empurrar a solução com a barriga. Enquanto isso, continuava mofando nos gabinetes do parlamento o projeto de lei que determinaria o fim definitivo da escravidão. Com a renúncia do Barão de Cotegipe, primeiro-ministro do Império, a princesa nomeou para seu lugar o senador João Alfredo, autor da proposta, que foi aprovada em 10 dias e levada à sanção de Isabel em 13 de maio de 1888.

Bastidores da História

1: A queda do Barão de Cotegipe teria sido uma "pegadinha" armada pela Princesa Isabel, ao exigir do primeiro-ministro que demitisse o chefe da Segurança do Rio de Janeiro. Ele preferiu renunciar.

2: O episódio confirma que o *lobby* já era prática useira e vezeira na política tupiniquim. Na votação da Lei Áurea, cinco senadores e nove deputados da bancada latifundiária votaram pela derrubada do projeto, alegando que "o fim abrupto do trabalho de pessoas escravizadas tornaria a agricultura inviável e, como consequência, levaria a economia nacional à ruína", como registram os arquivos da Agência Senado.

A Lei Áurea decretou o fim da escravidão, mas além de não ter apresentado soluções para os problemas sociais e étnicos, foi o passaporte para a entrada de imigrantes, como também reconfigurou o mapa econômico do país no seu setor vital, que era a força de trabalho na produção de café. Assim começaria a ser escrita uma nova página na história do Brasil, narrada por homens e mulheres vindos de outros países com seus costumes e tradições. Aqui plantaram sonhos e raízes, destacaram-se nos mais diversos segmentos de atividades do país e ganharam o respeito e a gratidão dos brasileiros. Vieram com a promessa de que aqui encontrariam a felicidade, como anunciavam os cartazes de recrutamento espalhados pelas cidades japonesas.

A felicidade é uma obrigação ancestral

Recentemente vi Djamila Ribeiro na TV Cultura discorrendo com elegância e óbvio conhecimento de causa, temas como ancestralidade e religiosidade — afinal, raízes da mesma cepa umbilical. Preta e caiçara, matrizes do mapa étnico-cultural do Brasil desenhado por Darcy Ribeiro, a escritora e filósofa considera que "o direito à felicidade é um movimento fundamentalmente anticolonial" antagônico ao entendimento ditado pela antropologia eurocêntrica, que via os povos de outros continentes como seres inferiores, vocacionados para serem mandados e sem qualificação para posições de liderança na sociedade. "O Brasil é um país que não conhece o seu passado. A história que é evidenciada é uma história a partir de uma perspectiva eurocêntrica, branca, masculina", desabafou Djamila no programa *Estação Livre*, que foi ao ar no dia 24 de setembro de 2021. Nesse sentido, ela faz eco à postura de Darcy Ribeiro, que se diferenciava por ser antropólogo da geração pós-colonial e empenhou-se para mostrar ao mundo que o Brasil era uma civilização original, tropical, mestiça e humanista. E ele queria tudo "junto e misturado", numa só etnia nacional. Afinal, ninguém melhor do que o irreverente Darcy teria definido com tal lucidez o perfil étnico e sociológico dos brasileiros quando disse que "somos um povo moreno, cheio de festas animadas e de tesão... que não tem medo de ser feliz".

Como se vê, o antropólogo, que faria 100 anos em 2022, contribuiu significativamente para tirar dos bancos acadêmicos a exclusividade do debate em torno da formação antropológica e étnica do povo brasileiro. Nesse contexto, o protagonismo feminino tem impactado cada vez mais os embates políticos e sociológicos dos últimos tempos. Portanto, em 2022, ano do bicentenário da independência brasileira, nada mais justo reverenciar a memória daquelas mulheres baianas que tiveram papel relevante nos confrontos contra os portugueses e deram o primeiro grito de emancipação feminina no país. Nordestina, filha de português, Maria Quitéria vestiu uniforme de soldado do Exército brasileiro e, disfarçada de homem, fugiu de casa e foi para a trincheira das tropas baianas nos conflitos que se seguiram ao 7 de setembro. A iniciativa de Maria Quitéria inspirou suas conterrâneas e ela, desfeito o disfarce de "soldado Medeiros", liderou-as no pelotão de mulheres que ficou conhecido como "Batalhão dos Periquitos" por causa da gola verde dos seus uniformes.

Menos conhecida, a preta Maria Felipa também teve atuação "estratégica": pelo menos duas iniciativas, conforme relata o historiador Eduardo Borges, da Universidade do Estado da Bahia, teriam sido fundamentais para fragilizar as tropas portuguesas. Numa, em 7 de janeiro de 1823, Felipa liderou um grupo de mulheres "que seduziram os portugueses, fizeram com que eles ficassem embriagados e deram uma surra de cansanção [vegetal que provoca urtiga e sensação de queimadura ao toque com a pele] neles. Foi uma pequena batalha pontual na Ilha de Itaparica, mas que resultou em uma queda no número de soldados da tropa portuguesa". Outra façanha de Maria Felipa foi ter liderado um grupo de homens e mulheres que queimou as embarcações dos portugueses na ilha de Itaparica. A Bahia também deu a primeira mártir da independência: a freira Joana Angélica, que impediu a entrada dos soldados portugueses no convento da Lapa e foi morta com um golpe de baioneta[6].

Brasileiros e latino-americanos são frutos da mesma árvore histórico-cultural, herança da colonização. País de território continental, acolheu ou foi ocupado por "gregos e troianos", e desse caldo surgiu o povo mais miscigenado do mundo. Ok, é um surrado clichê, mas é a marca registrada do Brasil. Está lá, gravada nos pincéis de Mestre Vitalino, Djanira da Motta e Silva, Heitor dos Prazeres, Waldomiro de Deus, Adão Silvério, aqui representando o melhor da nossa pintura primitivista. Dissecada e explicada, entre tantos, por Darcy Ribeiro, Sérgio Buarque de Holanda, Antonio Candido, Câmara Cascudo, Gilberto Freyre. É o país tropical "bonito por natureza", cantado por Jorge Ben Jor, apenas uma das vozes entre tantas talentosas que exaltam a nossa multidiversidade e que, se me dão licença, foi sintetizada à perfeição com o "mulato inzoneiro" que Ary Barroso batizou em sua *Aquarela do Brasil*, de 1939. O ufanismo de Ary, espalhado pelos quatro cantos do país, foi homenageado no samba-enredo da Império Serrano no carnaval de 1964, com o título de *Aquarela Brasileira*, do compositor Silas de Oliveira. Mas Ary pregou uma peça nos sambistas da Império: morreu naquele dia e a notícia chegou ao sambódromo poucos minutos antes de a escola iniciar seu desfile. Com o entusiasmo no chão, a Império, de favorita, terminou em quarto lugar.

Como explicar toda a heterogeneidade que campeia por esse "florão da América, iluminado ao sol do novo mundo" quando, olhando os primeiros resultados do projeto DNA Brasil, ficamos sabendo que 75% da nossa herança genética paterna é europeia, 14,5% africana e apenas 0,5% indígena. Do lado materno, 70% vêm de mulheres africanas e indígenas. Sim, é a ciência novamente jogando luzes no obscurantismo para identificar os traços de nossa ancestralidade e, ao mesmo tempo, para entender até que ponto essas descobertas podem ajudar na prevenção e no tratamento de doenças como diabetes, Alzheimer e outras de origem genética.

Na fase inicial, o projeto analisou o DNA de 1.247 voluntários (serão 15 mil ao todo). Observou-se, segundo Lygia da Veiga Pereira, coordenadora do estudo, que 88% das variações encontradas estão presentes em 54 populações diferentes no mundo. Essas informações iniciais confirmam o que os cientistas, de modo geral, já sabiam: as relações de casamento e família entre os nossos primeiros povos não foram assimétricas, como se poderia supor. É o que explica a professora Tábita Hünemeier, do Instituto de Biociências da USP, que participa do projeto. "Europeus, africanos e indígenas não se casaram e se reproduziram de forma harmoniosa. Se pensarmos na quantidade de europeus aqui naqueles três primeiros séculos, eram só 5% a 10%, o resto eram africanos e nativos americanos. Quando se olha a proporção da miscigenação, ela é oposta a isso."

Coincidência, ou não, "dados da última PNAD do IBGE revelam que 46,8% da população brasileira se autodeclara parda, 1,5% a mais que na pesquisa anterior, de 2012 (grifo da autora). Também houve aumento nos autodeclarados pretos, que passaram de 7,4% para 9,4% da população". Como esse resgate histórico pode impactar as pautas sociais de movimentos negros e femininos? No caso dos afrodescendentes, segundo a pesquisadora, "é realmente importante porque houve toda a destruição dos documentos no final da escravatura, então isso ajuda no sentido de dar uma identidade étnica, de se reportarem para a África de maneira mais clara, saberem de onde vieram e como vieram". Por outro ângulo, segundo Hünemeier, os resultados do projeto desconstroem a ideia do suposto encontro de raças e do amor entre colonizadores e mulheres, romantizado em determinadas publicações e nas novelas. "Ninguém veio para cá para fazer amigos, eles vieram para cá para explorar o país. Claro que vai existir essa ideia de romantizado do brasileiro ser, não ser fruto disso, mas isso não se encaixa nem com os fatos históricos." A antropóloga Maria Catarina Zanini, da Universidade Federal de Santa Maria (UFSM), arremata: "A história de negros, indígenas, e tantas outras populações que constituíram a sociedade brasileira deve ser respeitada e reconhecida em suas especificidades, riquezas e potencialidades. Somos, enquanto população, resultado de muitos processos de mobilidade, encontros e partilhas, sejam genéticas, sociais e culturais."[7]

É Gilberto Freyre (1900–1987), com *Casa Grande & Senzala*, que publica em 1933 uma primeira radiografia sobre a formação étnica do povo brasileiro. A obra ficou conhecida por defender uma democracia racial[8], no sentido de que Freyre teria relativizado as sequelas da escravidão e romantizado a convivência entre colonizadores e colonizados. Depois viriam *Raízes do Brasil*, em 1936, de Sérgio Buarque de Holanda (1902–1982), *Formação do Brasil Contemporâneo*, em 1942, de Caio Prado Jr. (1907–1990) e *O Povo Brasileiro*, em 1995, de Darcy Ribeiro. Numa ordem de leitura, o sociólogo e crítico literário Antonio Cândido (1918–2017) recomendaria começar pelo livro de Darcy, "que esclarece, num estilo movimentado e atraente, o objetivo expresso no subtítulo: 'A formação e o sentido do Brasil'". Em *Casa Grande & Senzala*, Freyre realça o que considera aspectos positivos de cada raça, para justificar as vantagens que a união de europeus, africanos e indígenas trariam ao Brasil. Estabelece, assim, um paradigma que percorrerá a história do Brasil como objeto de estudos, pesquisas e também de aplausos, críticas e muita polêmica. Na ficção, o "encontro de raças" propugnado por Freyre fora antecipado por José de Alencar (1829-1877) na improvável história de amor, três séculos antes, entre Iracema e o colonizador português Martim Soares Moreno. Da união nasce Moacir, o primeiro brasileiro filho da miscigenação[9].

Como veem, o *tour de force* dialético que envolve a obra de Gilberto Freyre por si só é um capítulo tão emblemático quanto as premissas suscitadas pela interpretação que o autor de *Casa Grande & Senzala* dá ao processo de mestiçagem do povo brasileiro. Na visão de Antonio Cândido, porém, a narrativa de Freyre não passou de "lamentável sentimentalismo social e histórico; para o conservadorismo e o tradicionalismo". A USP, berço de Antonio Cândido e outros notáveis, teria sido o endereço da grande rivalidade entre Freyre e a intelectualidade paulista. O pesquisador Gustavo Mesquita, ex-uspiano que escreveu sobre eles, de certa forma desfaz tal intriga, não sem alguma ironia: "Tirando o episódio em que Freyre chamou Fernando Henrique Cardoso de inteligente, Florestan Fernandes de fraco e Octavio Ianni de burro (...) o tratamento entre eles era cortês. Farpas recíprocas, além das críticas abertas, foram muito comuns." Para Mesquita, autor de "Gilberto Freyre e o Estado Novo", o embate com Florestan Fernandes ganhou mais repercussão por causa dos pontos de vista radicais em relação ao contexto de *Casa Grande & Senzala*[10].

Conta o jornalista Mario Cesar Carvalho, em texto do jornal *Folha de S.Paulo* para a edição comemorativa do centenário de Freyre, que em 1961. Florestan não só o bajulou como o convidou para a banca de doutoramento de Fernando Henrique Cardoso e Octavio

"Somos, enquanto população, resultado de muitos processos de mobilidade, encontros e partilhas, sejam genéticas, sociais e culturais."

(Maria Catarina Zanini, antropóloga)

Ianni. Freyre recusou olimpicamente. Pois FHC, tempos depois, foi chamado a escrever o prefácio à edição comemorativa dos 70 anos de *Casa Grande & Senzala*. Ora morde, noutra assopra ao tentar explicar por que "os críticos nem sempre foram generosos com Gilberto Freyre". Não amacia quando diz que para quem tinha o domínio etnográfico de Gilberto Freyre, o negro é idealizado ao excesso. "O indígena é demasiado tosco para quem conhece a etnografia das Américas. Nosso autor considera os indígenas meros coletores, quando, segundo Darcy Ribeiro, sua contribuição para a domesticação e o cultivo das plantas foi maior que a dos africanos." FHC termina afagando o autor: "De alguma forma Gilberto Freyre nos faz fazer as pazes com o que somos. Valorizou o negro. Chamou atenção para a região. Reinterpretou a raça pela cultura e até pelo meio físico. Mostrou, com mais força do que todos, que a mestiçagem, o hibridismo e mesmo (mistificação à parte) a plasticidade cultural da convivência entre contrários não são apenas uma característica, mas uma vantagem do Brasil."[11]

De fato, logo após a Segunda Guerra Mundial, a imagem positiva do Brasil em termos de relações inter-raciais, comparada à dos Estados Unidos e da África, despertou a atenção da Unesco, órgão de fomento da ONU para questões de educação, ciência e cultura, que patrocinou um projeto com o objetivo de "determinar os fatores econômicos, sociais, políticos, culturais e psicológicos favoráveis ou desfavoráveis à existência de relações harmoniosas entre raças e grupos étnicos"[12]. Esse teria sido o estopim que deflagrou a animosidade entre Freyre e Florestan Fernandes, um dos convidados a coordenar o Projeto Unesco ao lado do francês Roger Bastide (1898–1974), também catedrático da USP. O trabalho da dupla concentrou-se em revisitar a obra de Freyre e a do norte-americano Donald Pierson, que esteve por aqui fazendo pesquisas e desenvolveu a tese de que "o Brasil seria uma sociedade multirracial de classes, em que o preconceito existente era antes de classe do que de cor", como descreve Gustavo da Silva Kern na edição nº 06 de 2014 da *Revista Historiador*[13]. Interessante observar que o projeto tem como base para as pesquisas o perfil cultural e sociológico da cidade de São Paulo, como Florestan narra na introdução de seu livro *O Negro no Mundo dos Brancos*, em que também publica a conclusão da sua investigação:

> *Os resultados da pesquisa que fiz, em colaboração com o professor Roger Bastide, demonstram que essa propalada "democracia racial" não passa, infelizmente, de um mito social. E um mito criado pela maioria, e tendo em vista os interesses sociais e os valores morais dessa maioria; ele não ajuda o "branco" no sentido de obrigá-lo a diminuir as formas existentes de resistência à ascensão social do "negro"; nem ajuda o "negro" a tomar consciência realista da situação e a lutar para modificá-la, de modo a converter a "tolerância racial" existente em um fator favorável a seu êxito como pessoa e como membro de um estoque "racial".*[14]

Assassinato de jovem congolês destrói imagem de país cordial e hospitaleiro

De volta ao futuro. Uma, entre tantas notícias que deveriam ter sido riscadas há muito tempo do noticiário recorrente da imprensa, agitou os primeiros dias de 2022 em meio às anunciadas tragédias das chuvas causadas pela incúria dos gestores do dinheiro público. Na verdade, só mais uma com o DNA das controvérsias em torno do equívoco básico (entre outros) que, segundo Florestan Fernandes, seriam fruto da compreensão de que a miscigenação foi tomada "como índice de integração social e como sintoma, ao mesmo tempo, de fusão e igualdade racial". É nesse contrafluxo que se insere o assassinato do congolês Moïse Kabagambe, em plena luz do dia, na "cidade maravilhosa" do Rio de Janeiro. Para o sociólogo José de Souza Martins, o que houve foi mesmo um linchamento. Segundo ele, estudioso desse tipo de crime, pessoas negras não são linchadas por serem negras. Entretanto, "a prontidão para linchar um negro é, na maioria dos casos, maior do que para linchar um branco que tenha cometido o mesmo delito".

É só mais um capítulo dessa história sem fim, que destrói o mito do Brasil cordial e hospitaleiro. O jovem imigrante teria sido vítima do "preconceito de origem", terminologia cunhada pelo sociólogo paulista Oracy Nogueira (que também participou do ciclo de estudos do Projeto Unesco), diferente do "preconceito de marca", que discrimina pelo gestual e por aspectos físicos. Esse não é um caso isolado de violência racial que, quando não chega ao limite, sobra em atos de abuso de autoridade e despreparo dos agentes públicos. Na mesma semana do assassinato de Moïse, o artista negro Jean William estava ao volante de seu carro na balsa que faz a travessia Santos-Guarujá quando foi abordado de maneira agressiva pela polícia. Negro, num carro de branco. O cantor, mesmo sentindo-se humilhado, ainda teve a lucidez de ver, na ação truculenta dos policiais, o reflexo do que pensa a sociedade brasileira. "O indivíduo suspeito era eu, um homem preto, dirigindo um carro 'atípico' para alguém da minha cor. O racismo e seus tentáculos... Até quando...?"

Até quando, não se sabe, mas façamos um exercício de futurologia. Vamos supor que em um improvável (mas não impossível) novo encontro, os policiais que vierem a abordar o músico estejam munidos de moderníssimos equipamentos que mapeiam geneticamente a ancestralidade do "elemento" e, *bingo*, atestem que o negro Jean William tem 67,1% de descendência europeia e 21,5% de sangue africano, como é o caso do sambista Neguinho da Beija-Flor. Não, não se trata de ficção. Assim como o carnavalesco, a campeã olímpica Daiane dos Santos tem 39,7% de sangue africano, 40,8 europeu e 19,6% de ancestralidade indígena. Esses dados compõem a pesquisa realizada em 2007 pela Universidade Federal de Minas Gerais, em parceria com o Instituto Gene, que testou o grau de ancestralidade de um grupo de nove celebridades nacionais.

O estudo, conduzido pelo geneticista Sérgio Danilo Pena a pedido da rede de notícias BBC Brasil, mostrou-se, segundo ele, "um microcosmo dos resultados de nosso estudo com indivíduos autoclassificados como pretos em São Paulo". No grupo pesquisado também estavam Milton Nascimento, Djavan, Seu Jorge, Sandra de Sá, o jogador de futebol Obina, a atriz Ildi Silva e o ativista Frei David dos Santos. A pesquisa contatou que quase 90% dos famosos descendem de africanos pelo lado materno, mas só 44% deles têm a mesma ascendência pelo lado paterno. Isso, segundo o pesquisador, "reflete o fato de que, no Brasil, os relacionamentos entre pessoas de origem diferente eram sexualmente assimétricos". Trocando em miúdos, explica o jornalista Reinaldo José Lopes em seu texto para o portal G1, "os brancos do sexo masculino tendiam a ter como parceiras mulheres negras ou indígenas, muitas vezes à força, mas o contrário — negros ou índios tendo filhos com brancas — quase nunca acontecia. Daí o desequilíbrio"[15].

Desequilíbrio que talvez responda, algum dia, à inquietação do pequeno Guilherme, um menino negro que foi adotado por Gustavo e Karina quando ainda tinha um ano e dois meses. Hoje está com nove e tem dois irmãos, filhos biológicos do casal: Henrique, de sete (portador da síndrome de Down) e Felipe, de cinco (que tem Transtorno do Espectro Autista). O menino escreveu uma carta de sete linhas e a deixou no travesseiro do pai. Dizia, em bom português: "Papai, eu tenho o prazer de ser seu filho! Eu espero que você guarde essa cartinha com amor e carinho... Vou te fazer uma pergunta: Se eu fosse branco, você e toda minha família iam gostar mais de mim?" O pai, surpreso, disse que o racismo estrutural já vinha sendo tema de conversas entre os dois desde que Guilherme contou que era o único garoto negro na sala de aula. "Quando li a carta foi de embrulhar o estômago, uma sensação de me sentir impotente por não preencher todas essas lacunas que ele tem. A sociedade vem fazendo um estrago com esse racismo estrutural, anular emocionalmente uma criança dessa forma é cruel demais."[16]

Será que a angústia da família de Guilherme é do mesmo tamanho do que a desastrosa descoberta que apavorou a escritora e roteirista Kenia Maria logo após saber dos resultados do teste de DNA que revelaria seus ancestrais? Ela foi uma das convidadas do projeto Origens, iniciativa do portal *Tilt/UOL*, que se submeteram ao teste de DNA para conhecer sua árvore genealógica.

> *Para você ver a sofisticação do racismo brasileiro: faz com que eu tenha um sobrenome, e me orgulho de ser "da Gama". Mas Gama era provavelmente o cara que estuprou e laçou minha avó. Esse Gama que eu vou trocar, com certeza, me faz muito mal.*

> "Seu eu fosse branco você ia gostar mais de mim?"
>
> (De menino negro para o pai, branco)

Impactada, Kenia entra na corrente que estimula quanto mais debate melhor entre ativistas pesquisadores. "O racismo no Brasil ainda é uma questão de melanina. É cor. A cadeia está cheia de pardos, porque os retintos são mortos antes de entrar. Antes de incentivar esse exame de DNA, precisamos discutir o que é ser negro socialmente e o que é ser negro geneticamente."[17]

A frase é de autoria do padre italiano André João Antonil (1649–1716), mas é Roberto DaMatta quem vai decupar o sentido dela em seu livro[18], quando fala da Ilusão das Relações Raciais que marcaram o debate sobre miscigenação no final do século XIX. Uma frase profunda, mas que, diz o autor, "mal-entendida" e no "contexto das teorias raciais do momento, ela é no mínimo contraditória". Abstraindo as considerações analíticas de gênese filosófica do autor, vamos ver que DaMatta ataca fortemente os teóricos do racismo no Brasil, como Gobineau, Agassiz, Couty e Buckle, críticos da miscigenação, que "trataram a nossa população como um todo potencialmente degenerado de híbridos incapazes de criarem alguma coisa forte ou positiva".

O antropólogo estabelece analogias com a turbulenta história racial dos Estados Unidos, explica origens e comportamentos típicos de uma sociedade dividida por ideologia e valores, em que "há um Norte igualitário e individualista, que não pode admitir a escravidão, e um Sul hierarquizado, aristocrático e relacional, onde existe uma sociedade cheia de nuances, parecido nisso tudo com o Brasil". Segundo ele:

> (...) é mais fácil dizer que o Brasil foi formado por um triângulo de raças, o que nos conduz ao mito da democracia racial, do que assumir que somos uma sociedade hierarquizada". Não se pode negar

o mito, diz o autor. "Mas o que se pode indicar é que o mito é precisamente isso: uma forma sutil de esconder uma sociedade que ainda não se sabe hierarquizada e dividida entre múltiplas possibilidades de classificação. Assim, o 'racismo à brasileira', paradoxalmente, torna a injustiça algo tolerável, e a diferença, uma questão de tempo e amor. Eis, numa cápsula, o segredo da fábula das três raças..."[19]

Tudo isso, resumidamente e com outras palavras, é o que estão verbalizando cada vez mais enfaticamente os críticos do racismo no Brasil. O rapper Emicida costuma dizer que "a ideia de democracia racial, que *o Brasil é o paraíso das três raças,* isso não é verdade quando você tem a pele escura". O que Roberto DaMatta nos diz é a expressão, no varejo, dos sentimentos de quem está nessa trincheira de intolerância, reiterada por Emicida em suas manifestações e recentemente no programa Altas Horas, na *TV Globo*. "E a gente tem essa cultura da opressão: gritar e o oprimido ficar calado, se sentindo errado. Então, se a garota for estuprada, a culpada será ela; se a pessoa for discriminada e colocada para fora do banco, vão dizer 'ah, não foi assim', 'você estava de boné', 'é porque você estava de moletom, de mochila'. Não. Você sabe que o táxi não para pra você e a viatura [policial], para. Esse é o problema urgente do Brasil."[20]

Em 2015, a jornalista Maria Júlia Coutinho foi atacada nas redes sociais, mas disse que assimilou com naturalidade: "Já lido com a questão do preconceito desde que me entendo por gente... cresci em uma família muito consciente, os meus pais sempre me orientaram. Acho importante que medidas legais sejam tomadas, para evitar ataques a mim e a outras pessoas."

A busca para quem se dispõe a descobrir suas origens genéticas, a desvendar os enigmas da ancestralidade, oferece apenas dois desfechos possíveis: o inferno e o paraíso. Já em 1881, poucos anos depois de José Alencar publicar *Iracema*, Aluísio Azevedo causou alvoroço na sociedade maranhense com *O Mulato*[21]. Mesmo quem não leu o livro conhece o enredo, que narra a frustrada empreitada do protagonista Raimundo por seu passado e o final

> "O Brasil é um inferno para os negros, um purgatório para os brancos e um paraíso para os mulatos."
>
> (Pe. André João Antonil)

trágico que o autor lhe reserva. O que quero mesmo destacar — e, me chama à atenção na leitura desse romance —, é a primorosa descrição que Azevedo faz do perfil de Raimundo que, não nos esqueçamos, é filho de pai europeu, o comerciante português José Pedro da Silva, e de mãe negra, a escrava Domingas, amante do pai. Ali, Azevedo faz a conjugação de praticamente todas as características pessoais distribuídas na composição dessa tão debatida trilogia de raças. Ou não?

Raimundo tinha vinte e seis anos e seria um tipo acabado de brasileiro se não foram os grandes olhos azuis, que puxara do pai. Cabelos muito pretos, lustrosos e crespos; tez morena e amulatada, mas fina; dentes claros que reluziam sob a negrura do bigode; estatura alta e elegante; pescoço largo, nariz direito e fronte espaçosa. A parte mais característica da sua fisionomia eram os olhos — grandes, ramalhudos, cheios de sombras azuis; pestanas eriçadas e negras, pálpebras de um roxo vaporoso e úmido; as sobrancelhas, muito desenhadas no rosto, como a nanquim, faziam sobressair a frescura da epiderme, que, no lugar da barba raspada, lembrava os tons suaves e transparentes de uma aquarela sobre papel de arroz. Tinha os gestos bem-educados, sóbrios, despidos de pretensão, falava em voz baixa, distintamente sem armar ao efeito; vestia-se com seriedade e bom gosto; amava as artes, as ciências, a literatura e, um pouco menos, a política.

O que, efetivamente, muda na vida das pessoas que passam pelo teste para descobrir sua ancestralidade? Quem nunca ouviu ou usou expressões maniqueístas e suspeitas ao ver uma criança recém-nascida, como "Nossa, é a cara da mãe" ou "olha, o nariz do pai" etc. Hoje, qualquer pessoa que tenha condições financeiras para tal pode adquirir um kit DNA e "tirar a limpo" dúvidas que por acaso venha ruminando ao longo de sua vida. Mas, muita cautela, pois o resultado pode extrapolar as expectativas sobre os ancestrais. Para o jornalista e ator cearense Danilo Castro, foi como chegar ao paraíso quando descobriu que vem da etnia bantu e tem descendência tupi-guarani. "Isso me deixou muito feliz e foi uma grande surpresa saber que minha ancestralidade corresponde em 13% aos povos tupi-guarani, em especial aos povos que viviam no litoral nordestino." O artista decidiu compartilhar sua experiência em um documentário audiovisual em que dá o tom político antirracista e ajuda a desmontar a falácia de que não havia negros no Ceará, mesmo depois de o IBGE demonstrar que pretos e pardos são maioria no estado. "O que existe é um desejo de ser branco, colonizado, nórdico. É uma negação do próprio povo cearense." O ator provavelmente está se referindo, nesse desabafo, à pesquisa que circulou em 2020 no estado, dando conta de que os cearenses guardam mais informação genética de povos nórdicos do que de negros e indígenas[22].

Não há como, no entanto, ignorar a ação maléfica de manipuladores dessa ainda recente tecnologia de investigação genética. Reporto-me, com tristeza, ao escabroso caso protagonizado pelo ex-médico Roger Abdelmassih, alçado a guru da reprodução humana depois de ter feito o parto dos filhos gêmeos de Pelé nos fins da década de 1990. Ele abria a porta da felicidade para suas pacientes inférteis que se dispunham a pagar caro para realizar o sonho de ser mães. "Vou te dar esse presente", prometia, antes de estuprá-las. A história desse monstro está fartamente documentada na mídia e, por isso, extraio apenas o seguinte e esclarecedor parágrafo da reportagem publicada pela revista *Época*, edição de 14 de maio de 2011:

> ... A condenação de Abdelmassih a 278 anos de prisão pelos abusos, no entanto, não encerrou um dos mais dramáticos capítulos da história médica do país. Nos últimos dois anos, o Ministério Público do Estado de São Paulo e a Polícia Civil investigaram, em sigilo, os procedimentos médicos da clínica e recolheram depoimentos de ex-pacientes de Abdelmassih. Somem-se aos dois

inquéritos as revelações feitas a ÉPOCA pelo ex-colaborador do médico, o engenheiro químico Paulo Henrique Ferraz Bastos ("... <u>os pais de filhos gerados na clínica do Roger Abdelmassih têm uma grande chance de descobrir que não são os pais biológicos se fizerem um teste de DNA</u>") e chega-se a uma conclusão estarrecedora: parte dos cerca de 8 mil bebês gerados na clínica de Abdelmassih não são filhos biológicos de quem imaginam ser.[23]

Por todo o exposto até aqui — e considerando, segundo as teorias do psicólogo positivista Martin Seligman, que a genética tem 50% de participação na composição do que ele chama de fórmula da felicidade — não seria politicamente incorreto propor outro sentido àquela velha expressão tida como machista, autoritarista, racista, para, olhando no espelho, perguntar-se: "Você sabe com quem está falando?"

"Eu faço e abuso da felicidade e não desisto dos meus sonhos.
O mundo está nas mãos daqueles que têm coragem de sonhar e correr o risco de viver seus sonhos."
(Charles Chaplin)

09.

A FELICIDADE NA MITOLOGIA

> "É possível encontrar a felicidade mesmo nas horas mais sombrias, basta se lembrar de procurar pela luz."
> (Alvo Dumbledore, na saga Harry Potter)

Arthur Conan Doyle (1859-1930), criador de Sherlock Holmes, o mais famoso detetive do mundo da ficção, quem diria, acreditava em fadas! Como bom britânico, era estudioso da literatura cortesã da Idade Média e fã confesso das novelas de cavalaria bretãs, especialmente as do que se convencionou chamar de Ciclo do Rei Arthur. A fada Morgana pode ter sido a primeira fada a habitar o universo da literatura, originalmente na tradição oral, na boca dos trovadores, e depois nas novelas de capa e espada do ciclo arturiano. Sua figura tem origem celta, com o nome Morgaine, que significa "mulher que veio do mar". Não podemos nos esquecer de que "a Inglaterra é um navio, que Deus na Mancha ancorou", como disse Castro Alves no Canto II do seu famoso poema "Navio Negreiro". Da água veio também a fada Viviane, personagem das mesmas novelas, e que habitava um lago do reino de Avalon[1].

Morgana, em diferentes versões da história, é irmã, meia-irmã, esposa, amante ou inimiga do rei Arthur. Viviane, por sua vez, tia de Morgana, era quem curava os ferimentos do rei, adquiridos em batalhas.

Se Morgana era uma fada boa? As versões variam, mas na maioria relatam que começou sendo uma espécie de sacerdotisa, ajudando pessoas e alçando-se depois à posição de protetora de Arthur. Porém tendo se apaixonado pelo mago Merlin e, rejeitada por ele, enfureceu-se e se tornou maligna.

Mas voltemos a Conan Doyle. O site da BBC conta a história[2], sob este título: "As fadas de Cottingley: como o criador de Sherlock Holmes foi enganado por uma farsa."

Num dia de verão de 1917, Frances Griffiths, uma menina de nove anos, entrou em casa, junto com a prima Elsie Wright, de 16, toda enlameada. As mães as admoestaram, e elas responderam que estavam assim porque estavam brincando com fadas no riacho que corria no fundo da propriedade. Disseram que podiam provar e pediram emprestada a máquina de fotografia do pai de Frances. Escondidas, recortaram em papel a silhueta de quatro pequenas fadinhas, e fizeram foto. Os adultos ficaram assombrados. Um pouco mais tarde, ainda criaram, também em papel, a figura de um gnomo que parecia dançar. Todos se convenceram de que a farsa era real. As fotos rodaram o mundo (e as duas meninas só confessaram o que fizeram em 1983, ou seja, mais de 60 anos depois). Em 1919, a mãe de Elsie levou cópias das fotos para apresentar uma palestra sobre fadas na Sociedade Teosófica, em Bradford. O presidente da sociedade, Edward Gardner, ficou tão convencido da veracidade das fotos que promoveu uma série de aulas sobre as fotos, em Londres, em 1920.

Acontece que, em dezembro de 1920, o já então Sir Arthur Conan Doyle, sem querer deu credibilidade a uma das maiores farsas do século XX, quando publicou as fotos das "fadas de Cottingley", num artigo que escreveu sobre espiritualismo, na revista *The Strand*. O fato é que a revista circulou pela Europa, Austrália e Estados Unidos, e foi motivo de grande e persistente polêmica. Consta que Conan Doyle, antes de usar as fotos, tinha consultado diversos especialistas. É o que conta o Dr. Merrick Burrow, chefe do Departamento de Inglês e Escrita Criativa da Universidade de Huddersfield, curador de uma exposição sobre as tais fotos, em 2021, na Brotherton Gallery de Londres. Conan Doyle morreu em 1930, sem saber que havia sido tapeado por duas meninas. (E as fotos originais foram vendidas por £50,000 — cinquenta mil libras esterlinas, em abril de 2019.)

Voltemos às fadas, na mitologia celta, que parece ter sido a origem inspiradora de Morgana e Viviane. Para nós, de língua românica, a palavra fada veio do latim *fata*, flexão do vocábulo *fatum*, que significa fado ou destino. No folclore celta (País de Gales, Irlanda e Escócia), o nome atribuído a esses seres feéricos em forma de mulher é *sídhe*. Crê-se que tenham poderes mágicos e que são entidades benevolentes, dispostas a oferecer felicidade aos humanos, em contraposição às bruxas ou feiticeiras.

No folclore celta, são 12 fadas³. Mab é a Rainha delas. As outras são:

Aine, a fada do lago, possivelmente uma reminiscência de Viviane, das canções do ciclo arturiano.

Cluricaune é a fada solitária.

Gille Dubh é a fada dos bosques.

Gull é a fada arteira.

Habetrot é a fada fiandeira.

Licke é a fada cozinheira.

Lull é a fada protetora.

Sib é a fada porta-voz.

Sili Ffrit, a fada que conhece os nomes secretos.

Skilly, a fada capturada.

Pinch, a fada das mudanças.

Reza a tradição celta que as fadas devem ser bem recebidas, "com um lar limpo, recém-varrido, com um tranquilo fogo no inverno crepitando na lareira, e boa ventilação na casa no verão, assim como também água fresca para beber, leite, pão fresco e macio". Quem demonstra essa hospitalidade receberá dádivas e ganhará a felicidade.

A busca da felicidade parece ser o que dá sentido à vida, disse o pesquisador Frédéric Lenoir⁴, em seu livro. E ao mesmo tempo, explica a vida.

Na mitologia persa, conforme pesquisou Thomas Bulfinch⁵, havia dois seres superiores. Ormuzd (chamado pelos gregos Oromasdes) era considerado a fonte de todo bem, ao passo que Arimã (Arimanes) rebelou-se e tornou-se o autor de todo o mal que há na Terra. Ormuzd criou o homem e deu-lhe todos os recursos para ser feliz, mas Arimã frustrou essa felicidade, introduzindo o mal do mundo e criando as feras, plantas e répteis venenosos. Vejamos o que escreveu Bulfinch: "(...) os seguidores do bem e do mal — os adeptos de Ormuzd e Arimã — passaram a travar uma incessante guerra. Esse estado de coisas, porém, não durará para sempre. Chegará a ocasião em que os adeptos de Ormuzd serão vitoriosos e Arimã e seus sequazes serão condenados às trevas eternas."

As fadas também estão presentes nos mitos germânicos e nórdicos. Na mitologia escandinava, cita-se Ondina, ninfa aquática, espécie de fada, semelhante às náiades da mitologia grega, que protege a natureza, principalmente os lagos, rios e cachoeiras. Conta a lenda que era dona de grande beleza, mas perdeu a imortalidade por ter-se apaixonado e tido um filho com o cavaleiro Sir Lawrence. Passou a envelhecer e o esposo perdeu o interesse por ela, apesar de ter jurado que a amaria até o último sopro de vida. Então tocou o marido e lançou-lhe uma maldição: enquanto ficasse acordado, ficaria vivo; se adormecesse, morreria. Sir Lawrence tentou se manter desperto por dias e dias, mas não resistiu e acabou dormindo. Ao dormir, expirou seu último sopro de vida. A lenda, corrente na Alsácia, região que pertenceu alternadamente à Alemanha e à França, deu origem à expressão "maldição de Ondina", que diz ser a morte o castigo de quem trai suas promessas de amor.

Em geral as fadas são representadas como seres antropomórficos, muitas vezes alados, de tamanhos variados. Por exemplo, na obra de Pompônio Mela (15 d.C.–?) inexistem monstros, diferentemente das narrativas de Homero, cheias de ciclopes, sereias malvadas e animais mitológicos malignos. Foi quase a inauguração de uma leitura mais realista do universo mitológico, eliminando os monstros marinhos e terrestres do imaginário das populações ocidentais — apesar de os marinheiros europeus, mesmo já na Idade Moderna, temerem serpentes, basiliscos e outros gigantes — quando pensavam ainda que a Terra era como uma panqueca, plana e chata.

Na mitologia grega, a parte norte da Terra era habitada por uma raça de seres chamados hiperbóreos, que viviam numa primavera eterna e numa felicidade perene. Assim descreve os hiperbóreos o autor Thomas Bulfinch, dizendo que viviam "por trás das gigantescas montanhas, cujas cavernas lançavam as cortantes lufadas do vento norte, que faziam tremer de frio os habitantes da Hélade (Grécia). Aquele país era inacessível por terra ou por mar. Sua gente vivia livre da velhice, do trabalho e da guerra". Sem dúvida, uma felicidade ideal.

Na parte sul da Terra, conforme registra Bulfinch da mitologia grega, "junto ao curso do Oceano, morava um povo tão feliz e virtuoso como os hiperbóreos, chamado etíope. Os deuses o favoreciam a tal ponto, que se dispunham, às vezes, a deixar os cimos do Olimpo, para compartilhar de seus sacrifícios e banquetes".

Sigamos com a descrição de Bulfinch. "No oeste da Terra, banhada pelo Oceano, ficava um lugar abençoado, os Campos Elíseos, para onde os mortais favorecidos pelos deuses eram levados, sem provar a morte, a fim de gozar a imortalidade da bem-aventurança. Essa região feliz era também conhecida como os Campos Afortunados ou Ilha dos Abençoados." E, no leste, ou no nascente, "supunha-se que a Aurora, o Sol e a Lua levantavam-se no Oceano e atravessavam o ar, oferecendo luz aos deuses e aos homens".

Também da literatura clássica (desta vez a romana) nos chegou a fábula de Eros e Psiquê, lindamente contada no livro *O asno de ouro*, de Apuleio, um dos grandes autores da Roma clássica[6]. É considerada uma alegoria, porque *Psiquê*, em grego, é termo que serve tanto para borboleta quanto para alma — e a borboleta renasce, transforma-se de lagarta em esplendoroso ser voador de beleza rara. Psiquê é uma fada, com poderes mágicos, mas apenas durante as noites. E *Eros* é o deus do amor. O casamento dos dois representa a imortalidade da alma pelo efeito do amor.

Mas, curiosamente, foi na literatura de William Shakespeare (1564–1616) que as fadas foram retratadas como seres pequenos, voadores e etéreos. Principalmente na peça "Sonhos de uma noite de verão", em que comparece Titânia, a rainha das fadas. A peça é uma comédia com inspiração em histórias de amor da mitologia grega, como a de Píramo e Tisbe.

Essa ideia inspirou, por exemplo, a fada Sininho, do escocês Sir James Matthew Barrie[7], que em 1906 escreveu *Peter Pan nos Jardins de Kensington*. O livro é de grande beleza poética, e um aspecto curioso do personagem Peter Pan é que ele brinca com fadas. No texto, o autor explica que as fadas são astutas, vivem se escondendo ou fingindo ser o que não são, e só existem onde existem crianças. Numa passagem do livro, que vale a pena ser mencionada, o autor pergunta: "E como nasceram as fadas?" E ele mesmo responde: "Quando o primeiro bebê deu sua primeira gargalhada, esse riso se quebrou em um milhão de pedacinhos, que saíram todos saltitando. Foi assim que nasceram as fadas."[8]

A fada Sininho (*Tinker Bell*) já existia antes mesmo do lançamento do primeiro livro de J. M. Barrie. Apareceu na peça para teatro escrita por ele em 1904, chamada *Peter and Wendy* — essa peça foi transformada em filme de animação por Walt Disney, em 1953. E como as fadas conseguiam voar? Tendo pensamentos felizes.

Na antiga mitologia egípcia, a deusa Hator, também chamada Senhora do Ocidente, é considerada a deidade que concede a felicidade. Personifica o amor, a beleza e a alegria. É representada como uma figura de mulher, com chifres, simbolizando a vaca divina. Os romanos, que ocuparam o Egito por 600 anos, identificavam Hator com a deusa Vênus.

Também é de origem egípcia a lenda da Fênix, a ave que morre e depois renasce das próprias cinzas. A lenda foi adotada pelos gregos e chegou ao Oriente. Na China, antiga, a fênix era considerada o símbolo da felicidade.

Na mitologia japonesa, existem sete deuses da sorte, que conferem fortuna e felicidade. São representados quase sempre em conjunto. Seus nomes: Bishamon, Benzaiten, Daikoku, Ebisu, Fukurokyu, Hotei e Jurojin. Jurojin é o deus da felicidade.

Na mitologia chinesa, Fu Xing é o deus da felicidade, da sorte e das oportunidades. Costuma ser apresentado, em imagens, como um homem de chapéu de abas largas, carregando uma criança. A criança, na China Antiga, era o símbolo da felicidade.

Na mitologia maori, da Nova Zelândia, também aparece um par: Rangi e Papa (cujos nomes completos são Ranginui e Papatuanuku), a quem se atribui a criação do mundo. E existem fadas. São numerosas, alegres, sempre cantando, como grilos. Têm forma humana.

Na robusta pesquisa realizada pelo Sir George Grey[9], que traduzo como "Mitologia da Polinésia & histórias tradicionais dos neozelandeses como contadas por seus sacerdotes e chefes", há uma curiosa lenda que resumo a seguir. Chama-se "A aventura de Te Kanawa com um bando de fadas".

> *Te Kanawa, chefe da tribo Waikato Tainui, do norte da Nova Zelândia, estava um dia apanhando kiwi com seus companheiros. Quando a noite caiu, encontravam-se bem no topo do monte Puke-more. Fizeram fogo para se iluminar, porque estava muito escuro. Para dormir, tinham escolhido um lugar embaixo de uma árvore de copa grande. Acomodaram-se entre as imensas raízes.*
>
> *No escuro, ouviram vozes altas, de homens, mulheres e crianças, como se uma procissão se aproximasse. Levantaram-se e olharam, mas não viam nada, até que Te Kanawa percebeu que o barulho vinha de um bando de fadas. Ele e seu povo ficaram muito assustados, e se pudessem teriam ido embora correndo. Mas correr para onde, no escuro e no alto de uma montanha solitária?*
>
> *As vozes foram ficando mais altas e inteligíveis, à medida que as fadas chegavam mais perto da fogueira. Te Kanawa e seus companheiros estavam meio mortos de medo. Afinal, as fadas se aproximaram dele, que era um rapaz bonitão, e o ficaram encarando. Cada vez que o fogo crepitava e elevava-se uma chama, as fadas se escondiam atrás de árvores. Quando arrefecia o fogo, elas voltavam, e cantavam.*
>
> *Te Kanawa teve a ideia de oferecer suas joias para que as fadas se fossem. Tirou do pescoço o colar que usava, com uma figura esculpida em jaspe verde, os brincos também do mesmo mineral e uma pulseira feita com um dente de tubarão-tigre. Pegou um pedaço de pau, pendurou nele os ornamentos e espetou no chão, em frente das fadas. Estava com medo de que elas atacassem a ele e a seus homens, mas elas se contentavam em apenas espiar cada homem, bem de perto, continuando a cantar.*

Assim que terminaram a canção, uma das fadas apanhou as sombras dos ornamentos e as foi passando de mão em mão das amigas. Quando chegou à última, elas todas desapareceram. Levaram as sombras, muito satisfeitas, e deixaram os objetos, porque viram que Te Kanawa era um homem honesto e decente.

Assim que amanheceu, Te Kanawa desceu a montanha o mais depressa que pôde, sem parar sequer para apanhar kiwis pelo caminho.

E, como eu dizia, foi Shakespeare quem deu a essas personagens uma roupagem mais romântica do que a registrada nas histórias da Idade Média. E as lendas e crendices ligadas aos seres mágicos chegaram ao Brasil trazidas pelos portugueses, inicialmente, e, mais tarde, foram enriquecidas por narrativas de outros povos europeus, asiáticos e africanos. Mas temos as lendas de origem ameríndia.

A felicidade no folclore brasileiro

Uma dessas lendas trata do "pássaro da felicidade", o uirapuru. É uma lenda amazônica. Segundo consultas ao site Ateliê Amazônico[10], ficamos sabendo o que segue:

> *De acordo com o livro Lendário Amazônico, de Apolonildo Britto[11], em 1956 o naturalista inglês Henry Bates descreveu o uirapuru como papa-uirá, que quer dizer pássaro sonoro. Ele explica que as aves "são conduzidas por um pássaro cinzento, chamado papa-uirá, o qual fascina os outros e os guia com uma dança fatigante entre as brenhas".*
>
> O folclorista mineiro Couto de Magalhães, na sua Teogonia dos Tupis, deu ao guirapuru, como também é chamado, o domínio dos pássaros, o ente protetor das aves, e o nome quer dizer pássaro emprestado ou pássaro que não é pássaro.

Para os indígenas tupis, o uirapuru representa um deus em forma de pássaro. Acredita-se também que ele atrai a <u>felicidade</u>.

Registrado por Mário de Andrade (1893–1945), a muiraquitã é um amuleto da sorte, no norte do Brasil. É um sapinho (ou jacaré ou tartaruga) esculpido em pedra ou feito de argila, quase sempre na cor verde, pelas mulheres das tribos. No livro *Macunaíma*, o nosso grande modernista recontou uma lenda indígena, quando visitou a região amazônica. Segue um trecho:

> *Botaram o anjinho numa igaçaba esculpida com forma de jabuti e pros boitatás não comerem os olhos do morto o enterraram mesmo no centro da taba com muitos cantos muita dança e muito pajuari.*
>
> *Terminada a função, a companheira de Macunaíma, toda enfeitada ainda, tirou do colar uma muiraquitã famosa, deu-a pro companheiro e subiu pro céu por um cipó. É lá que Ci vive agora nos trinques passeando, liberta das formigas, toda enfeitada ainda, toda enfeitada de luz, virada numa estrela.*
>
> *É a Beta do Centauro.*
>
> *No outro dia quando Macunaíma foi visitar o túmulo do filho viu que nascera do corpo uma plantinha. Trataram dela com muito cuidado e foi o guaraná. Com as frutinhas piladas dessa planta é que a gente cura muita doença e se refresca durante os calorões de Vei, a Sol.*[12]

Conta-se que era costume das índias que habitavam as margens do rio Amazonas, em noite de luar, mergulhar nas águas do rio para retirar pedras bonitas com que presentear seus amados. Elas modelavam as pedras para que os homens usassem penduradas ao pescoço, como uma espécie de talismã, para que tivessem boa sorte e felicidade na caçada. Até hoje, muita gente crê que a muiraquitã traz felicidade a quem o possui.

Uma lenda caiçara, da região da reserva ambiental Jureia-Itatins, no litoral sul de São Paulo, conta que existe um tucano de bico de ouro, que aparece a cada sete anos. A pessoa que o enxergar será rica e feliz.

De origem africana, a palavra "axé" é um cumprimento que tem o significado de desejar felicidade. Na língua iorubá, significa força ou poder. É usada também nas religiões afro-brasileiras, como o "amém" das igrejas cristãs, ou com o mesmo sentido de desejar felicidade.

Talvez o homem jamais seja totalmente feliz, porque sua felicidade está justamente em buscar a felicidade. A felicidade, enfim, é um paradigma.

Crendices brasileiras sobre a felicidade

O historiador e folclorista potiguar Luís da Câmara Cascudo (1898–1986) disse que as crendices populares "participam da própria essência intelectual humana e não há momento na história do mundo sem a sua inevitável presença".

Compilamos algumas relacionadas à felicidade.

Ao levantar-se, pela manhã, deve-se dar o primeiro passo com o pé direito para atrair boa sorte e felicidade. O mesmo deve ser repetido ao entrar numa casa: o primeiro passo deve ser dado sempre como pé direito, para garantir felicidade e sorte para o morador.

Ao sair de uma casa para a qual foi convidada, a pessoa deve esperar que o anfitrião abra a porta, senão o visitante leva a felicidade embora.

O beija-flor, quando entra numa casa, traz felicidade para quem mora ali.

Quem encontra um trevo de quatro folhas terá felicidade.

Andar com um pedaço de carvão da fogueira no bolso traz felicidade e dinheiro o ano todo.

Se a primeira visita do dia 1º de janeiro for um homem, ela trará felicidade para o ano todo[13].

Conhecemos um ex-jogador e técnico de futebol (Mário Jorge Lobo Zagallo), que acredita fortemente que o número 13 lhe traz felicidade. Outro ex-jogador e técnico, Muricy Ramalho, costuma vestir sempre a mesma calça em partidas importantes, porque funciona como o seu talismã da sorte.

Uma superstição urbana sobre a felicidade faz referência a uma película muito fina, da placenta da mãe, que muitas crianças, quando nascem, trazem sobre a cabeça. É crença no interior paulista que as crianças que nascem com essa película (chamada de "véu") sobre a cabeça, serão muito felizes. E, se os pais guardarem a película em lugar seguro, garantirão a própria felicidade também. Segundo Amadeu Amaral (1875–1929), essa superstição existe também em outros países. Os alemães a chamam de "touca da felicidade"; os italianos a chamam de "camiseta"[14].

No folclore brasileiro, no português e em vários países da Europa, encontrar um trevo de quatro folhas representa sorte e felicidade. A crença é antiga — tem origem nos antigos druidas, magos que viviam na Bretanha por volta do ano 300 antes de Cristo, antes da invasão dos romanos. É uma crença muito forte na Irlanda.

E uma curiosidade: o grão-de-bico é chamado "grão da felicidade", porque contém triptofano, um aminoácido essencial para a produção de serotonina, a substância que garante a sensação de bem-estar.

O filósofo holandês Baruch Espinosa (1632–1677) dizia que o homem se encontra frequentemente entre o medo e a esperança, por isso está sempre pronto a acreditar no que quer que seja — inclusive e talvez principalmente nas superstições. Citando textualmente: "(...) sempre por motivos insignificantes, voltam de novo a esperar melhores dias ou a temer desgraças ainda piores. Se acontece, quando estão com medo, qualquer coisa que lhes faz lembrar um bem ou um mal por que já passaram, julgam que é o prenúncio da felicidade ou da infelicidade e chamam-lhe, por isso, um presságio favorável ou funesto, apesar de já se terem enganado centenas de vezes."[15]

Para a psicologia, superstições estão ligadas a rituais, e funcionam bastante bem quando a pessoa não tem controle sobre algo que deseja muito que se realize. É o que diz, por exemplo, Stuart Vyse, especialista em crenças e superstições e autor do livro que leva o sugestivo título de *Acreditando em Mágica: A Psicologia da Superstição*, que consultamos no original[16].

> "Felicidade é quando
> eu divido o meu pão."
> (Ana Cristina César)

10.

A MONETIZAÇÃO DA FELICIDADE

"Dinheiro só não traz felicidade
para quem não sabe o que
fazer com ele."

(Machado de Assis)

O repto de Machado de Assis ao já desgastado, mas nunca efêmero, bordão de que "dinheiro não traz felicidade" tornou-se um dos mantras mais recorrentes no mundo da pós-modernidade e de fetiches produzidos pela evolução da Comunicação global. Não sei quem é o autor desse bordão aparentemente tão despretensioso tanto quanto enigmático que ouço desde que me entendo como ser pensante, como suponho que seja assim com a maioria das pessoas de qualquer ponto do planeta, posto que o aforismo é universal.

As interpretações que o tema sugere abarcam tratados filosóficos, de ordem econômica, antropológica, sociológica, social e cultural mesmo para quem seja alheio ao significado de mo-ne-ti-za-ção. Essa palavrinha do vocabulário economês, de origem francesa, ganhou asas e capilaridade com o advento das redes sociais. Quer fazer blogueiros, tuiteiros e os chamados *influencers* digitais felizes? Dê um *like* na página deles e inscreva-se no canal do YouTube. Cada vez que alguém curte e se inscreve está "monetizando" o negócio deles. Afinal, eles se propõem a "vender" felicidade e facilidades. É justo, portanto, que sejam remunerados para isso. Ou não? Assim, do meu modesto ponto de vista, a monetização nada mais é do que a reinvenção do velho e bom escambo de muito antes dos tempos dos nossos avós. Quiçá de tempos ainda mais remotos, o que me leva a reiterar a indagação proposta na introdução deste livro: será que nossos ancestrais tinham mais consciência do que era felicidade? Eles a praticavam?

Disse-nos a filósofa Djamila Ribeiro que "o direito à felicidade é uma obrigação ancestral". Mas o que atiça a nossa curiosidade, no tempo presente, é a busca para respostas que, suspeito, sejam tão raras quanto a possibilidade de encontrar um rio de águas caudalosas no deserto do Saara. Evidentemente, não estou me referindo às circunstâncias de procedência socioantropológica — tema que já abordei em capítulos anteriores — mas, claramente, às condições econômicas, no sentido de propor uma comparação, mesmo que singela, entre o passado e o agora. Antes, permitam-me contar uma história que ouvi de um velho amigo, ainda nos tempos de faculdade, que pode ajudar a ilustrar o que Machado de Assis quis dizer no seu contraponto ao velho ditado de que "dinheiro não traz felicidade".

No interior de São Paulo, de onde vinha esse meu amigo, havia um cidadão, filho de imigrantes italianos, que, do nada, enriqueceu trabalhando, construiu respeitável patrimônio e, com essas credenciais, foi admitido no restrito círculo dos solteiros mais cobiçados da cidade. Não demorou muito, entrou para o clube dos casados com toda a pompa e circunstância que o evento exigia. Como era do ramo, ergueu bela mansão para a família. A esposa, a pretexto de inserir o semiletrado marido em seu mundo social e cultural, organizava *petits comités* em que convidava a chamada "fina flor" da sociedade — de representantes religiosos a políticos e capitães do PIB local. Entre ponches e canapés, os convivas se dedicavam a "jogar conversa fora", eufemismo para fofoca, ou, para ser mais elegante, como a escritora canadense Lise Bourbeau analisa o fenômeno das projeções pessoais: "Quando Pedro me fala de Paulo, sei mais de Pedro que de Paulo." Foi numa noite dessas que um dos casais questionou a anfitriã: querida, você gostava tanto de livros, não vemos nenhum por aqui. Onde está a sua biblioteca? Sentindo-se ridicularizada pela provocação, a mulher convenceu o marido de que deveriam ter uma estante de livros à altura dos padrões da casa. "E a melhor e maior de toda a cidade", acedeu o homem que, já no dia seguinte, convidou à sua casa o dono da maior livraria da cidade e expôs o problema. "Mas, doutor" — redarguiu o livreiro, posando de rogado —, "vocês precisam me dizer quantos livros querem, de que autores, que gênero, enfim..." O homem puxou o livreiro pelo braço, levou-o até a maior parede da sala e, sacando a fita métrica, disse-lhe: anote aí quantos metros de livro o senhor deve trazer.

> "Qual é o efeito terapêutico dos momentos felizes que acumulamos na vida?"
>
> (Cristiane Segatto)

Talvez não haja uma resposta pragmática para essa indagação proposta pela jornalista e escritora Cristiane Segatto. Pelo menos é o que nos parece dizer o psicólogo Ed Diener, catedrático da Universidade de Illinois, nos Estados Unidos, quando concluiu a pesquisa Gallup de 2010, em que foram ouvidas 136 mil pessoas de 132 países. O que ele disse? "Tudo depende da forma como definimos felicidade. Se levarmos em consideração a satisfação do sujeito em relação à vida (como ele a avalia de uma forma geral), há uma forte relação entre renda e felicidade". Já falei dessa pesquisa páginas atrás. Na verdade, volto a ela como "gancho" para comentar a experiência pessoal a que se propôs Cristiane Segatto. Ela quis conferir até que ponto a felicidade pode ser a somatória de pequenos prazeres, ou, os "micromomentos" constatados em pesquisa feita pela Universidade da Carolina do Norte/EUA. Esse é o tema da saborosa crônica que Cristiane escreveu para a revista *Época*[1] e da qual extraio estes fragmentos:

> *É admirável a capacidade dos moradores de São Paulo de encontrar a felicidade numa cidade tão dura. A explicação, para mim, só pode ser uma: esses heróis da resistência sabem enxergar o valor dos pequenos prazeres. Inventam oportunidades para que o prazer exista nos lugares mais improváveis... Qual é o efeito terapêutico dos momentos felizes que acumulamos na vida? ... Cada vez mais busco esses "micromomentos". Quando minha filha me mostrou no sábado que já era grande o suficiente para deslizar sobre patins in-line, vivi um desses "micromegamomentos". Ontem mesmo eu estava grávida. Hoje ela já é essa menina apaixonante que, equilibrada sobre as rodinhas, alcança meu ombro.*

O que histórias como essa querem nos dizer? O polonês Zygmunt Bauman, aquele mesmo da "modernidade líquida"[2], responderia tal qual um filósofo o faria, como nessa entrevista que concedeu ao jornal espanhol *La Vanguardia*, em maio de 2014. "Então" — perguntou-lhe a jornalista —, "a felicidade não é a soma de momentos de felicidade, como dizem alguns?". "Não, a felicidade é o gozo que dá ter superado os momentos de infelicidade. Ter conseguido transformar teus conflitos, porque sem conflitos, as nossas vidas, a minha vida, teriam sido uma verdadeira chatice."[3]

Já um humorista literato poderia se aventurar a responder, parodiando a frase atribuída ao imperador romano Júlio César[4], e proclamar que não basta ser rico, é preciso parecer feliz. E há o artista do hip-hop e seu parceiro compositor, que formam a dupla DJ Altair/Will 03 e usam as redes sociais para tentar explicar, cantando, por que "O Dinheiro Não Traz Felicidade"[5], que lá pelo meio traz essa curiosa mensagem:

> *Dizem que se um homem procura ganhar dinheiro, é ganancioso...*
>
> *Já, se ele guarda é um ambicioso... Se ele o gasta é um vadio... Se não tenta arranjá-lo é um imbecil. E se tem depois de uma vida inteira de trabalho... é um idiota que não soube aproveitar de seu salário.*

Num certo dia de julho de 1845, no meio de uma de suas crises existenciais, o ecologista e naturalista norte-americano Henry Thoreau (1817–1862), autor do polêmico ensaio *A Desobediência Civil*, decidiu checar, na prática, se havia fundamento nas suas teorias em relação ao sentido da vida: se, de fato, era possível distinguir com clareza o que é importante do que é trivial e qual o impacto dessa diferença nas sociedades modernas. Então, trocou as vicissitudes urbanas e foi viver na floresta. Lá, construiu uma cabana e durante dois anos e dois meses, convivendo com a natureza, reuniu reflexões e as publicou no livro *Walden, a Vida nos Bosques*. Nessa autobiografia, Thoreau sugeria que as pessoas

> "O homem mais rico é aquele cujos prazeres são mais baratos."
>
> (Henry Thoreau)

evitassem o "desespero silencioso" em suas vidas enquanto ainda houvesse "música tocando nelas".[6]

A experiência descrita por Thoreau em *Walden*, obra que Stanley Bates[7] considerou exemplo de "filosofia como forma de vida" encontra eco na ambiguidade de Schopenhauer, para quem a felicidade é o principal erro do homem, mas também a maior ilusão de sua existência. Veja-se a abertura do capítulo 49 de *Die Welt als Wille und Vorstellung* (O Mundo como Vontade e Representação), em que o filósofo alemão resume o seu pensamento, aqui transcrito em trabalho acadêmico de Guilherme Marconi Germer, publicado pela *Revista Voluntas*[8]:

> *Há apenas um erro inato, e este é o de que nós existimos para sermos felizes. Ele é inato em nós porque coincide com a nossa própria existência e porque, de fato, todo nosso ser é apenas a sua paráfrase, assim como nosso corpo é o seu monograma: nós somos justamente Vontade de viver, e na satisfação sucessiva de todo o nosso querer é em que pensamos mediante a noção da felicidade. Enquanto nós persistimos neste erro, e ainda por cima corroboramo-lo com dogmas otimistas, o mundo nos parece cheio de contradições. Assim, a cada passo, nas grandes ou nas pequenas coisas, somos obrigados a experimentar que o mundo e a vida estão completamente arranjados de modo a não conterem a existência feliz (...). Neste sentido, seria mais correto colocar o objetivo da vida em nossas dores do que nos prazeres... A dor e a aflição trabalham em direção ao verdadeiro objetivo da vida, a supressão da Vontade dela.*

Quatro séculos de história separam a realidade verbalizada pelo pai da Teoria da Relatividade, desde que as mais ilustres cabeças pensantes da Europa passaram a ditar e influenciar novas formas de comportamento social, cultural, filosófico e político, disseminadas aleatoriamente em um processo que ficou conhecido como Iluminismo. As conquistas registradas em todas as áreas da atividade humana foram expressivas e, sem dúvida, continuam sendo determinantes para o funcionamento das sociedades, incluindo, evidentemente, satisfação pessoal, bem-estar e, claro, a tal felicidade.

Seria a felicidade um privilégio reservado apenas para aquelas pessoas que, por um *beau geste* ou iniciativa que faça a diferença no coletivo, logo são incensadas como "iluminadas"? Eis um viés interessante para quem procura entender a importância desse interminável debate que nos trouxe até aqui. Terão reparado que sobram dúvidas e faltam respostas para muitas perguntas? E todas elas interligadas pelo tripé social-cultural-econômico, como essas. Por que pretos continuam sendo marginalizados do direito à felicidade? Ou: qual seria, efetivamente, o peso/valor do dinheiro no fiel da balança que controla os sentimentos e as emoções do ser humano?

~

"Dinheiro na mão é vendaval", escreveu e cantou o considerado Paulinho da Viola para a música tema da novela *Pecado Capital* (1975). A história narra o dilema do taxista Carlão (Francisco Cuoco) ao descobrir uma mala de dinheiro que assaltantes esqueceram em seu carro. Na música, Paulinho compara as reações do personagem e os desdobramentos do episódio ao longo da trama com os imprevisíveis efeitos de um furacão. Diz o provérbio que "achado não é roubado" e, aqui, o "pecado capital" é saber a quem devolver ou não o fazer. Então, qual seria sua reação se estivesse no lugar do taxista da novela? Na vida real há muitas notícias de pessoas humildes que acham carteiras com dinheiro na rua ou no metrô e as devolvem. Raro é ver bandidos que se arrependem. Uma exceção foi o caso dos ladrões que em setembro de 2021 levaram um carro, documentos e o saxofone de um marceneiro em Santo André, devolveram tudo e ainda deixaram uma carta com pedido de desculpas à vítima[9].

> "Época triste a nossa, em que é mais difícil quebrar um preconceito do que um átomo."
>
> (Albert Einstein)

As pesquisas estão aí para, ciclicamente, derrubar, confirmar ou atualizar teorias. Afinal, o mundo está cada vez mais dinâmico. Em 2010, dois pesquisadores que ganharam o Prêmio Nobel de Economia, Angus Deaton (em 2015) e Daniel Kahneman (em 2002) se juntaram para analisar os resultados de uma pesquisa do Instituto Gallup que cotejou a relação entre a renda e o grau de felicidade em um universo de 450 mil cidadãos norte-americanos. Concluíram que "renda alta compra satisfação de vida, mas não felicidade". Mas ressalvaram: isso não quer dizer que o dinheiro não seja um bom estimulante para o estado de espírito. Assim, quanto mais renda, maior o grau de satisfação e bem-estar. Aqui, o recorte curioso: isso não muda, mesmo quando a renda é de 75 mil dólares anuais, que equivale a 25% acima da média per capita da população norte-americana. Detalhe que levou a dupla de pesquisadores à outra conclusão: o aumento na renda, a partir daquele patamar, não significa que a felicidade crescerá na mesma proporção.[10]

Esses dados parecem não ter obtido unanimidade na comunidade acadêmica. Tanto que, em janeiro de 2021, o psicólogo Mathew Killingsworth publicou um estudo com cerca de 1 milhão e 700 mil respostas em que afirma, categoricamente: o dinheiro influencia diretamente na felicidade e no bem-estar das pessoas. O que o pesquisador pretendia, no fundo, era saber até que ponto tinha fundamento a conclusão dos colegas Angus Deaton e Daniel Kahneman, de que a felicidade não cresce na mesma proporção em que aumenta a renda das pessoas que ganham acima de 75 mil dólares nos EUA. À primeira vista, Killingsworth considerou a hipótese convincente, mas, depois admitiu que ao examinar uma ampla gama de níveis de renda, descobriu que todas as formas de bem-estar continuaram a aumentar com a renda.

"Não vejo nenhuma mudança na curva ou um ponto de inflexão onde o dinheiro deixa de ter importância. Em vez disso, continua aumentando."[11]

Cá entre nós: como deve ser trabalhosa e entediante a vida de um bilionário, não? Passar os dias de olho no sobe-desce do mercado de ações e commodities e, no final do pregão, ver que sua fortuna aumentou "apenas" 10 milhões de dólares. Será que sobra tempo para essas pessoas desfrutarem a vida, serem felizes de corpo e alma, não só nas aparências? Gosto de ler o perfil desse pessoal do clube dos bilionários, se não pela curiosidade de saber como ganham e gastam sua fortuna, mas também para ver até onde faz sentido aquele aforismo atribuído a Mark Twain (1935–2010): "A sorte bate em cada porta uma vez na vida, mas, em muitos casos, a pessoa está se divertindo por aí e não a ouve."

A frase pode ser entendida como autobiográfica, tendo em vista que o célebre criador da icônica trilogia Tom Sawyer era um sujeito ambicioso. Gostava de ganhar dinheiro, viver bem, e investia em projetos ousados. Mas, perdulário, vivia às voltas com problemas financeiros que o levariam à falência. A história do escritor é um case que mereceria muito mais do que *As Aventuras de Mark Twain* (1944). Apesar de ser um filme B, termina do jeito que Twain teria gostado: quando os principais personagens de seus livros, Tom Sawyer e Huckleberry Finn, conduzem o seu espírito pelo caminho do paraíso, surge a imagem do cometa Halley cortando os céus do Woodlawn Cemetery, em Nova York. Cumpria-se a profecia de Twain, que, em 1909, um ano antes, comentando a morte do seu amigo Henry Rogers, disse: "Eu cheguei com o Cometa Halley em 1835. Ele vai passar de novo no ano que vem, e espero ir embora com ele. Seria a maior decepção da minha vida se eu não fosse com o cometa."[12]

Além da sequência que narra as aventuras de Tom Sawyer, gerações de escritores, roteiristas e dramaturgos beberam na fonte de Twain, mas quero destacar aqui outra criação que ficou perpetuada na sua trajetória literária. *O Príncipe e o Mendigo*, de 1882, tem enredo que vem ao encontro do que estamos escrevendo aqui. Trata-se de uma fábula — nesse caso, um conto de fadas às avessas — que fala de injustiça, de hipocrisia e aborda com sensibilidade a secular temática da troca de identidades, esse arraigado mau costume que as pessoas têm de julgar os semelhantes pela aparência. No cinema, a história virou filme em 1837 (Errol Flynn encabeçando o elenco) e daí em diante seria recriada nas mais variadas versões. A mais inusitada, na minha opinião, é tragicomédia *Trocando as Bolas* (*Trading Places*, no original) de 1983: dois irmãos milionários, donos de uma corretora de commodities, fazem uma aposta (simbólica, de apenas 1 dólar) para descobrir e provar qual é o fator preponderante para o sucesso de pessoas como eles. Não se sabe se, conscientemente ou não, irão pôr à prova o aforismo de Mark Twain: "A sorte bate em cada porta uma vez na vida, mas, em muitos casos, a pessoa está se divertindo por aí e não a ouve." É a genética, diz um deles. Não, é o ambiente social, argumenta o outro. Arquitetam um plano cruel, como se tivessem o poder de manipular a vida das pessoas: sacrificam o seu principal executivo, reduzindo-o à miséria e, simultaneamente, substituem-no pelo mendigo que faz plantão em frente ao prédio da empresa.

O resultado dessa tramoia maquiavélica (o filme está disponível nas plataformas de internet) — independentemente do cinéfilo que há em cada um de nós — é surpreendente, mas também um convite à reflexão da frase popularizada na obra de Hobbes: o homem é o lobo do próprio homem[13]. Numa das passagens do *Leviatã*, o escritor inglês dá uma pista que pode explicar a atitude dos dois milionários, bem como as metáforas das entrelinhas e as situações subliminares contidas no enredo do filme:

> *O sucesso contínuo na obtenção daquelas coisas que de tempos em tempos os homens desejam, quer dizer, o prosperar constante, é aquilo a que os homens chamam felicidade; refiro-me à felicidade nesta vida. Pois não existe uma perpétua tranquilidade de espírito enquanto aqui vivemos porque a própria vida não passa de movimento e jamais pode deixar de haver desejo, ou medo, tal como não pode deixar de haver sensação.*

Então, sem *spoiler* para quem não viu o filme, o que se pergunta é: aqueles dois senhores só descobriram que eram felizes quando perderam o poder e a riqueza? Pelo menos é isso o que se deduz da pesquisa desenvolvida pela Universidade de Tel Aviv, em 2016: "Pessoas poderosas se sentem mais felizes e autênticas", disse a maioria das pessoas entrevistadas. E por que, quis saber a pesquisa? Porque "quem tem poder consegue fazer as coisas do jeito que bem entende". Pode ser. Mas, levando em conta o cruzamento de tantas informações que costuramos até aqui, eu diria que felicidade é um projeto de vida.

O que realmente nos faz felizes na vida?

Eis a tal pergunta de "1 milhão de dólares" para quem souber a resposta. A busca pela alternativa certa é uma eterna competição. Disso sabemos. Aliás, mal comparando, essa gincana é como "procurar agulha no palheiro". Afinal, ela pode estar, quem sabe, "onde Judas perdeu as botas". E há quem entenda, *trollando* conhecida metáfora bíblica, que a probabilidade de um camelo passar pelo buraco da agulha é muito maior do que a gente "dar de cara" com a felicidade na primeira esquina. Agora, falando sério: pense em um compromisso que pode se estender até o fim de sua vida e, chegando lá, você ficar sabendo que contribuiu, se não para desvendar o segredo da felicidade, pelo menos ajudou a mostrar o caminho mais indicado para isso. Então, você teria participado da pesquisa mais longeva já feita no mundo para responder à pergunta que abre este parágrafo.

O Estudo sobre o Desenvolvimento Adulto (*Study of Adult Development*) começou em 1938, quando os pesquisadores da Universidade de Harvard selecionaram 700 jovens entre estudantes da escola e moradores de baixa renda de Boston. Ao longo dessas décadas, cruzaram dados comportamentais dos entrevistados e seus familiares — de exames de sangue e ancestralidade à espessura da unha do pé, até o escaneamento cerebral. Acabou?

Não. A pesquisa continua, agora com os descendentes dos primeiros participantes. Mas já chegou a várias respostas, divulgadas pelo psiquiatra Robert Waldinger, diretor do estudo: "O que descobrimos é que, no caso das pessoas mais satisfeitas em seus relacionamentos, mais conectadas ao outro, seu corpo e cérebro permanecem saudáveis por mais tempo. Não se trata de ser feliz em todos os momentos, porque isso é impossível, e todos nós temos dias, semanas ou anos difíceis." A pesquisa destaca e corrobora os conceitos de Hobbes na relação sucesso-fama-dinheiro-felicidade, e mantém aberto o debate entre os pesquisadores. Segundo Waldinger, o estudo revela que, para além de um nível em que as necessidades são satisfeitas, o aumento da renda não necessariamente traz felicidade. "Nós não estamos dizendo que você não pode querer ganhar mais dinheiro ou estar orgulhoso do seu trabalho. Mas é importante não esperar que sua felicidade dependa dessas coisas."[14]

Volta e meia, o carrossel de informações que a mídia convencional e as redes sociais disponibilizam diariamente, despeja histórias curiosas e surpreendentes sobre a trajetória das pessoas que vivem nesse mundo paralelo. Quanto mais alto vão chegando ao topo da pirâmide, mais atraem o encantamento e a curiosidade dos pobres mortais. A verdade, porém, é que a visão da vida, como ela é, e como desejaríamos que fosse, não é diferente para quem tem muito dinheiro — e é feliz, ou não — ou para quem mora embaixo do viaduto. O que é diferente — e isso já foi enfatizado aqui por psicólogos, antropólogos, sociólogos e pesquisadores das mais variadas tendências acadêmicas — é a **percepção da felicidade**. Porque seria isso que dá sentido à vida. Porque é preciso seguir em frente, como recomendam Almir Sater e Renato Teixeira. Porque "cada um de nós compõe a sua história". A propósito dessas ruminações, lembro-me que logo após a morte de Steve Jobs, em outubro de 2011, correu pelas redes sociais suposta carta de reflexões cuja autoria era atribuída ao dono da Apple. Mesmo que a carta seja falsa, não deixa de ser verdade o seu conteúdo, como no parágrafo que destaquei para eventuais comentários: "Neste momento, deitado no leito da doença, relembrando minha vida inteira, eu percebo que todo o reconhecimento e dinheiro dos quais eu tanto me orgulhei, se empalideceram e se tornaram sem sentido diante da morte iminente."

Não seria surpresa nem plágio ou apropriação indébita se o acaso tivesse levado os Titãs a se inspirar na suposta carta de Jobs para compor "Epitáfio"[15]. Mesmo que quisessem, não poderiam. A música do grupo paulistano, saída da cabeça de Sérgio Brito, foi lançada em 2002, nove anos antes da morte de Jobs. A letra de Epitáfio é um mea-culpa, um "desabafo retumbante" que alerta para as fragilidades da vida e, de quebra, faz críticas ao comportamento social e ao capitalismo, componentes dessa engrenagem que desafia os limites do ser humano. Quanto a Steve Jobs, foi um meteoro na constelação dos homens mais bem-sucedidos no competitivo mundo da alta tecnologia. Quem de alguma forma acompanhou a trajetória dele sabe que Jobs disse tudo o que queria dizer quando estava vivo. Até antecipou o que pensava sobre a morte (a dele mesmo) em célebre discurso como patrono de formandos na Universidade de Stanford, em 2005:

> *Ninguém quer morrer. Mesmo as pessoas que almejam o paraíso não querem morrer para chegar lá. Mas a morte é o destino comum a todos. Ninguém consegue escapar a ela. E é certo que seja assim, porque a morte talvez seja a melhor invenção da vida. É o agente de mudanças da vida.*

Mesmo tendo sido presença constante nas páginas da revista *Forbes*, publicação que divulga o ranking dos bilionários do planeta, Jobs era avesso à badalação social e levava vida espartana. "Ser o homem mais rico do cemitério não importa para mim. O que importa é ir para a cama à noite sabendo que fizemos algo maravilhoso." Homens como Jobs seriam referências positivas do "capitalismo carismático", como se refere a eles o respeitado jornalista econômico Adrian Wooldridge, para definir a nova safra de líderes empresariais que se destacam mais pelo magnetismo do que sua imagem grandiosa de personalidade. O articulista da *Bloomberg Opinion* faz interessante análise que ajuda a entender como gira a roda da felicidade no intrincado mundo de negócios da indústria norte-americana a partir do fenômeno tecnológico que ficou conhecido como Vale do Silício.[16]

Vou me abster de enumerar as idiossincrasias que caracterizam a vida de pessoas ricas. É dispensável, até porque seria impossível querer concorrer com as colunas de amenidades e frivolidades das redes sociais. Mas eles também as têm, pelo menos nos textos de alguns dos melhores humoristas brasileiros, e aqui, para destacar apenas um, o Barão de Itararé[17]. Ele dizia que "neurastenia é doença de gente rica. Pobre neurastênico é malcriado".

Também não estamos nos propondo a análises sociais, antropológicas e econômicas que procuram explicar por que uns são ricos e a maioria não e, por causa disso, os primeiros têm muito mais acesso a todos os bens que, em suma, são facilitadores para uma vida feliz. Qualquer pessoa razoavelmente informada sabe que o mundo está batendo nos 8 bilhões de inquilinos que produzem o equivalente a 85 trilhões de dólares. É o chamado PIB mundial. Essa grana, se fosse distribuída isonomicamente entre a população mundial representaria o equivalente a cerca de 3.500 dólares para uma família de quatro pessoas. Comentando esses dados, o economista Ladislau Dowbor, professor da PUC e consultor da ONU, lembra que apenas 26 bilionários no planeta têm mais patrimônio acumulado do que 3,8 bilhões de pessoas, o que representa a metade mais pobre da população mundial. Na avaliação dele, "o aumento de renda nas famílias pobres gera melhoria radical da qualidade de vida e muita felicidade. Um milhão a mais nas mãos do milionário gera apenas mais poder para buscar mais milhões. Em termos de utilidade social e dinamização econômica, o dinheiro é mais produtivo na base da sociedade"[18].

O que haveria nas entrelinhas de uma frase enigmática como essa (e suas versões), atribuída a um dos primeiros biliardários norte-americanos e pioneiro, como filantropo, entre seus pares de fortuna? Falo de uma lenda chamada Andrew Carnegie (1835-1919), para quem felicidade era sinônimo de empreendedorismo social e sustentabilidade. Quem nunca ouviu falar no Carnegie Hall, a mais famosa casa de espetáculos do mundo? Em 1891, quando tinha 46 anos, Carnegie construiu e doou o prédio para ser a sede da Filarmônica de Nova York. O montante de ações que fez ao longo de sua vida representou 95% da fortuna que ele tinha no início do século XX, avaliada em 400 bilhões de dólares. Isso significa quase o dobro do que possui Elon Musk, um dos líderes entre os mais ricos do mundo nas listas da revista *Forbes*. Ele não só inspirou e balizou o comportamento de outros bilionários como deixou uma cartilha, *O Evangelho da Riqueza*[19], para as gerações futuras e da qual destaco apenas este trecho, que já diz muito:

> ... *a questão que se impõe aos homens pensantes em todas as terras é: por que os homens deveriam deixar grandes fortunas para seus filhos? Homens sábios logo concluirão que, para o melhor interesse dos membros de suas famílias e do Estado, tais legados são um uso impróprio de seus meios.*

O exemplo de Carnegie e de outros pioneiros da filantropia nos Estados Unidos frutificou. Em 2010, Bill Gates e Warren Buffett lideraram a criação da Giving Pledge, organização que tem como objetivo incentivar os milionários dos EUA e de outros países a doar parte de suas fortunas para causas sociais. Mas, bem antes dessa iniciativa, Charles 'Chuck' Feeney, o homem que na década de 1960 criou a rede de lojas *free shoppers* espalhadas em aeroportos de todo o mundo, assumiu o compromisso de doar até 8 bilhões de dólares de sua fortuna, simplesmente porque não queria "morrer rico". Em 2020, aos 89 anos, anunciou que havia concluído o seu projeto[20].

Segundo a revista *Forbes*, até 2021 havia 2.755 bilionários espalhados pelo mundo. Suas fortunas, somadas, representam incríveis 75 trilhões de reais. Menos de 10% participam da Giving Pledge, o que não quer dizer que os demais não sejam doadores por conta própria, como é o caso de Jeff Bezos, dono da Amazon e o homem mais rico do mundo em 2021 e, no Brasil, do empresário Jorge Paulo Lemann[21]. O dado curioso em tudo isso — mas que não chega a ser surpresa — é que, pelo menos no Brasil, quem mais contribui para ajudar ao próximo são as pessoas que menos têm.

> "O homem que morre rico morre desonrado."
>
> (Andrew Carnegie)

Preciso deixar claro que ao resgatar esses relatos — e eles, embora de domínio público, não são obrigatoriamente autênticos ou inverídicos — meu principal objetivo é mostrar o impacto, ou não, que o fator monetização produz na vida das pessoas. Daquelas que não têm um tostão para chamar de seu e ainda assim, estoicamente, se dizem felizes. Verdade ou não, se da boca para fora, ou não, fica por conta do julgamento de cada um.

Do outro lado da realidade estão aquelas que, por direito de berço esplêndido, ou do fruto de seu empreendedorismo — como nas histórias aqui elencadas — podem ir para a cama acalentando apenas desejos factíveis de realizar, sonhos que só precisam que o dia amanheça para se concretizarem. Nem é preciso que seja aquele tipo de "sonho que se sonha junto" como o da canção de Raul Seixas.

Nos capítulos anteriores transitamos pelos mais diferentes temas do conhecimento humano — do pensamento filosófico ao universo de práticas da diversidade —, busca de respostas para a pergunta que, no final das contas, nunca irá se calar: o que é a tal felicidade? Posso estar redondamente errado, mas se é o dinheiro que move o mundo, não há como fugir à sua inexorável importância nesse contexto, não é mesmo? Nem tudo, porém pode ser interpretado ao pé da letra. Por aqui cruzamos informações das mais variadas fontes, de estudos matemáticos a pesquisas sociológicas, imersão que, ainda assim, não nos deixa satisfeitos. Como, por exemplo, esquecer do famoso Paradoxo de Easterlin, base para estudos e pesquisas que vieram na esteira dele? Foi Easterlin, então professor de Economia na Universidade da Pensilvânia, quem disse, em 1974, que o crescimento econômico do país não refletia necessariamente o grau de satisfação pessoal dos seus habitantes. Foi o caso do Japão, em que Easterlin se espelhou. Dizimado pela guerra, o país teve impressionante reação e em 1970 já era uma das potências mundiais. Mas os japoneses, embora beneficiados, não se mostraram mais felizes por causa disso, como revelou pesquisa da época.

Eu diria que é preciso ter cautela quando se trata de pesquisas envolvendo o comportamento de japoneses, isseis, nisseis e sanseis que, como sabemos, são pessoas inteligentes, educadas e discretas. Em outro recorte de sua teoria, Easterlin mostrou que as pessoas de países pobres ou em desenvolvimento sentiam-se felizes apenas por terem conseguido arcar com suas despesas de cotidiano. É o que o economista entendia como renda relativa que, no senso comum, significa "isso me basta para sobreviver". Algumas décadas mais tarde, dois economistas, também da Universidade da Pensilvânia, contrariando a teoria de Easterlin, argumentam: "Dinheiro tende a trazer felicidade, mesmo que não a garanta. A renda faz diferença." Ou seja, para Stevenson e Wolfers, o que importa é a renda absoluta, e não a relativa, como defendia Easterlin. Pesquisas do instituto Gallup mundo afora — e algumas já mencionadas nesse livro — comprovam a tese. Uma delas afirma que cerca de 90% de norte-americanos com renda mínima de US$250 mil ao ano se definem como "muito felizes"[22].

Quem não se sentiria feliz com uma renda dessas, não é verdade? Eu também.

Por vias das dúvidas e porque "quem não arrisca não petisca" vou continuar jogando minhas fichas na sorte — hoje é 12 de março e vejo que tem uma bolada superior a 130 milhões de reais no concurso 2462 da Mega-Sena. Por que não? Caminho até a casa lotérica, meditabundo, trocando ideias com meus botões, arquitetando planos e projetos para a nova vida que se me avizinha porque, com a mesma certeza de que a terra ainda é redonda, dessa vez nada nem ninguém vai me impedir de encontrar a tão sonhada felicidade. E, não fosse por outra razão, eu também sou filho de deus. Já próximo do meu destino, quase tropeço em um morador de rua que fez seu habitat em ponto estratégico — na porta de uma agência da Caixa e em frente à casa lotérica. Sempre que tenho, e quase nunca tenho, deixo uma moedinha. Só para não ter que ouvir ele dizer "Bom dia, doutor". Esse tipo de marketing é irritante, além de falso. Mas também não gosto que fiquem zoando o rapaz. Na fila para o caixa fiquei pensando no mendigo e decidi, de última hora, incluí-lo na relação das pessoas que irei ajudar. Quem sabe esse pensamento positivo possa contribuir na escolha dos futuros felizardos daquela bolada, que ali na parede, e em letras garrafais, contempla absoluta os apostadores e os deixa de olhos estalados e mentes viajantes como a minha estava naquele momento. A fila é torturante, há uns 40 na minha frente. Ouço os concorrentes em voz alta ao celular, até irritam porque falam dos mesmos planos que os meus. Pessoal invejoso. Escuto uma jovem idosa dizendo para a de trás: "viu o caso da mulher que mandou matar o marido para ficar com a fortuna que ele ganhou na mega da virada?" A mulher faz cara de paisagem, dando a entender que não estava interessada em más notícias. Troca o disco: "gente, viram no BBB o que disse o Scooby?"; "Não, o que foi?", disse, curiosa, a colega da frente.

Dinheiro traz facilidade, mas não felicidade.

É impossível mensurar o impacto que uma declaração dessas, vindo da boca de um "formador de opinião", pode ter para milhões de pessoas que sentem indescritível fascínio pelos reality shows. A fórmula de sucesso desses programas é a curiosidade pela vida alheia, a ancestral fraqueza inerente ao ser humano. Em 2021, a audiência diária do *BBB* da TV Globo chegou a 40 milhões de pessoas. Nesse quesito, o Brasil é campeão mundial da franquia, cujo nome foi inspirado no best-seller *1984*, de George Orwell. Em março de 2022, esse mesmo tanto de gente viu ou ouviu o surfista Pedro Scooby filosofar a respeito do que entende por felicidade.

Segundo li nos jornais, estava confortavelmente instalado em um ofurô. Eis o que disse:

> *Uma vez me falaram sobre isso. Não sei não. Na verdade, o único problema de quem é pobre é não ter dinheiro. Mas tem muito rico por aí que tem depressão e precisa de não sei quantos remédios*

pra dormir. Dinheiro traz facilidade, não felicidade. Às vezes o cara trabalha a semana toda e a felicidade dele é tomar uma cervejinha no fim de semana. Ele não é feliz? A felicidade está dentro de você, irmão.

Próximo... Caixa dois...

Atrás de mim, o homem com um pacote de jogos e boletos nas mãos, balança a cabeça e resmunga baixinho, nada otimista, quando viu que o sistema de chamada luminosa da lotérica parou de funcionar: Isso é mau sinal! Voltei ao celular, resignado com a perspectiva de não sair dali tão cedo. Buscando a programação de TV da noite, vi que estava em cartaz o filme *Sociedade dos Poetas Mortos* (1990), que há muito eu gostaria de rever. Ainda hoje trago gravada na memória a atuação do ator Robin Williams na pele do professor de literatura que incentiva seus alunos a priorizar ideias e vontades para mudar de atitude e romper a rigidez tradicionalista da escola. "Carpe diem. Aproveitem o dia, meninos. Façam suas vidas extraordinárias."

Na linguagem epicurista: a vida é breve, perecível. No jeitinho brasileiro, carpe diem também quer dizer "aproveite o momento", mas o espírito da frase pode ser interpretado por outro ditado popular que recomenda: "Se um cavalo passar arreado na sua frente, suba nele porque talvez não haja outra oportunidade." Assim pode ser explicado o caso da Viúva da Mega-Sena, a tragédia de que falava a mulher na fila da casa lotérica. Resumindo: em 2005 o lavrador René Senna ganhou R$52 milhões na Mega-Sena (hoje, algo em torno de R$120 milhões). Dois anos depois foi assassinado, segundo a Polícia a mando da mulher, Adriana Almeida, com quem se casou depois de ter ganhado na loteria. Foi Charles Bukowski (1920–1994), o poeta maldito, quem disse: "A ganância humana não dá tréguas e desconhece limites."

A sorte é benfazeja, mas também é trapaceira, traiçoeira. É preciso ter os pés no chão para não ser dominado por sortilégios. O boiadeiro Miron Vieira de Souza, que em 1975 acertou sozinho os 13 pontos da Loteria Esportiva, acordou a tempo para essas armadilhas depois de colocar a dentadura e patrocinar incontáveis banquetes com amizades de ocasião. Antes dele, o mais famoso ganhador do prêmio foi o carioca Eduardo Varela, o Dudu da Loteca. Notícia ruim corre depressa. O rapaz comprou um hotel em Campos do Jordão, investiu em imóveis, não soube administrar e acabou indo à falência. Deu mais ibope na mídia do que quando ganhou. Em uma das muitas reportagens que exploraram a sina do rapaz, a psicanalista Sandra Grostein teorizou: "Se o sujeito não tiver estrutura psicológica, ele perde o dinheiro ou, no mínimo, os amigos."[23] A reação de quem enriquece de uma hora para outra é quase sempre inconsciente. A derrocada de Dudu foi uma lição para futuros ganhadores, mas ignorada por outros que fracassaram como ele. A psicóloga Rosely Sayão, conhecida colunista de costumes na imprensa de São Paulo, diz que "a riqueza resolve alguns problemas, mas provoca outros".

No vocabulário popular, Sayão certamente estava se referindo ao conceito do cobertor curto em noites de frio intenso: você cobre os pés, mas descobre a cabeça, e vice-versa. A metáfora faz sentido. De repente, o dinheiro permite realizar, se não todos os desejos, pelo menos aqueles considerados prioritários, que dão a sensação de bem-estar porque tem tudo a ver com a aparência. Repare nas fotografias que trazem o "antes e o depois" de algumas celebridades. Nem Clarice Lispector escapou dessa comichão: "Felizmente nasci mulher. E vaidosa. Prefiro um retrato meu no jornal do que elogios." O Marquês de Maricá (1773–1838), filósofo moralista dos tempos do Império, escreveu que "a vaidade é, talvez, o grande condimento da felicidade". Também há o lado cruel, que Milan Kundera (*A Insustentável Leveza do Ser*) observou com sarcasmo: "Não era a vaidade que a atraia para o espelho, mas o espanto de descobrir-se."

O irreverente Millôr Fernandes (1923–2012) dizia que o homem "é feito de pó, vaidade e muito medo". Ainda na fila da sorte, desligo o celular para observar o que motiva a correria em frente à lotérica. É uma equipe de reportagem da TV. Algumas pessoas tiram a máscara, na expectativa de vir a serem entrevistadas. Já estou com a minha e, por precaução, coloco boné e óculos escuros. Sorte que a repórter logo é interrompida pelo âncora para anunciar o *breaking news* com informações urgentes da invasão russa à Ucrânia. Quando parecia que a fila iria andar, lá de dentro vem a má notícia: caiu o sistema. Como aquele senhor dos boletos previu. Olho o relógio. Faltam 40 minutos para o fim do jogo e ainda há 25 pessoas à minha frente. Pressinto que toda minha ansiedade foi em vão e, mais uma vez, terei que adiar aquela sonhada viagem para as Ilhas Virgens, um dos meus projetos caso algum dia tenha a felicidade de ganhar na Mega-Sena.

Por ora, plagiando Ferreira Gullar, "não quero ter razão, quero é ser feliz". É o sentimento que me move nesse castelo de paradoxos em que há mais perguntas do que respostas. Isso é bom? Não sei. Temos essa característica atávica de perquirir, mesmo que a evidência esteja à nossa frente. É da natureza humana. Mas estou modestamente convicto de que, não tendo sido jamais uma proposta de "vender" fórmulas ou receitas de felicidade, à moda — sem qualquer crítica — do que fazem os livros de autoajuda, nosso projeto disse a que veio. Queríamos reunir, em uma só plataforma impressa, as mais variadas interpretações em diferentes épocas do pensamento humano a respeito de sentimento tão enigmático, intrínseca e umbilicalmente atrelado ao cotidiano de nossas vidas. O que seria, então, a tal felicidade como premissa e objetivo de vida? Não sei. Mas, seja lá como, onde, quando e com que intensidade a felicidade se manifeste na vida de cada uma das pessoas que me aturaram até aqui, desejo que ela seja eterna enquanto dure.

Carpe diem!

"O dinheiro não dá felicidade.
Mas paga tudo o que ela gasta."

(Millôr Fernandes)

PALAVRAS FINAIS

Desde criança, a ideia de felicidade me intrigou. Eu queria saber o que era isso. Comer frutas diretamente do pé? Certamente era uma coisa que me deixava bem satisfeito, menino de interior, acostumado com quintal grande, casa cheia e liberdade. Pais amáveis e exemplares? Sim, eu os tinha e valorizava. Dinheiro? Minha infância foi frugal, trabalhosa, mas foi feliz — portanto essa não era uma necessidade diretamente vinculada à noção de felicidade (aliás discuto, como observou o leitor num dos capítulos, a monetização da felicidade). Amigos? Eu tive muitos, segui a vida construindo amizades, seguindo pessoas de bom caráter e aprendendo com elas.

Então, eu já sabia que a felicidade não é resultado de uma coisa só. Ou melhor dizendo: a felicidade não morava num aspecto apenas da minha vida.

Cresci, estudei, empreendi. Sofri algumas vezes, porque a vida é feita de aprendizados dolorosos, também. Esses aprendizados, mais tarde, resultaram em satisfação para mim e para pessoas que me rodeiam — dá para dizer, pois, que até a dor pode se transformar em felicidade?

Tudo isso eu questionava, no sentido de exercitar a questão como elemento de compreensão do mundo e de mim mesmo. Busquei a felicidade sem saber que a buscava. Vivi e vivo a vida com alegria, trabalho e respeito ao próximo, e essas foram e são as formas com que entendo que uma pessoa íntegra deve agir.

Sou um aprendiz. Eternamente.

Leio atentamente livros, uma fonte de sabedoria. A poesia é a alma escancarada para o mundo; a ficção é a projeção da vida em outro plano; a história é o registro que evita o esquecimento e o apagamento dos fatos e das pessoas. Tudo isso me ensina a querer ser melhor, para mim mesmo e para os outros. A leitura que emociona, toca o nosso sentimento mais íntimo, pelo exemplo ou pelo contraexemplo, as narrativas sobre a solidariedade ou opressão, liberdade ou prisão, sucessos e fracassos, tudo isso é alimento para que sejamos melhores.

Da mesma forma, observo as pinturas e o jogo articulado de luz e sombras, que remete às variações da psicologia humana e instiga as nossas reflexões, como nas obras de Rembrandt e de Diego Rivera. Vejo as esculturas e sinto algo mais do que alegria ao perceber a maravilha que é, por exemplo, a estátua de Davi, que Michelangelo deixou em Florença, com o seu atordoante realismo anatômico. Quantas pessoas tiveram o mesmo impacto de admiração que eu tive, com essa experiência? Cada breve — ou mais demorado — momento de enlevo, de fruição da arte, que esse genial artista proporcionou a inumeráveis pessoas não terá sido um verdadeiro brinde à felicidade? E quanto à música, não há nessa arte o que não nos impulsione, motive, acalente — algumas obras, como as de Bach e Beethoven, são verdadeiras epifanias.

Pela vida afora, ou pela vida adentro, refleti, estudei ou simplesmente me deixei levar por fatos, atitudes ou coisas que me fizeram bem. Fui feliz? Sim, muitas vezes. Sou feliz? Sim, às vezes. Talvez a maior parte do tempo.

Naturalmente, há os cínicos. Sigmund Freud, por exemplo, dizia que existem duas maneiras de ser feliz nesta vida: uma é fazer-se de idiota e a outra é ser um idiota. Para mim, uma tolice.

Continuo sem saber exatamente o que seja a felicidade. Seria só uma sensação? Só um sentimento? Ou será uma condição humana, que tem raiz na razão? O que chamamos de felicidade realmente significa o que a palavra diz ou é apenas o referente de um conceito mais amplo? Considero, como os linguistas, que a palavra não representa fielmente a sensação, mas o comportamento de satisfação relacionado com a nossa reação a ela.

A felicidade continua sendo uma busca de todas as pessoas. Cada pessoa tem um ideário de felicidade; algumas o encontram na família, outras longe dela. Será bem-estar? Para mim, felicidade é o amor sentido, experimentado nas suas várias facetas. Não necessariamente no amor realizado, mas na ternura do compadecimento, na comoção positiva da doação, na alegria de ver o outro alegre.

Quero repetir uma experiência que tive num trem da Suíça. Eu estava aquecido, em minha cabine, tomando chocolate quente. Pela janela, enxerguei ao longe uma casinha perdida na montanha de neve, com fumaça saindo pela chaminé. Senti algo no coração, uma emoção que me causou uma crise de choro. Era uma sensação de paz absoluta, que veio do acolhimento, de me sentir protegido, abrigado, com uma xícara de chocolate quente. A sensação de felicidade, disparada pelo choro, pareceu ser um conjunto que mesclava estética, conforto, gratidão pelas minhas condições em relação a quem habitava aquela casinha.

Com esta obra, quis trazer e discutir as várias facetas da felicidade, bem como apontar alguns caminhos para que ela possa ser construída e experimentada. Espero que você, leitor, sinta-se incentivado a pensar a sua felicidade, como eu fiz, com base em casos exemplares colocados neste modesto livro. E, ponderando, decida implementar algo deste conteúdo, que trago aqui, na sua prática do dia a dia. Vale muito a pena investir tempo, energia e foco em se fazer feliz. Os benefícios serão imensos para você e todos ao seu redor!

Que os registros feitos por mim sejam inspirações para abrir caminhos para uma vida mais feliz.

> "A felicidade está
> onde nós a pomos."
> (Vicente de Carvalho)

NOTAS

Introdução

1. GABARDO, E. A felicidade como fundamento teórico do desenvolvimento em um Estado Social. Conteúdo da Revista Digital de Direito Administrativo. Disponível em: https://www.revistas.usp.br/rdda/article/view/136849/137642
2. O segundo parágrafo da Declaração de Independência dos Estados Unidos da América diz exatamente isto: "Consideramos estas verdades como evidentes por si mesmas, que todos os homens foram criados iguais, foram dotados pelo Criador de certos direitos inalienáveis, que entre estes estão a vida, a liberdade e a busca da felicidade."
3. Texto disponível em: https://www.americanpoems.com/poets/thoreau/
4. SEN, A. Desenvolvimento como liberdade. Tradução de Laura Teixeira Motta. São Paulo: Companhia das Letras, 2000.
5. RIVERO, O. O mito do desenvolvimento. Rio de Janeiro: Vozes, 2002.
6. ARISTÓTELES. Política. 3ª ed. Tradução de Mário da Gama Cury. Brasília: Editora da UnB, 1997.
7. DWORKIN, R. Taking Rights Seriously. Cambridge, Mass.: Harvard University Press, 1977.
8. MCMAHON, D. Uma história da felicidade. São Paulo: Editora Globo, 2006.
9. PESSOA, F. Poemas inconjuntos. Obra poética. Volume único. Rio de Janeiro: Editora Nova Aguilar, 1986.
10. Livro disponível em: https://www.ebooksbrasil.org/adobeebook/eneida.pdf
11. Disponível em: https://worldhappiness.report/
12. Ver detalhes em: https://www.uol.com.br/nossa/noticias/redacao/2021/09/30/finlandia-e-o-pais-mais-feliz-do-mundo-brasileiros-que-moram-la-se-dividem.htm
13. FREUD, S. História de uma neurose infantil: ("O homem dos lobos"): além do princípio do prazer e outros textos. Tradução e notas Paulo César de Souza. São Paulo: Companhia das Letras, 2010.
14. BRONTË, E. O morro dos ventos uivantes: edição comentada. Tradução Adriana Lisboa, Maria Luiza X. de A. Borges. Rio de Janeiro: Zahar, 2016.
15. A informação está na publicação "Suicide worldwide in 2019: Global Health Estimates", disponível em: https://www.who.int/data/gho/data/themes/mortality-and-global-health-estimates/ghe-leading-causes-of-death
16. CALDINI NETO, A. A morte na visão do espiritismo — Reflexões para quem quer compreender o que acontece no momento que morremos e depois. Rio de Janeiro: Sextante, 2017.
17. RINPOCHE, S. O livro tibetano do viver e do morrer. Tradução de Luiz Carlos Lisboa. São Paulo: Palas Athena, 2013.

18. GREY, M. Voltando da morte. São Paulo: Editora Kuarup, 1997.
19. ANDRIÉIEV, L. Os sete enforcados. Tradução do russo por Anna Weinberg. Rio de Janeiro: Biblioteca Universal Popular, 1963, pp. 92-93.
20. TOLSTÓI, L. A morte de Ivan Ilitch e outras histórias. Tradução e notas de Oleg Almeida. São Paulo: Martin Claret, 2018.
21. Matéria disponível em: https://www.hcor.com.br/imprensa/noticias/conheca-os-beneficios-do-riso-para-a-saude-fisica-e-mental/
22. BERGSON, H. O riso — ensaio sobre a significação do cômico. Tradução: Nathanael C. Caixeiro. 2ª ed. Rio de Janeiro: Zahar Editores, 1983.
23. RIBEIRO, D. O povo brasileiro: a formação e o sentido do Brasil. São Paulo: Companhia das Letras, 2006.
24. PESSOA, F. Poemas inconjuros. Obra poética. Volume único. Rio de Janeiro: Editora Nova Aguilar S.A., p. 231.
25. MILDENBERG, E. Reverberações sobre a felicidade. Revista Terra & Cultura: Cadernos de Ensino e Pesquisa, [S.l.], v. 36, n. 71, p. 183-193, dez. 2020. ISSN 2596-2809. Disponível em: http://periodicos.unifil.br/index.php/Revistateste/article/view/1403
26. ALCOFORADO, F. A conquista da felicidade segundo grandes pensadores. Artigo disponível em: https://www.academia.edu/31726327/A_CONQUISTA_DA_FELICIDADE_SEGUNDO_GRANDES_PENSADORES
27. SARTRE, J. O que é literatura. São Paulo: Ática, 1993.
28. DEUTSCHE WELLE. Informação disponível em: https://www.dw.com/pt-br/finl%C3%A2ndia-%C3%A9-o-pa%C3%ADs-mais-feliz-do-mundo-aponta-relat%C3%B3rio/a-61173563#:~:text=Pelo%20quinto%20ano%20consecutivo%2C%20a,moram%20as%20pessoas%20mais%20satisfeitas
29. ONU NEWS. Matéria disponível em: https://news.un.org/pt/story/2021/03/1745142

Capítulo 1

1. Machado de Assis (1839–1908), o principal nome da literatura brasileira, escritor de todos os gêneros, com destaque para *Dom Casmurro, Quincas Borba. Memórias Póstumas de Brás Cubas, Iaiá Garcia, Helena*. Fundador e primeiro presidente da Academia Brasileira de Letras (ABL).
2. Samuel Johnson (1709–1784), escritor, jornalista e crítico literário, considerado "o mais distinto homem de letras da Inglaterra", tem como principais obras *A Vida de Richard Savage* e o *Dicionário da Língua Inglesa*.
3. Thomas More (1478–1535), escritor, político, humanista e diplomata inglês, autor de *Utopia*, em que defende a sociedade ideal, regida pela lei e pela religião, e critica os males políticos e econômicos de seu tempo.
4. James Hilton (1900–1954), escritor inglês e roteirista de cinema, autor do best-seller *Horizonte Perdido*.
5. Leon Tolstói (1828–1910), um dos gigantes da literatura russa e mundial, foi autor, entre outros, de *Guerra e Paz*, *Anna Karenina*, obras fundamentais da ficção realista do século XIX.

6. Moacyr Scliar (1937–2011), gaúcho de Porto Alegre, médico de profissão, quatro vezes ganhador do Prêmio Jabuti, membro da Academia Brasileira de Letras.
7. Ítalo Calvino (1023–1985), cubano que se radicou na Itália, onde ganhou destaque com a publicação de sua obra prima *As Cidades Invisíveis*.
8. Nelson Rodrigues (1912–1980), polêmico jornalista, escritor e dramaturgo carioca nascido no Recife, tem como uma de suas principais obras para o teatro a peça *Vestido de Noiva*.
9. Friedrich Nietzsche (1844–1900), filósofo e filólogo nascido na Prússia, um dos principais filósofos contemporâneos, crítico mordaz e irônico, autor de obras icônicas, como *Assim falou Zaratustra* e *Ecce Homo*.
10. Sábato Magaldi (1927–2016), mineiro, jornalista, professor e um dos mais destacados críticos de teatro do Brasil. Publicou o *Panorama do Teatro Brasileiro*, ganhador do Prêmio Jabuti, imortal da Academia Brasileira de Letras.
11. Stéphane Mallarmé (1842–1898), nascido em Paris, seu nome verdadeiro era Étienne Mallarmé, poeta e crítico literário, um dos precursores da poesia concreta, ficou conhecido pela publicação de *Un coup de dés jamais n'abolira le hasard* (1897).
12. Clarice Lispector (1920–1977), jornalista, poeta e romancista, produziu vasta obra em que se destacam *A Hora da Estrela, Perto do Coragem Selvagem e Laços de Família.*
13. Carlos Drummond de Andrade (1902–1987), mineiro de Itabira, foi um dos mais ecléticos, influentes e premiados escritores do modernismo brasileiro.
14. Gabriel García Márquez (1927–2014), colombiano, Prêmio Nobel de Literatura de 1982, expoente do realismo fantástico na literatura latino-americana, escreveu livros que foram traduzidos em dezenas de idiomas e ganhou notoriedade com a obra-prima *Cem Anos de Solidão*.
15. Safo de Lesbos, poetisa grega que viveu entre 630 a.C. e 604 a.C., seus poemas foram feitos para serem declamados ao som da lira. O mais conhecido teria sido *Hino a Afrodite*.
16. Cecília Meireles (1901–1964), jornalista, pintora e escritora prolífica, suas obras foram traduzidas e publicadas em vários países, entre elas *O Romanceiro da Inconfidência*, poema épico de 1953.
17. Ruth Guimarães Botelho (1920–2014), de Cachoeira Paulista/SP, foi escritora, cronista, jornalista, tradutora, folclorista. Entre suas obras mais conhecidas destacam-se Água Funda, publicado em 1946, e *Filhos do Medo*, de 1950. Foi colunista dos jornais *Folha de S.Paulo, O Estado de S. Paulo* e *Valeparaibano*. Ocupou a cadeira 22 da Academia Paulista de Letras.
18. Cora Coralina — Anna Lins dos Guimarães Peixoto Bretas (1889–1985), da cidade de Goiás (antiga capital do estado). Mulher simples conhecida pela arte de cozinhar, tinha apenas o primário, mas começou a escrever aos 14 anos. Contista e poetisa, lançou seu primeiro livro em 1935, *O Poema dos Becos de Goiás e Estórias Mais*. Mas só viria a ser reconhecida nacionalmente em 1976, quando publicou a segunda edição, apadrinhada por Carlos Drummond de Andrade.
19. Rachel de Queiróz (1910–2003) nasceu em Fortaleza, primeira mulher eleita para a Academia Brasileira de Letras, polêmica e premiada escritora, um dos nomes icônicos da literatura brasileira, ganhou notoriedade por suas posições políticas e pelo livro *O Quinze*.

20. Marcel Proust (1871–1922), escritor francês que se notabilizou pela extensa e emblemática obra *Em Busca do Tempo Perdido*, traduzida em todo o mundo e ainda hoje objeto de análises pela crítica literária.
21. Mario Quintana (1906–1994), de Alegrete/RS, jornalista, poeta e tradutor das obras de Proust e de Virginia Woolf, entre outras. Destacou-se pelo bom humor e é conhecido como "o poeta das coisas simples". De suas obras, destaque para *Batalhão das Letras*.
22. Thomas Mann (1875–1955), escritor alemão, filho de mãe brasileira, autor dos clássicos *Morte em Veneza*, *A Montanha Mágica* e *Doutor Fausto*. Foi Nobel de Literatura de 1929.
23. Fernando Pessoa (1888–1935) é o principal nome universal da literatura portuguesa e uma das principais figuras do modernismo em seu país. Distribuía sua produção literária entre quatro heterônimos – Alberto Caeiro, Álvaro de Campos, Ricardo Reis e Bernardo Soares, cada um com características próprias. A maioria de suas obras foi publicada depois de sua morte.
24. Chico Anysio (1931–2012), cearense de Maranguape, multiartista, criador e intérprete de personagens carismáticos do humorismo brasileiro, também se destacou pela prolífica produção literária, com mais de 20 livros publicados.

Capítulo 2

1. Texto disponível em: https://valoragregado.com/circulo-vicioso-e-circulo-virtuoso/.
2. Pelo menos é o que diz a Wikipédia: https://pt.wikipedia.org/wiki/It%27s_a_Wonderful_Life.
3. Consultar em: https://www.luzdaserra.com.br/.
4. O depoimento pode ser encontrado em: https://www.hojeemdia.com.br/plural/dia-mundial-da-felicidade-como-ser-feliz-em-tempos-t%C3%A3o-sombrios-devido-%C3%A0-pandemia-da-covid-19-1.829436.
5. O Questionário Proust é a versão atual e popularizada da publicação que replica as perguntas feitas a Marcel Proust por uma amiga também adolescente. A origem do QP são os "Confessions Books" da Era Vitoriana.

Capítulo 3

1. Rubicão: pequeno rio no nordeste da península itálica, que o imperador Júlio Cesar, contrariando as leis romanas, ousou atravessar para enfrentar Pompeu em seus domínios. Na ocasião, lançou a conhecida frase: Alea Jacta Est (A sorte está lançada).
2. Atlas da Violência 2021. Relatório disponível em: https://www.ipea.gov.br/portal/publicacao-item?id=cda05e6b-ae87-4679-a26f-272dd1fc47c0& (p. 27).
3. Reportagem publicada na *Revista Cult*, edição número 230, dezembro de 2017. Disponível em: https://revistacult.uol.com.br/home/melhor-para-ser-igual-colonizacao-e-sobrevivendo-no-inferno/
4. Disponível em: https://www.insper.edu.br/wp-content/uploads/2020/04/Policy-Paper-Naercio-covid-19.pdf.

5. Disponível em: https://www.ethos.org.br/wp-content/uploads/2016/05/Perfil_Social_Tacial_Genero_500empresas.pdf.
6. Disponível em: https://www.unicamp.br/unicamp/noticias/2021/05/17/nao-e-nada-facil-ser-lgbt-no-brasil-hoje.
7. SILVA, D. Stefan Zweig deve morrer. Disponível em: https://www.almedina.net/stefan-zweig-deve-morrer-1591367066.html.
8. RIBEIRO, D. O povo brasileiro. São Paulo: Companhia das Letras: 1995.
9. SCHWARTSMAN, H. Os índios, a felicidade e a caverna. Disponível em: https://www1.folha.uol.com.br/folha/pensata/helioschwartsman/ult510u356045.shtml.
10. SCHOPENHAUER, A. O mundo como vontade e representação. São Paulo: Editora do Brasil, 1958. P. 813, tomo II.
11. Disponível em: https://www.unicef.org/brazil/comunicados-de-imprensa/no-brasil-milhoes-de-meninas-carecem-de-infraestrutura-e-itens-basicos-para-cuidados-menstruais.
12. GIKOVATE, F. Alívio da TPM traz felicidade. Disponível em: https://caaeps.com.br/mulher/alivio-da-tpm-traz-felicidade/.
13. Disponível em: https://www.campograndenews.com.br/lado-b/comportamento-23-08-2011-08/afrontoso-jovem-diz-que-chegou-a-hora-de-mostrar-que-viado-nao-e-bagunca.
14. A frase é atribuída, originalmente, a Sêneca, filósofo romano que nasceu em 4 a.C. e morreu no ano 65, mas, bem antes, a virtude foi tema central da obra de Aristóteles em sua "Ética a Nicômaco".
15. MARX, K. Crítica da Filosofia do Direito de Hegel (Zur Kritik der hegelschen Rechtsphilosophie). Tradução de Rubens Enderle e Leonardo de Deus. 3ª ed. São Paulo: Boitempo, 2013.
16. RODRIGUES, N. Recorte da crônica "O Entendido, salvo pelo ridículo", publicada na edição de 10/6/1970 do jornal *O Globo*/RJ.

Capítulo 4

1. PEREIRA, D. O esquife do caudilho. São Paulo: Pasavento, 2015.
2. Depoimento oferecido pelo jornalista para este livro. Para contato: daniel07pereira@yahoo.com.br.
3. DAMÁSIO, A. Em busca de Espinoza — prazer e dor na ciência dos sentimentos. 2ª reimpressão. São Paulo: Companhia das Letras, 2004.
4. Áudio disponível no YouTube em: https://www.youtube.com/watch?v=gCGng3ZLfHk.
5. Morto num acidente durante uma prova de Fórmula 1 no dia 1º de maio de 1994, o corpo de Ayrton Senna foi velado na Assembleia Legislativa do estado de São Paulo. Na manhã do dia 5 de maio de 1994, o cortejo até o Cemitério do Morumbi foi calculado em um milhão de pessoas, igualando-se ao público que participou do funeral do presidente John Kennedy, em 1963.
6. Jornal *O Globo*, edição de 8 de novembro de 2021.

7. Francisco Alves, também conhecido como Chico Viola, foi o cantor mais popular do Brasil até sua morte, aos 54 anos, em 1952, em um acidente de carro na Via Dutra, altura de Pindamonhangaba. A multidão que acompanhou o enterro do cantor, no Rio de Janeiro, é comparada à dos funerais de Getúlio Vargas, Juscelino Kubitschek, Tancredo Neves e Elis Regina.
8. Informação do *Portal G1*, em 9 de novembro de 2021.
9. Informação de 9 de novembro de 2021.
10. Também conhecida por IoT (*Internet of Things*, em inglês), consiste na ideia da fusão do "mundo real" com o "mundo digital", fazendo com que o indivíduo possa estar em constante comunicação e interação, seja com outras pessoas ou objetos. Disponível em: https://www.significados.com.br/internet-das-coisas.
11. Disponível em: https://meucinediario.wordpress.com/2010/06/30/o-cadaver-mais-bonito-do-mundo/.
12. Essa parábola percorria a Europa ao longo do século XIX. O escultor e pintor francês Jean-Léon Gérôme pintou o quadro "A Verdade saindo do Poço", em 1896, para ilustrar a parábola. Eis uma das variantes da história: "A Verdade e a Mentira se encontram um dia. A Mentira convence a Verdade a se banhar sem roupa num poço. Enquanto a Verdade está no poço, a Mentira veste as roupas da Verdade e foge. A Verdade, não querendo usar as roupas da Mentira, corre em sua perseguição, nua pelas ruas. O mundo desvia o olhar, critica a Verdade, que segue andando nua, em busca de suas roupas. Quanto à Mentira, continua abrindo caminhos com as roupas da Verdade, já que a maioria das pessoas fazem opção por ela, em lugar da Verdade nua e crua."
13. A expressão tem origem no Rei Pirro, de Épiro, cujo exército, após sofrer grandes perdas ao derrotar os romanos na Batalha de Heracleia, em 280 a.C., foi novamente vitorioso na Batalha de Ásculo (ou Asculum), em 279 a.C. Pirro teria dito isto: "Mais uma vitória dessas, perco o que me resta das tropas e retorno a Épiro sozinho."
14. COMTE-SPONVILLE, A. A felicidade, desesperadamente. São Paulo: Martins Fontes, 2001.
15. Idem, p. 14.
16. Idem, p. 71.
17. Disponível em: https://soumamae.com.br/parto-dor-nao-vale-sofri-mento-vale-alegria/.
18. A expressão é de origem latina. Era uma peça de madeira pouco densa que os romanos usavam para escrever e desenhar. A metáfora alude ao fato de que o ser humano nasce desprovido de qualquer ideia, como folha em branco.
19. Disponível em: https://www.vaticannews.va/pt/papa/news/2019-03/paap--francisco-alegria-decalogo.html.
20. Disponível em: https://theconversation.com/are-religious-people-happier-than-non-religious-people-87394.
21. Disponível em: https://www.pewforum.org/2019/01/31/religions-relationship-to-happiness-civic-engagement-and-health-around-the-world/.
22. QUIOSSA, P. S. O morrer católico no viver em Juiz de Fora — 1850/1950. Tese de Doutorado em Ciência da Religião pela Universidade Federal de Juiz de Fora/

MG, em 2009. Disponível em: https://repositorio.ufjf.br/jspui/bitstream/ufjf/2770/1/paulosergioquiossa.pdf.

23. Revista Superinteressante. A Ciência da Fé. Outubro de 2016.

Capítulo 5

1. CASTILHO, R. Direitos Humanos — sinopses jurídicas, volume 30. São Paulo: Saraiva, 2011.
2. *Amor é fogo que arde sem se ver*, soneto de Luís de Camões.
3. QUINTANA, M. Nariz de vidro. São Paulo: Moderna, 1998.
4. Artigo disponível em: http://www.montfort.org.br/bra/veritas/religiao/gol-de-bicicleta/.
5. DE SÃO VÍTOR, H. Didascálicon — a arte de ler. Petrópolis: Vozes, 2001.
6. FREUD, S. O mal-estar na civilização, novas conferências introdutórias à psicanálise e outros textos (1930-1936). Tradução Paulo César de Souza. São Paulo: Companhia das Letras, 2010.
7. Van der Rohe é considerado um dos arquitetos mais importantes do século XX.
8. Fernando Pessoa disse que "o mito é o nada que é tudo".
9. BACON, F. Novum Organum; Nova Atlântida. Tradução e notas de José Aluysio Reis de Andrade. São Paulo: Abril Cultural, 1979. (Coleção Os Pensadores). Neste livro, Francis Bacon idealizou uma comunidade científica, criando uma instituição fictícia chamada Casa de Salomão.
10. Hans Kelsen, nessa linha, ao falar de norma (e não do fato) defende que o dever--ser é sempre produto de uma vontade — aquilo que deve ser com aquilo que alguém quer que seja, isto é, com aquilo que alguém quer que outro alguém faça. Para o filósofo, o Direito deve tratar do que deve ser, mas precisa ser estudado tratando daquilo que é.
11. SÊNECA, L. A. A vida feliz. Tradução André Bartolomeu. Campinas: Pontes Editores, 1991. Texto também disponível em: https://pt.scribd.com/document/462479692/Seneca-A-Vida-Feliz-pdf.
12. MARCO AURÉLIO. Meditações. Tradução de Thainara Castro. Brasília: Editora Kiron, 2011.
13. BÍBLIA, Marcos 9:24.
14. DUNNE, C. Buda e Jesus — diálogos. Tradução de Joaquim Maria Botelho e Ruth Guimarães. São Paulo: Pensamento, 1992.
15. Plotino introduziu a ideia de que a felicidade (Eudaimonia) só pode ser atingida por meio da consciência. Sua tese influenciou fortemente o pensamento filosófico ocidental, de que a felicidade é metafísica e não é influenciada pelos males do corpo, como doenças. Um dos trechos das *Enéadas*, compilada pelo seu discípulo e biógrafo Porfírio de Tiro (204-270), diz isto: "A vontade do proficiente é definida sempre e somente por dentro." Ou seja, o homem tem que buscar a felicidade além da aparência e do sentido das coisas, por meio do entendimento e da razão.
16. AGOSTINHO, S. Solilóquios; a vida feliz, São Paulo: Paulus, 1998.
17. ROSA, G. Tutameia (Terceiras estórias). Rio de Janeiro: José Olympio, 1967.

18. Ao lado de João Duns Escoto, Guilherme de Okham, Averróis, Alberto Magno, São Boaventura e outros.
19. BACON, F. Novum Organum ou Verdadeiras Indicações Acerca da Interpretação da Natureza. Disponível em: http://www.dominiopublico.gov.br/download/texto/cv000047.pdf. Uma de suas considerações é esta: "Acham-se as ciências acima do alcance da maior parte dos homens e são facilmente destruídas e extintas pelos ventos da opinião vulgar. Daí não se admirar que não tenha tido curso feliz o que não costuma ser favorecido com honrarias."
20. DESCARTES, R. Discurso do método. Rio de Janeiro: Nova Fronteira, 2011.
21. KANT, I. Crítica da Razão Prática. Tradução e prefácio de Afonso Bertagnoli. São Paulo: Brasil Editora, 1959. Livro I, Cap. I, § 7.
22. SCHOPENHAUER, A. O mundo como vontade e como representação. Tradução Jair Barboza. São Paulo: Editora Unesp, 2005.
23. FRANKL, V. E. Em busca do sentido. Rio de Janeiro: Vozes, 2009.
24. HEIDEGGER, M. Caminhos de floresta. Lisboa: Edição da Fundação Calouste Gulbenkian, 2002.
25. RUSSELL, B. A História da Filosofia Ocidental. Rio de Janeiro: Editora Nacional, 1969.
26. SCAPINO, J. Nietzsche, o filósofo da Alemanha nazista. Cad. Nietzsche, São Paulo, v.36 n.1, p. 219-224, 2015. (Publicado originalmente no *Diário de Notícias*. Rio de Janeiro, 07 de outubro de 1945, pp. 01-05). O artigo está disponível em: https://www.scielo.br/j/cniet/a/tfNB3TmdtH6mjnJwbs5Mh3c/?format=pdf&lang=pt.
27. CHARDIN, T. de. Sobre a felicidade. Rio de Janeiro: Editora Verus, 2005.
28. MARCUSE, H. Eros e Civilização. 5ª ed. Rio de Janeiro: Zahar, 1972. Neste livro, tratou de uma interpretação filosófica do pensamento de Freud, comparado a Marx.
29. KIERKEGAAD, S. Conceito de ironia. São Paulo: Editora Folha de S. Paulo, 2015.
30. ROSSET, C. A lógica do pior. Rio de Janeiro: Espaço e Tempo, 1989.
31. MARÍAS, J. A felicidade humana. São Paulo: Duas Cidades, 1989.
32. BURKE, J. Por que para algumas pessoas é geneticamente mais difícil ser feliz. Texto disponível em: https://www.bbc.com/portuguese/internacional-59524355.
33. O texto está disponível em: https://www.linkedin.com/posts/clever-gon%-C3%A7alves-10899146_quando-o-bilion%C3%A1rio-nigeriano-femi-otedola--activity-6865812801714171904-LQ7g/.
34. Entrevista disponível em: https://panoramamercantil.com.br/viviane-mose-a-felicidade-e-um-tipo-de-modelo/.
35. ECO, U. O direito à felicidade. Artigo publicado em abril de 2014 e disponível em: https://noticias.uol.com.br/blogs-e-colunas/coluna/umberto-eco/2014/04/20/o-direito-a-felicidade.htm.
36. MORIN, E. Cultura de massas no século XX. Rio de Janeiro: Forense Universitária, 2011.
37. MARCUSE, H. A Ideologia da Sociedade Industrial — o Homem Unidimensional. Tradução de Giasone Rebuá. Rio de Janeiro: Zahar, 1982.
38. LISPECTOR, C. Felicidade Clandestina e outros contos. Rio de Janeiro: Rocco, 1998.

Capítulo 6

1. Famílias relatam a experiência da adoção: "É uma eterna felicidade." Disponível em: www.cancaonova.com.
2. Disponível em: https://www.uol.com.br/universa/noticias/redacao/2021/08/24/esperei-minha-filha-por-8-anos-e-valeu-a-pena-como-e-a-fila-de-adocao.htm.
3. JOKER, filme estrelado por Joaquin Phoenix, EUA, 2019.
4. Disponível em: https://www.angaad.org.br/portal/coringa-um-filho-do-abandono/.
5. Disponível em: https://emais.estadao.com.br/blogs/ser-mae/milton-nascimento-apresenta-o-filho-adotivo-no-programa-de-pedro-bial/.
6. Disponível em: https://globoplay.globo.com/v/6763762/.
7. Disponível em: https://revistaquem.globo.com/QUEM-News/noticia/2020/08/milton-nascimento-se-emociona-ao-receber-de-filho-adotivo-certidao-que-o--reconhece-como-pai.html.
8. Disponível em: www.bucharestearlyinterventionproject.org.
9. Disponível em: https://www.vittude.com/blog/teoria-do-apego/.
10. Informações extraídas do portal da *Revista Glamour* (https://glamour.globo.com/) — edição de 09 de dezembro de 2021.
11. WEBER, L. Família acolhedora: porque acolher — Instituto Geração Amanhã. Disponível em: www.geracaoamanha.org.br.
12. ROUSSEAU, J. Confissões. Tradução e prefácio de Wilson Louzada. Rio de Janeiro: Nova Fronteira, 2018.
13. Na Paris do século XVIII há registros de 3 mil crianças abandonadas por ano.
14. Informações em: http://museejjrousseau.montmorency.fr/fr.
15. Informações em: https://www.ffsam.org/sam/societe-internationale-des-amis-du-musee-jean-jacques-rousseau/.
16. O próprio Rousseau, como vimos, admitiu ter abandonado cinco filhos, e não três, como escreveu Voltaire.
17. VICTOR HUGO. Les Misérables. Livro IV.
18. Disponível em: https://webpages.ciencias.ulisboa.pt/ ~ommartins/investigacao/biobibliografia.pdf.
19. Carta disponível em: https://ihggcampinas.org/2020/05/11/revitalizacao-da-roda-de-expostos/.
20. Fonte: Infopédia. Porto: Porto Editora, 2003–2014. Disponível em: http://www.infopedia.pt/$roda-dos-enjeitados.
21. Informações disponíveis em: https://www.facebook.com/RioSecretoRio/posts/1650671998521953/.
22. LUCCHESE, A. Vida de Adotivo: a Adoção do Ponto de Vista dos Filhos. Porto Alegre: Physalis Editora, 2020.
23. Informações extraídas do jornal *Hoje em Dia* (www.hojeemdia.com.br) — edição de 12 de setembro de 2016.

24. Texto disponível em: https://encyclopedia.ushmm.org/content/pt-br/article/hidden-children-quest-for-family.
25. Das Lied in mir, 2011. Alemanha. Direção de Florian Cossen.
26. Texto integral em: https://www.unicef.org/brazil/convencao-sobre-os-direitos-da-crianca#protocolo_venda.
27. A íntegra do depoimento pode ser consultada em: https://noticias.uol.com.br/cotidiano/ultimas-noticias/2017/04/02/vitima-de-trafico-infantil-descobre-mae-brasileira-aos-29-anos-eu-nasci-pela-2-vez.htm.
28. A íntegra do texto pode ser consultada em: https://crianca.mppr.mp.br/pagina-1073.html#.
29. YNGVESSON, B. Parentesco reconfigurado no espaço da adoção Parentesco reconfigurado no espaço da adoção. Disponível em Scielo — Brasil, em: https://www.scielo.br/j/cpa/a/nh9Bc9gMWFnFfZRrp8tCcNS/abstract/?lang=pt.
30. ELDRIDGE, S. Vinte coisas que filhos adotados gostariam que seus pais adotivos soubessem. São Paulo: Globo, 2004.)
31. Consultar em: https://www.tuasaude.com/constelacao-familiar/.

Capítulo 7

1. LIMA, J. P. da S. R. A positivação do direito à busca da felicidade na Constituição brasileira: A felicidade como direito fundamental. Artigo disponível em: https://jus.com.br/artigos/18903/a-positivacao-do-direito-a-busca-da-felicidade-na-constituicao-brasileira#:~:text=A%20Constitui%C3%A7%C3%A3o%20da%20Rep%C3%BAblica%20Federativa,da%20dignidade%20da%20pessoa%20humana. Acesso em: 05 de janeiro de 2022.
2. ARISTÓTELES. Ética a Nicômaco; Tradução, textos adicionais e notas por Edson Bini. 4ª ed. São Paulo: Edipro, 2014.
3. MONTEIRO, J. R. PEC da felicidade positivará direito na CF. Artigo disponível em: https://www.conjur.com.br/2010-mai-29/pec-felicidade-positivacao-direito-reconhecido-resto-mundo.
4. Idem.
5. O artigo reza que a proposição arquivada poderá continuar sua tramitação se houver, nesse sentido, requerimento subscrito por 1/3 (um terço) dos Senadores, nos primeiros 60 (sessenta) dias da primeira sessão legislativa da legislatura seguinte ao arquivamento, desde que aprovado o requerimento pelo Plenário do Senado. A situação da PEC da Felicidade pode ser consultada em: https://www25.senado.leg.br/web/atividade/materias/-/materia/97622.
6. RUBIN, B. O Direito à busca da felicidade. Revista brasileira de Direito Constitucional — RBDC, n. 16, jun./dez. de 2010.
7. MONTEIRO, J. R. PEC da felicidade positivará direito na CF. Artigo. Disponível em: https://www.conjur.com.br/2010-mai-29/pec-felicidade-positivacao-direito-reconhecido-resto-mundo. Acesso em: 15 nov. 2021.
8. VIANA, F O Brasil e o direito à felicidade Disponível em: http://terramagazine.terra.com.br/interna/0,,OI5296370-EI6783,00-O+Brasil+e+o+direito+a+felicidade.html Acesso em: 18 nov. 2021.

9. BECCARIA, C. B. Marchesi di, 1738–1794 Dos Delitos e das Penas. Tradução: J. Cretella e Agnes Cretella. São Paulo: Revista dos Tribunais, 1996.
10. LEAL, S. T. Direito à felicidade resgata as raízes do constitucionalismo brasileiro. Artigo disponível em: https://www.migalhas.com.br/coluna/conversa-constitucional/275613/direito-a-felicidade-resgata-as-raizes-do--constitucionalismo-brasileiro.
11. DIAS, M. B. Direito fundamental à felicidade Unisul de Fato e de Direito: revista jurídica da Universidade do Sul de Santa Catarina, [S.l.], v. 2, n. 4, p. 101-107, jan. 2012
12. LOCKE, J. Ensaio sobre o entendimento humano. Lisboa: Calouste Gulbenkian, 1999.
13. DEBORD, G. A Sociedade do Espetáculo. Rio de Janeiro: Contraponto, 1997.
14. MARX, K. Crítica da filosofia do direito de Hegel. São Paulo: Boitempo, 2010.
15. BOBBIO, N. As ideologias e o poder em crise. Brasília: Editora Universidade de Brasília: São Paulo: Polis, 1990.
16. ECO, U. O direito à felicidade. Artigo disponível em: https://noticias.uol.com.br/blogs-e-colunas/coluna/umberto-eco/2014/04/20/o-direito-a-felicidade.htm.
17. REALE, M. Nova Teoria da Felicidade. Porto Alegre: Editora Dom Quixote, 2013.
18. GIORDANI, J. A. François Terré 'in'. Curso Básico de Direito Civil. 4ª edição, 2ª tiragem. Rio de Janeiro, 2008.
19. HOBBES, T. Leviatã ou matéria, forma e poder de um Estado eclesiástico e civil. (Coleção Os Pensadores). São Paulo: Abril Cultural, 1979.
20. Um desses magistrados é o ministro Luís Roberto Barroso, do Supremo Tribunal Federal. Ver BARROSO, L. R. O começo da história: a nova interpretação constitucional e o papel dos princípios no direito brasileiro. In: RÚBIO, D. S.; FLORES, J. H.; CARVALHO, S. de. Direitos humanos e globalização: fundamentos e possibilidades desde a teoria crítica. Rio de Janeiro: Lumen Juris, 2004.
21. LIMA, J. P. da S. R A positivação do direito à busca da felicidade na Constituição brasileira... Op. Cit.
22. RUBIN, B. O Direito à busca da felicidade. Revista brasileira de Direito Constitucional — RBDC, n. 16, jun./dez. de 2010.
23. PREÂMBULO — O Povo Francês, convencido de que o esquecimento e o desprezo dos direitos naturais do Homem são as únicas causas das infelicidades do mundo, resolveu expor numa declaração solene estes direitos sagrados e inalienáveis, a fim de que todos os cidadãos, podendo comparar sem cessar os atos do Governo com o fim de toda instituição social, não se deixem jamais oprimir e aviltar pela tirania; para que o Povo tenha sempre distante dos olhos as bases da sua liberdade e de sua felicidade, o Magistrado, a regra dos seus deveres, o Legislador, o objeto da sua missão. Em consequência, proclama, na presença do Ser Supremo, a Declaração seguinte dos Direitos do Homem e do Cidadão. I- O fim da sociedade é a felicidade comum. O governo é instituído para garantir ao homem o gozo destes direitos naturais e imprescritíveis.
24. Cf. os discursos e intervenções de Robespierre: na Assembleia Nacional Constituinte de 7 de abril de 1790; para a Assembleia Nacional Constituinte de 15 de maio de 1790; Assembleia Nacional Constituinte de 27 de setembro de 1790; Assembleia Nacional Constituinte de 27 a 28 de abril de 1791; discurso ao clube

jacobino em 19 de junho de 1791; Assembleia Nacional Constituinte de 23 de agosto de 1791; discurso ao clube jacobino em 19 de março de 1792; clube de Jacobinos em 26 de março de 1792, clube de Jacobinos em 28 de outubro de 1792; Convenção Nacional de 10 de abril de 1793; Convenção nacional em 31 de maio de 1793; Clube dos Jacobinos, 7 de janeiro de 1794; Convenção Nacional de 20 de março de 1794; Convenção nacional de 26 de maio de 1794; Convenção Nacional de 8 de junho de 1794; Clube dos Jacobinos em 5 de julho de 1794.

25. O pensamento de Kant sobre a felicidade (que ele jamais definiu de maneira positiva) foi belamente analisado por WHITE, Nicholas. Breve história da felicidade. Tradução de Luís Carlos Borges. São Paulo: Edições Loyola. 2009.
26. KELSEN, H. Teoria pura do Direito. Tradução João Batista Machado. 6ª ed. São Paulo: Martins Fontes: 1998.
27. ARENDT, H. Ação e a busca da felicidade. Rio de Janeiro: Bazar do Tempo, 2018.
28. MARÍAS, J. A felicidade humana. São Paulo: Duas Cidades, 1989.
29. RAWLS, J. Uma teoria da justiça. Brasília: Universidade de Brasília, 1981.
30. BAUMAN, Z. A arte da vida. Rio de Janeiro: Zahar, 2009.
31. ROSS, A. Direito e justiça. 2ª ed. Tradução e notas de Edson Bini. São Paulo: Edipro, 2000.
32. BAUDRILLARD, J. A sociedade de consumo. Coleção Arte & Comunicação. Lisboa: Edições 70, 2005.
33. SEN, A. Desenvolvimento como liberdade. São Paulo: Companhia das Letras, 2010.
34. NERI, M. Jovens, Educação, Trabalho e o Índice de Felicidade Futura. Sociologias, Porto Alegre, ano 20, n. 48, maio-ago 2018, p. 272-299.
35. CARBONNIER, J. Sociologia Jurídica. Trad. Diogo Leite de Campos. Coimbra: Livraria Almedina, 1979.
36. NERI, M. Bate-Papo FGV. O Brasil no Ranking Mundial da Felicidade. Disponível em: https://portal.fgv.br/brasil-ranking-mundial-felicidade-marcelo-neri. Acesso em: 16 nov. 2021.
37. BARBOSA, R. Discursos e conferências. São Paulo: Livraria Acadêmica Saraiva, 1933.

Capítulo 8

1. BRUCKNER, P. A Euforia Perpétua — Ensaio sobre o Dever da Felicidade. Rio de Janeiro: Bertrand Brasil, 2002. O escritor, ensaísta e filósofo francês Pascal Bruckner é autor de livros de ficção e de não ficção. O romance *Lua de Fel* foi adaptado para o cinema pelo diretor polonês Roman Polanski. É palestrante e colaborador da revista francesa Le Nouvel Observateur.
2. Trecho de artigo de Luciana Thomé ("Pascal Bruckner, o dever da felicidade"), disponível em: https://www.fronteiras.com/resumos/o-dever-da-felicidade-poa.
3. Líder do povo indígena Munduruku, espalhado no Amazonas, Pará e Mato Grosso do Sul, premiado escritor, membro da Academia de Letras de Lorena/SP, mais de 50 livros e de cuja obra pinçamos os excertos para este livro.

4. MUNDURUKU, D. Os povos indígenas são a última reserva dentro desse sistema. Brasil de Fato. Disponível em: https://www.brasildefato.com.br/2021/10/17/daniel-munduruku-os-povos-indigenas-sao-a-ultima-reserva-moral-dentro-desse-sistema.
5. A Idade do Bronze foi um período da pré-história, iniciado em 3300 a.C., que marcou o desenvolvimento da liga metálica que surgiu da fusão entre o cobre e o estanho. Ela vem depois da Era do Cobre e antes da Idade do Ferro. Artigo disponível em: Large-scale migration into Britain during the Middle to Late Bronze Age | Nature.
6. Disponível em: http://dimalice.com.br/wp-content/uploads/2017/08/AH_guerreiras.pdf.
7. Informações disponíveis em: https://www.comciencia.br/dna-dos-brasileiros-carrega-marcas-da-colonizacao/.
8. Gilberto Freyre ficou com a fama por divulgá-la, mas a autoria da expressão é atribuída ao médico, etnólogo e antropólogo alagoano Arthur Ramos. Disponível em: https://pt.wikipedia.org/wiki/Arthur_Ramos.
9. Disponível em: https://pt.wikipedia.org/wiki/Iracema.
10. Informações disponíveis em: https://www.revistabula.com/14786-gilberto-freyre-o-inimigo-do-politicamente-correto/.
11. O texto, na íntegra, está disponível em: https://www1.folha.uol.com.br/fsp/mais/fs2809200305.htm.
12. Fonte: CPDOC/FGV — Centro de Pesquisa e Documentação de História Contemporânea do Brasil.
13. Disponível em: http://www.historialivre.com/revistahistoriador.
14. FERNANDES, F. O negro no mundo dos brancos. São Paulo: Difusão Europeia do Livro, 1972, p. 41.
15. Informação disponível em: https://g1.globo.com/Noticias/Ciencia/0,,MUL-43530-5603,00-DNA+DE+NEGROS+FAMOSOS+RETRATA+BRASIL+MESTICO.html.
16. Fonte: Filho manda carta para o pai: "Se eu fosse branco, você ia gostar mais de mim?" (yahoo.com).
17. Texto disponível em: Origens: Kenia Maria faz teste de DNA e descobre de onde veio (uol.com.br).
18. DAMATTA, R. O que faz o brasil, Brasil. Rio de Janeiro: Rocco, 1986.
19. Op. cit., p. 32.
20. Consultar: Rapper Emicida critica racismo no Brasil: "Táxi não para, mas viatura para" (PopZoneTV).
21. Íntegra do livro *O Mulato* disponível em: http://www.dominiopublico.gov.br/download/texto/bn000166.pdf. O trecho selecionado está na página 21.
22. Dados extraídos do portal: https://marciatravessoni.com.br/.
23. Informações obtidas em: http://revistaepoca.globo.com/Revista/Epoca/0,,EMI233387-15228,00-DOUTOR+HORROR+TRECHO.html.

1. Alguns estudiosos afirmam que o primeiro escritor que mencionou a existência de fadas foi Pompônio Mela, um geógrafo que viveu durante o século I depois de Cristo, no livro *De Chorographia*, por volta do ano 45 d. C.
2. BBC Nes. Cottingley Fairies: How Sherlock Holmes's creator was fooled by hoax. Disponível em: https://www.bbc.com/news/uk-england-leeds-55187973.
3. Informações do site: https://aminoapps.com/c/mitologicpt/page/blog/fadas-mitologia-celta/xg6R_62h2uxJ3kJxabYaBRnNnBB3nvVJ3M.
4. LENOIR, F. Sobre a felicidade: uma viagem filosófica. Tradução Véra Lucia dos Reis. 1ª ed. Rio de Janeiro: Editora Objetiva, 2016.
5. BULLFINCH, T. O livro de ouro da mitologia. (A idade da fábula). Histórias de deuses e heróis. Tradução David Jardim Júnior. 26ª ed. Rio de Janeiro: Ediouro, 2002.
6. APULEIO. O asno de ouro (Metamorfoses). Tradução direta do latim de Ruth Guimarães. São Paulo: Editora 34, 2019.
7. BARRIE, J. M. Peter Pan — A Origem da Lenda. Tradução de Suria Scapin do original "Peter Pan in Kensington Gardens". São Paulo: Universo dos Livros, 2015.
8. Op. cit., p. 46.
9. GREY, G. Polynesian mythology & ancient traditional history of the new zealanders as furnished by their priests and chiefs. [1854] Informação consultada em: https://www.sacred-texts.com/pac/grey/grey22.htm#page_212.
10. Disponível em: https://atelieamazonico.weebly.com/haacute-quem-diga/o-passaro-da-felicidade.
11. BRITTO, A. S. Lendário Amazônico. Manaus: Norte Editorial, 2007.
12. ANDRADE, M. Macunaíma, o herói sem nenhum caráter. 2ª ed. Brasília: Edições Câmara, 2019.
13. Algumas dessas crendices foram obtidas em: https://www.portalsaofrancisco.com.br/folclore/simpatias-e-crendices.
14. AMARAL, A. Tradições Populares. São Paulo: IPE, 1948. O autor foi membro da Academia Brasileira de Letras. Informações obtidas em: https://www.aprovincia.com.br/memorial-piracicaba/conversa-nho-tonico/cultura-caipira/supersticoes-e-crendices-do-caipira-paulista-1456/.
15. ESPINOSA, B. Tratado teológico-político. Tradução de Diogo Pires Aurélio. São Paulo: Martins Fontes, 2003, p. 6.
16. VYSE, S. Believing in magic: The psychology of superstition. Oxford University Press, 2014.

Capítulo 10

1. SEGATTO, C. O valor dos pequenos prazeres. Revista Época, 24 de julho de 2009. Disponível em: http://revistaepoca.globo.com/Revista/Epoca/0,,EMI-84212-15230,00-O+VALOR+DOS+PEQUENOS+PRAZERES.html.

2. A teoria de Bauman é tema pontual que abordei no capítulo A Felicidade no Cotidiano. Ali, o filósofo nos fala da felicidade como circunstância efêmera de um mundo moderno em que "nada foi feito para durar".
3. JORNAL LA VANGUARDIA. Entrevista consultada em: https://www.lavanguardia.com/vida/20140517/54408010366/zygmunt-bauman-dificil-encontrar-feliz-ricos.html.
4. A frase original é: "A mulher de César deve estar acima de qualquer suspeita." Teria sido dita por Júlio Cesar (100 a.C. a 44 a.C.) para justificar a decisão de divorciar-se de Pompeia, mesmo não tendo provas de que ela o havia traído com Publius Clodius. O tempo cunhou várias versões da frase, mas a mais conhecida é aquela que diz: "À mulher de César não basta ser honesta, deve parecer honesta."
5. Disponível em: https://www.letras.mus.br/will-03/1682839/.
6. Disponível em: http://www.dominiopublico.gov.br/download/texto/gu000205.pdf.
7. Professor nas universidades de Middlebury e Oxford/EUA, Stanley Bates esteve no Brasil em 2017 como palestrante em evento/homenagem aos 200 anos de nascimento de Henry Thoreau. Consultar: https://www.ihuonline.unisinos.br/artigo/6977-o-sim-de-thoreau-para-o-mundo.
8. GERMER, G. M. A busca da felicidade: Nosso erro, ilusão e existência fundamentais, segundo Schopenhauer. Revista Voluntas: estudos sobre Schopenhauer — 2º semestre 2011 — Vol. 2 — Nº 2 — ISSN: 2179-3786 — pp. 113-127.
9. Notícia disponível em: https://www.dgabc.com.br/Noticia/3779019/assaltantes-se-arrependem-e-devolvem-saxofone-roubado-em-igreja-de-santo-andre.
10. REVISTA VEJA. Matéria disponível em: https://veja.abril.com.br/economia/dinheiro-traz-felicidade-nao-diz-nobel-de-economia/.
11. REVISTA EXAME. Disponível em: https://exame.com/invest/minhas-financas/dinheiro-traz-felicidade-estudo-sugere-que-mais-do-que-imaginamos/.
12. Informações disponíveis em: https://pt.wikipedia.org/wiki/Mark_Twain.
13. A frase proverbial latina (*homo homini lúpus*) foi criada pelo dramaturgo romano Plauto (254–184 a.C.) em sua obra *Asinaria*.
14. Mais informações em: https://www.bbc.com/portuguese/curiosidades-38075589.
15. Ver a letra integral em: https://www.letras.mus.br/titas/48968/.
16. Disponível em: https://www.bloomberglinea.com.br/2022/01/11/ainda-ha-espaco-para-o-ceo-carismatico/.
17. Alcunha que imortalizou o gaúcho Apparício Fernando de Brinkerhoff Torelly (1895–1971). O humor desse jornalista inspirou gerações, do Pif-Paf ao Pasquim.
18. Disponível em: https://www.unicamp.br/unicamp/ju/artigos/ladislau-dowbor/grande-riqueza-e-grande-pobreza-sao-igualmente-patologicas-para.
19. Disponível em: https://rotafinanceira.com/o-evangelho-da-riqueza/.

20. Informação disponível em: https://aventurasnahistoria.uol.com.br/noticias/reportagem/charles-feeney-o-curioso-caso-do-bilionario-que-abriu-mao-da-fortuna.phtml.
21. Informação disponível em: https://www.uol.com.br/ecoa/ultimas-noticias/2021/12/22/bilionarios-que-doarao-toda-a-sua-fortuna-atraem-donos-de-empresa-no-brasil.htm
22. Pesquisa disponível em: https://www1.folha.uol.com.br/fsp/dinheiro/fi2004200819.htm.
23. Em entrevista publicada na *Revista IstoÉ*, 1999.

REFERÊNCIAS

AGOSTINHO, S. Solilóquios; a vida feliz, São Paulo: Paulus, 1998.

AMARAL, A. Tradições Populares. São Paulo: IPE, 1948. Informações obtidas em: https://www.aprovincia.com.br/memorial-piracicaba/conversa-nho-tonico/cultura-caipira/supersticoes-e-crendices-do-caipira-paulista-1456/.

ANDRADE, M. Macunaíma, o herói sem nenhum caráter. 2ª ed. Brasília: Edições Câmara, 2019.

ANDRIÉIEV, L. Os sete enforcados. Tradução do russo por Anna Weinberg. Rio de Janeiro: Biblioteca Universal Popular, 1963, pp. 92-93.

APULEIO. O asno de ouro (Metamorfoses). Tradução direta do latim de Ruth Guimarães. São Paulo: Editora 34, 2019.

ARENDT, H. Ação e a busca da felicidade. Rio de Janeiro: Bazar do Tempo, 2018.

ARISTOTELES. Ética a Nicômaco; Tradução, textos adicionais e notas por Edson Bini. 4ª ed. São Paulo: Edipro, 2014.

ARISTÓTELES. Política. 3ª ed. Tradução de Mário da Gama Cury. Brasília: Editora da UnB, 1997.

ATLAS DA VIOLÊNCIA 2021. Relatório disponível em: https://www.ipea.gov.br/atlasviolencia/arquivos/artigos/1375atlasdaviolencia2021completo.pdf (p. 27).

BACON, F. Novum Organum ou Verdadeiras Indicações Acerca da Interpretação da Natureza. Nova Atlântida. Tradução e notas de José Aluysio Reis de Andrade. São Paulo: Abril Cultural, 1979. (Coleção Os Pensadores). Disponível em: http://www.dominiopublico.gov.br/download/texto/cv000047.pdf.

BARBOSA, R. Discursos e conferências. São Paulo: Livraria Acadêmica Saraiva, 1933.

BARRIE, J. M. Peter Pan — A Origem da Lenda. Tradução de Suria Scapin do original "Peter Pan in Kensington Gardens". São Paulo: Universo dos Livros, 2015.

BARROSO, L. R. O começo da história: a nova interpretação constitucional e o papel dos princípios no direito brasileiro. In: RÚBIO, D. S.; FLORES, J. H.; CARVALHO, S. de. Direitos humanos e globalização: fundamentos e possibilidades desde a teoria crítica. Rio de Janeiro: Lumen Juris, 2004.

BAUDRILLARD, J. A sociedade de consumo. Coleção Arte & Comunicação. Lisboa: Edições 70, 2005.

BAUMAN, Z. A arte da vida. Rio de Janeiro: Zahar, 2009.

BBC News. Cottingley Fairies: How Sherlock Holmes's creator was fooled by hoax. Disponível em https://www.bbc.com/news/uk-england-leeds-55187973.

BECCARIA, C. B., Marchesi di, 1738 — 1794 Dos Delitos e Das Penas. Tradução: J. Cretella e Agnes Cretella. São Paulo: Revista dos Tribunais, 1996.

BOBBIO, N. As ideologias e o poder em crise. Brasília: Editora Universidade de Brasília: São Paulo: Polis, 1990.

BRITTO, A. S. Lendário Amazônico. Manaus: Norte Editorial, 2007.

BRONTË, E. O morro dos ventos uivantes: edição comentada. Tradução Adriana Lisboa, Maria Luiza X. de A. Borges. Rio de Janeiro: Zahar, 2016

BRUCKNER, P. A Euforia Perpétua — Ensaio sobre o Dever da Felicidade. Rio de Janeiro: Bertrand Brasil, 2002.

BULLFINCH, T. O livro de ouro da mitologia. (A idade da fábula). Histórias de deuses e heróis. Tradução David Jardim Júnior. 26ª ed. Rio de Janeiro: Ediouro, 2002.

BURKE, J. Por que para algumas pessoas é geneticamente mais difícil ser feliz. Texto disponível em: https://www.bbc.com/portuguese/internacional-59524355.

CALDINI NETO, A. A morte na visão do espiritismo — Reflexões para quem quer compreender o que acontece no momento que morremos e depois. Rio de Janeiro: Sextante, 2017.

CASTILHO, R. Direitos Humanos — sinopses jurídicas volume 30. São Paulo: Saraiva, 2011.

CHARDIN, T. de. Sobre a felicidade. Rio de Janeiro: Editora Verus, 2005.

COMTE-SPONVILLE, A. A felicidade, desesperadamente. São Paulo: Martins Fontes, 2001.

DAMÁSIO, A. Em busca de Espinoza — prazer e dor na ciência dos sentimentos. 2ª reimpressão. São Paulo: Companhia das Letras, 2004.

DAMATTA, R. O que faz o brasil, Brasil. Rio de Janeiro: Rocco, 1986.

DAS LIED IN MIR, filme de 2011/Alemanha. Direção de Florian Cossen.

DE SÃO VÍTOR, H. Didascálidon — a arte de ler. Petrópolis: Vozes, 2001.

DEBORD, G. A Sociedade do Espetáculo. Rio de Janeiro: Contraponto, 1997.

DESCARTES, R. Discurso do método. Rio de Janeiro: Nova Fronteira, 2011.

DIAS, M. B. Direito fundamental à felicidade Unisul de Fato e de Direito: revista jurídica da Universidade do Sul de Santa Catarina, [S.l.], v. 2, n. 4, p. 101-107, jan. 2012

DUNNE, C. Buda e Jesus — diálogos. Tradução de Joaquim Maria Botelho e Ruth Guimarães. São Paulo: Pensamento, 1992.

DWORKIN, R. *Taking Rights Seriously*. Cambridge, Mass.: Harvard University Press, 1977.

ECO, U. O direito à felicidade. Artigo disponível em: https://noticias.uol.com.br/blogs-e-colunas/coluna/umberto-eco/2014/04/20/o-direito-a-felicidade.htm.

ECO, U. O direito à felicidade. Artigo publicado em abril de 2014 e disponível em https://noticias.uol.com.br/blogs-e-colunas/coluna/umberto-eco/2014/04/20/o-direito-a-felicidade.htm.

ELDRIDGE, S. Vinte coisas que filhos adotados gostariam que seus pais adotivos soubessem. São Paulo: Globo, 2004.

ESPINOSA, B. Tratado teológico-político. Tradução de Diogo Pires Aurélio. São Paulo: Martins Fontes, 2003, p 6.

FERNANDES, F. O negro no mundo dos brancos. São Paulo: Difusão Europeia do Livro, 1972, p. 41.

FRANKL, V.E. Em busca do sentido. Rio de Janeiro: Vozes, 2009.

FREUD, S. História de uma neurose infantil: ("O homem dos lobos"): além do princípio do prazer e outros textos. Tradução e notas Paulo César de Souza. São Paulo: Companhia das Letras, 2010.

FREUD, S. O mal-estar na civilização, novas conferências introdutórias à psicanálise e outros textos (1930-1936). Tradução Paulo César de Souza. São Paulo: Companhia das Letras, 2010.

GABARDO, E. A felicidade como fundamento teórico do desenvolvimento em um Estado Social. Conteúdo da Revista Digital de Direito Administrativo, disponível em: https://www.revistas.usp.br/rdda/article/view/136849/137642.

GERMER, G. M. A busca da felicidade: Nosso erro, ilusão e existência fundamentais, segundo Schopenhauer. Revista Voluntas: estudos sobre Schopenhauer — 2º semestre 2011 — Vol. 2 — Nº 2 — ISSN: 2179-3786 — pp. 113-127.

GIKOVATE, F. Alívio da TPM traz felicidade. Disponível em: https://caaeps.com.br/mulher/alivio-da-tpm-traz-felicidade/.

GREY, G. Polynesian mythology & ancient traditional history of the new zealanders as furnished by their priests and chiefs. [1854] Disponível em: https://www.sacred-texts.com/pac/grey/grey22.htm#page_212.

HEIDEGGER, M. Caminhos de floresta. Lisboa: Edição da Fundação Calouste Gulbenkian, 2002.

HOBBES, T. Leviatã ou matéria, forma e poder de um Estado eclesiástico e civil. (Coleção Os Pensadores). São Paulo: Abril Cultural, 1979.

JOKER, filme estrelado por Joaquin Phoenix, EUA, 2019. Disponível em: https://www.angaad.org.br/portal/coringa-um-filho-do-abandono/.

JORNAL HOJE EM DIA (www.hojeemdia.com.br) edição de 12 de setembro de 2016.

JORNAL LA VANGUARDIA. Entrevista consultada em: https://www.lavanguardia.com/vida/20140517/54408010366/zygmunt-bauman-dificil-encontrar-feliz-ricos.html.

KANT, I. Crítica da Razão Prática. Tradução e prefácio de Afonso Bertagnoli. São Paulo: Brasil Editora, 1959. Livro I, Cap. I, § 7.

KELSEN, H. Teoria pura do Direito. Tradução João Batista Machado. 6ª ed. São Paulo: Martins Fontes: 1998.

KIERKEGAAD, S. Conceito de ironia. São Paulo: Editora Folha de S. Paulo, 2015.

LEAL, S. T. Direito à felicidade resgata as raízes do constitucionalismo brasileiro. Artigo disponível em: https://www.migalhas.com.br/coluna/conversa-constitucional/275613/direito-a-felicidade-resgata-as-raizes-do-constitucionalismo-brasileiro.

LENOIR, F. Sobre a felicidade: uma viagem filosófica. Tradução Véra Lucia dos Reis. 1ª ed. Rio de Janeiro: Editora Objetiva, 2016.

LIMA, J. P. da S. R A positivação do direito à busca da felicidade na Constituição brasileira: A felicidade como direito fundamental. Artigo disponível em: https://jus.com.br/artigos/18903/a-positivacao-do-direito-a-busca-da-felicidade-na-constituicao-brasileira#:~:text=A%20Constitui%C3%A7%C3%A3o%20da%20Rep%C3%BAblica%20Federativa,da%20dignidade%20da%20pessoa%20humana. Acesso em: 05 jan. 2022.

LISPECTOR, C. Felicidade Clandestina e outros contos. Rio de Janeiro, Rocco, 1998.

LOCKE, J. Ensaio sobre o entendimento humano. Lisboa: Calouste Gulbenkian, 1999.

LUCCHESE, A. Vida de Adotivo: a Adoção do Ponto de Vista dos Filhos. Porto Alegre: Physalis Editora, 2020.

MARCO AURÉLIO. Meditações. Tradução de Thainara Castro. Brasília: Editora Kiron, 2011.

MARCUSE, H. A Ideologia da Sociedade Industrial — o Homem Unidimensional. Tradução de Giasone Rebuá. Rio de Janeiro: Zahar, 1982.

MARCUSE, H. Eros e Civilização. 5ª ed. Rio de Janeiro: Zahar, 1972.

MARÍAS, J. A felicidade humana. São Paulo: Duas Cidades, 1989.

MARÍAS, J. A felicidade humana. São Paulo: Duas Cidades, 1989.

MARX, K. Crítica da filosofia do direito de Hegel. São Paulo: Boitempo, 2010.

MARX, K. Crítica da Filosofia do Direito de Hegel (*Zur Kritik der hegelschen Rechtsphilosophie*). Tradução de Rubens Enderle e Leonardo de Deus. 3ª ed. São Paulo: Boitempo, 2013.

MCMAHON, D. Uma história da felicidade. São Paulo: Editora Globo, 2006.

MONTEIRO, J. R. PEC da felicidade positivará direito na CF. Artigo disponível em: https://www.conjur.com.br/2010-mai-29/pec-felicidade-positivacao-direito-reconhecido-resto-mundo.

MONTEIRO, J. R PEC da felicidade positivará direito na CF. Artigo disponível em: https://www.conjur.com.br/2010-mai-29/pec-felicidade-positivacao-direito-reconhecido-resto-mundo. Acesso em: 15 nov. 2021.

MORIN, E. Cultura de massas no século XX. Rio de Janeiro: Forense Universitária, 2011.

MUNDURUKU, D. Os povos indígenas são a última reserva dentro desse sistema. Brasil de Fato. Disponível em: https://www.brasildefato.com.br/2021/10/17/daniel-munduruku-os-povos-indigenas-sao-a-ultima-reserva-moral-dentro-desse-sistema

NERI, M. Bate-Papo FGV. O Brasil no Ranking Mundial da Felicidade. Disponível em: https://portal.fgv.br/brasil-ranking-mundial-felicidade-marcelo-neri. Acesso em: 16 nov. 2021.

NERI, M. Jovens, Educação, Trabalho e o Índice de Felicidade Futura. Sociologias, Porto Alegre, ano 20, n. 48, maio-ago 2018, p. 272-299.

CARBONNIER, J. Sociologia Jurídica. Trad. Diogo Leite de Campos. Coimbra: Livraria Almedina, 1979.

PEREIRA, D. O esquife do caudilho. São Paulo: Pasavento, 2015.

PESSOA, F. Poemas inconjuros. Obra poética. Volume único. Rio de Janeiro: Editora Nova Aguilar S.A., p. 231.

POMPÔNIO MELA. De Chorographia, 45 d. C.

QUINTANA, M. Nariz de vidro. São Paulo: Moderna, 1998.

QUIOSSA, P. S. O morrer católico no viver em Juiz de Fora — 1850/1950. Tese de Doutorado em Ciência da Religião pela Universidade Federal de Juiz de Fora/MG, em 2009. Disponível em: https://repositorio.ufjf.br/jspui/bitstream/ufjf/2770/1/paulosergioquiossa.pdf.

RAWLS, J. Uma teoria da justiça. Brasília: Universidade de Brasília, 1981.

REALE, M. Nova Teoria da Felicidade. Porto Alegre: Editora Dom Quixote, 2013.

REVISTA GLAMOUR (portal). Edição de 09 de dezembro de 2021. (https://glamour.globo.com/)

REVISTA SUPERINTERESSANTE. A Ciência da Fé. Outubro de 2016.

RIBEIRO, D. O povo brasileiro. São Paulo: Companhia das Letras: 1995.

Idem. O povo brasileiro: a formação e o sentido do Brasil. São Paulo: Companhia das Letras, 2006.

RIVERO, O. O mito do desenvolvimento. Rio de Janeiro: Vozes, 2002.

RODRIGUES, N. Recorte da crônica "O Entendido, salvo pelo ridículo", publicada na edição de 10/6/1970 do jornal O Globo/RJ.

ROSA, G. Tutameia (Terceiras estórias). Rio de Janeiro: José Olympio, 1967.

ROSS, Alf. Direito e justiça. 2ª ed. Tradução e notas de Edson Bini. São Paulo: Edipro, 2000.

ROSSET, C. A lógica do pior. Rio de Janeiro: Espaço e Tempo, 1989.

ROUSSEAU, J. Confissões. Tradução e prefácio de Wilson Louzada. Rio de Janeiro: Nova Fronteira, 2018.

RUBIN, B. O Direito à busca da felicidade. Revista brasileira de Direito Constitucional — RBDC, n. 16, jun./dez. de 2010.

RUBIN, B. O Direito à busca da felicidade. Revista brasileira de Direito Constitucional — RBDC, n. 16, jun./dez. de 2010.

RUSSELL, B. A História da Filosofia Ocidental. Rio de Janeiro: Editora Nacional, 1969.

SCAPINO, J. Nietzsche, o filósofo da Alemanha nazista. Cad. Nietzsche, São Paulo, v. 36 n. 1, p. 219-224, 2015. (Publicado originalmente no Diário de Notícias. Rio de Janeiro, 07 de outubro de 1945, p. 01-05). O artigo está disponível em: https://www.scielo.br/j/cniet/a/tfNB3TmdtH6mjnJwbs5Mh3c/?format=pdf&lang=pt.

SCHOPENHAUER, A. O mundo como vontade e representação. São Paulo: Editora do Brasil, 1958, p. 813, tomo II.

SCHWARTSMAN, H. Os índios, a felicidade e a caverna. Disponível em: https://www1.folha.uol.com.br/folha/pensata/helioschwartsman/ult510u356045.shtml.

SEN, A. Desenvolvimento como liberdade. Tradução de Laura Teixeira Motta. São Paulo: Companhia das Letras, 2000.

SÊNECA, L. A. A vida feliz. Trad. André Bartolomeu. Campinas: Pontes Editores, 1991. Texto também disponível em: https://pt.scribd.com/document/462479692/Seneca-A-Vida-Feliz-pdf.

SILVA, D. Stefan Zweig deve morrer. Disponível em: https://www.almedina.net/stefan-zweig-deve-morrer-1591367066.html.

TERRÉ, F. In: GIORDANI, J. A. Curso Básico de Direito Civil. 4ª edição, 2ª tiragem. Rio de Janeiro, 2008.

THOREAU, H. D. Texto disponível em: https://www.americanpoems.com/poets/thoreau/

TOLSTÓI, L. A morte de Ivan Ilitch e outras histórias. Tradução e notas de Oleg Almeida. São Paulo: Martin Claret, 2018.

VIANA, F O Brasil e o direito à felicidade Disponível em: http://terramagazine.terra.com.br/interna/0,,OI5296370-EI6783,00 O+Brasil+e+o+direito+a+felicidade.html. Acesso em: 18 nov. 2021.

VICTOR HUGO. Les Misérables. Livro IV.

VYSE, S. *Believing in magic: The psychology of superstition*. Oxford University Press, 2014.

WEBER, L. Família acolhedora: porque acolher — Instituto Geração Amanhã. Disponível em: www.geracaoamanha.org.br

WHITE, N. Breve história da felicidade. Tradução de Luís Carlos Borges. São Paulo: Edições Loyola. 2009.

YNGVESSON, B. Parentesco reconfigurado no espaço da adoção Parentesco reconfigurado no espaço da adoção. Disponível em: https://www.scielo.br/j/cpa/a/nh9Bc9gMWFnFfZRrp8tCcNS/abstract/?lang=pt

Índice

A

adoção 153-154
Adrian Wooldridge 244-246
alegria 20
Alexander Pope 9
Alexandre Caldini Neto 17
Amartya Sen 9
ames Hilton 29
ancestralidade 200-202, 242-244
Andrew Carnegie 245-246
Angus Deaton 239-241
António Damásio 102
Aristóteles 9, 47, 182
Arlindo Cruz 61-62
Arthur Schopenhauer 85
autoajuda 145

B

Benjamin Franklin 8
bossa nova 51-52

C

Carlos Drummond de Andrade 36
Carlos Heitor Cony 96
Carmen Miranda 50
Carnaval 49-50, 62, 94
casamento e família 207-211
Cecília Meireles 38
Charles Fourier 185-187
Chico Anysio 43
Christian Dunker 43
Cientologia 14
cinema 47, 49-50
Clarice Lispector 36, 251-252
Clóvis de Barros Filho 13
consumo 131-134
Cora Coralina 39
cotidiano 21
Covid-19, pandemia 23, 44, 62
criatividade 15
cristianismo 18-21
cultura assistencial 36

D

Dale Carnegie 109
Daniel Kahneman 239-241
Darcy Ribeiro 20, 83
Darrin McMahon 12
dinheiro 243-244
direitos civis 77-83
Djamila Ribeiro 205, 233-235

E

Edgar Morin 108, 149
Édith Piaf 56-57
efeito camaleão 37
Elaine Póvoas 47
Emerson Mildenberg 22-23
Emile Brontë 16
empoderamento feminino 105
empreendedorismo social 245-246
entretenimento 48-50
Epicuro 130-134, 187
Erich Fromm 85
Ernst Gombrich 132-134

F

fama 243-244
fanatismo 37
Fernando Alcoforado 22-23
Fernando Pessoa 13, 21, 43, 109
Ferreira Gullar 252
Ferreira Gullar, 65
Friedrich Nietzsche 60-61, 141-143
futebol 94, 101-104

G

Gabriel García Márquez 37, 79-83
gozação 20
Guimarães Rosa 85, 104

H

Happy Science 14
hedonismo 131-134
Henry David Thoreau 9
Henry Thoreau 236-237
Herbert Marcuse 143-145
hinduísmo 27

I

ideologia da felicidade 9
Immanuel Kant 140-143, 183
indústria cultural 131-134
inquietude 189
Ítalo Calvino 31

J

James Fowler 61-62
Jean-Paul Sartre 20, 22-23, 132-134
Jeremy Bentham 141-143, 192-193
João Batista de Andrade 47
John Adams 8
John Locke 187
John Stuart Mill 142-143, 192-193
Jorge Amado 19-21
Joseph Stiglitz 23
Joshua Conrad Jackson 54-55

K

kardecismo 17
Karl Marx 143, 188

L

lazer 187-188
Leandro Karnal 13
Leonid Nikoláievitch Andriéiev 18-21

Leon Tolstói 19-21, 30
LGBTQIA+ 79-81, 86, 88
literatura 28-30
Ludwig van Beethoven 19
Ludwig Wittgenstein 11
Luís da Câmara Cascudo 229
Luiz Felipe Pondé 13

M

Machado de Assis 25
Margot Grey 18-21
Mário de Andrade 53-54, 228
Mário Quintana 41
Mário Sergio Cortella 13
Mark Twain 240-241
Marshall McLuhan 47
Martha Medeiros 35
Martin Heidegger 142-143
Mathew Killingsworth 239-241
meditação 123-125
meios de comunicação 28
Miguel Reale 189
Millôr Fernandes 251-252
mitologia grega 16
mitologias 136-137
Moacyr Scliar 31
Modernismo 54-55
moralidade 190
morte 17

N

Nelson Rodrigues 33, 93
Nicholas Christakis 61-62
Norberto Bobbio 189

O

Oscar Wilde 46
Osho 14
Oswaldo Rivero 9

P

paradoxo da felicidade 133-134
PEC da Felicidade 183-184
pensamento circular 199
percepção da felicidade 243-244
Pierre Bourdieu 64
poesia 254-255
políticas públicas 23
prazer 131-134
progresso 14
propósito 15
protagonismo feminino 38

R

Rachel de Queiroz 40
redes sociais 62-63, 145
 Web Way of Life (WWL) 57
religião 115-118
riso 19-21
Robert R. Livingston 8
Roger Sherman 8
Romantismo 25
Ronald Dworkin 9
Ruth Guimarães 39

S

Sábato Magaldi 33
Samuel Johnson 28-30
Santo Daime 14
Satyaprem 14
segurança 14
Sigmund Freud 16, 254-255
solidariedade 14
Stefan Zweig 82-83
Steve Jobs 244-246
Steven Pinker 55-56, 60-61
sucesso 243-244
superstições 230-231

T

Teófilo Gautier 12
Teoria da Relatividade 237-238
Teoria das Pulsões 16
Teoria do Apego 159-160
Teoria dos Princípios 9
Thomas Hobbes 127
Thomas Jefferson 8
Thomas Mann 42
Thomas More 29-30, 91
Tom Jobim 13, 50
trabalho 188

U

Umberto Eco 189
utopia 29, 136-137

V

Vicente de Carvalho 13, 32
Viktor Emil Frankl 142-143
Vinicius de Moraes 50
Vinícius de Moraes 13
Virgílio 14

Z

Zygmunt Bauman 110, 131, 193, 236